유창한 영어회화를 꼭 원하는 분
Fluent English

2

일러두기
1. 본문 내 한국 지명은 한국관광공사의 관광용어 외국어 용례사전 표기에 따랐습니다.

머리말

영어회화는 일종의 기술입니다

한국에서 영어 공부를 10년 이상 해도 소질 있는 극소수를 제외하고는 유창한 영어는커녕, 말 한마디도 못 알아듣고 구사 못 하는 이유는 아주 명확합니다. 영어교육을 문장과 발음 설명이나 듣고 TV나 보고 TAPE나 듣기 때문입니다.

문법 공부는 강의만 들어도 되나 회화 공부는 반드시 1대1로 입과 귀로 주고받고 실습해서 사용해 봐야 하는 것입니다. 이론이나 듣는 것만으로는 안 된다는 것이 해방 이후의 영어 교육이 입증했습니다.

많은 외국 팝송을 즐긴다고 해서 그 팝송 가사를 이해할 수 있고 더욱이 부를 수 있다는 뜻이 아닙니다. 팝송을 부르려면 가사를 외우고 수차례 이상 불러 보아야만 가능한 것입니다. 영어 회화도 이와 비슷한 이치입니다. 회화 강의만 듣거나 TV를 보는 것으로는 결코 간단한 몇 마디 외에는 유창한 회화는 불가능한 것입니다. 미국인 또는 영어를 잘하는 한국인과 실제 대화를 해서 숙달해야 하는 것입니다.

대한민국에서 영어를 잘 알아듣고 유창하게 말을 하는 사람, 단 한 사람이라도, 막연히 회화강의 (강습소, 학교, 테이프, TV 등)나 듣고 video를 본 후 Hearing이 되고 저절로 귀가 뚫려서 Speaking이 된 사람은 아무도 없습니다. Hearing(청취)은 테이프를 들어서 훈련할 수도 있습니다.

그러나 영어 회화, 그것도 몇 마디 생활영어가 아닌, 유창한 회화만큼은 반드시 사람이 직접 주고받고 하여 실제 대화를 해서 숙달시켜야 하는 일종의 기술인 것입니다.

미국에 들어만 가면 유창한 영어가 될까요?

한국에서 영어 공부는 듣기만 하는 말짱 헛일이니, 무조건 미국인과 직접 대화를 해야 한다는 결론에 도달하게 됩니다. 그리하여 미국인 회화를 해봅니다. 외국인 바이어를 만납니다. 또, 요즈음은 외국 유학이 자유화되어 미국이나 호주 등에 어학연수를 갑니다. 그러나 수년이 지나도 원하는 것처럼 Hearing과 Speaking이 급진전 되지를 않습니다. 한국에서 영어 공부를 하는 것보다는 미국이나 호주에서 생활하는 것이 훨씬 영어 공부에 좋은 것은 사실입니다.

그래서 사람들은 미국이나 호주에 이민이나 유학만 가면 영어 회화를 쉽게 배울 수 있는 것으로 생각하나, 막상 미국에 들어가도 열심히 영어 문장과 단어를 외우고 즉시 사용해보고 하여 영어 회화 공부에 전념했을 때, 무수한 세월(저자 통계로는 최소한 5년 이상)이 흘러야 비로소 유창한 영어가 가능하게 됩니다. 단순히 미국 생활을 한다는 것으로는, 매일 쓰는 생활 영어만으로는, 5년이 아니라 수십 년이 지나도 TV를 100% 알아들을 수도 없고 유창한 영어는 더욱 불가능한 것입니다.

따라서 성인이 된 후에 미국에 이민이나 유학을 간다고 해서 저절로 유창한 영어가 되는 것이 아닙니다.

기존 영어회화 책으로는 유창한 영어회화가 안 되는 이유

기존의 대부분 영어 회화책은 영화 대사 식이거나 그럴듯한 표현을 설명해 놓고, 청취나 하게 되어있습니다. "필요한 문장은 억지로 외워서 나중에 미국인에게 사용해 봐라." 하는 식입니다. 이런 책으로 영어 공부를 상당히 한 후 직접 미국인과 대화를 하면 외웠던 짧고 간단한 표현 외에는, 원하는 말이 금방금방 생각나지도 않고, 영작도 되지를 않고, 말은 더듬거리고, 장시간 대화나 토의를 할 수 없게 됩니다. 그 결과 영어의 초보자이건, 독해력이 상당히 있는 분이건 유창한 영어를 못하는 것으로 주위로부터 평가받게 되며, 실제로도 못 하는 것입니다. 이것이 우리 주위의 현실입니다.

본 저자는 이 사실을 피부로 느끼고 통감하여 어떠한 방법으로 공부하면 유창한 영어가 단시일에 가능할까, 연구와 연구를 거듭하였습니다.

최고의 회화 교육 방법

우리가 한국 노래를 모두 알아들어도, 그 가사를 외우고 숙달되지 않으면 단 한 곡도 제대로 부를 수가 없습니다. 마찬가지로, 미국영화나 AFKN을 듣고 다소 청취가 되거나, 토익에서 좋은 점수를 얻었다고 해서 미국인을 만나서 자유롭게 영어를 구사할 수 있는 것이 아닙니다. 이 책이 다른 책과 다른 큰 특징이 바로 그것입니다. 회화 공부는 반드시 대화 상대가 있어야 한다는 문제점을 해결할 수 있도록 구성이 질문과 대답 형태로 되어있으므로, SPEAKING과 HEARING를 동시에 숙달합니다.

그 결과, 이 책의 통역훈련과 주제 대화 훈련이 최선, 최고의 지름길이라는 것을 실증하게 되었습니다. 즉, 이 책은 일상생활에서 가장 잘 쓰는 단어와 문장이 문법별로 체계화 되어 있으므로 이 책이 끝나면 상당한 단어와 구문론이 완성됩니다.

이 책의 한국어 질문을 영어로 통역하고 또 영어로 질문하고 영어로 대답하기를 주제별로 수차례만 훈련하십시오. 그러면 회화가 몸에 배게 되어 10년이 걸릴 회화 공부를 1년으로 단축할 수 있는 것을 실제 체험하시게 됩니다.

적극적일 때 소원이 이루어집니다!

간단한 생활영어 단계가 지난 사람들이 미국인을 만날 때 가장 필요로 하는 것은 장시간 동안 문장이 술술 입으로 나와야 하는 것입니다. 그러나 많은 영어 회화책을 공부해도 머리가 좋고 회화가 적성에 맞는 극소수를 제외하고, 대다수의 유창한 영어가 필요한 사람들은 몇 마디 생활영어에서 맴돌고 있는 것이 현실입니다. 듣거나 보기만 하면 저절로 귀가 뚫려서 영어 회화가 된다는 선전이 우리 주위에 만연돼있습니다. 이것은 진정으로 유창한 영어를 원하는 사람마저도 나태하거나 소극적으로 만드는 장사꾼들(?)의 무책임한 소리입니다.

전쟁이나 바둑, 운동경기에서 방어(receiving)만 해서는 절대 이길 수 없습니다. 모든 시합이나 전쟁은 공격이 최선의 방어이며, 승리의 길입니다. 영어 회화는 학문이 아니고 기술이라고 설명했습니다. "질문=공격(speaking)"을 하는 영어 공부를 하면 청취(receiving=hearing)는 저절로 이루어지며, 이 방법이야말로 최첨단 교육 방법이며 최단기에 원하는 영어를 구사할 수 있게 해주는 적극적 방법입니다.

유창한 영어를 원하는 분! 영어를 가르치는 선생님께.

이미 아시다시피, 영어 교과서와 회화 교재가 거의 모두 문장, 발음 설명과 청취 위주로 구성되어 있기에 Hearing과 Speakings 동시에 숙달할 수 없게 되어있습니다. 그런 책으로는 영어 회화를 가르치는 분이나 배우는 사람 모두 유창한 영어가 숙달되기를 기대한다는 것은 어불성설이며, 팝송을 불러 보지도 않고서 잘 부르기를 원하는 것과 똑같은 것입니다.

이 책의 지시대로 혼자서, 친구와 둘이 그룹을 만들어서, 또는 교실에서 통역 훈련과 주제 대화를 묻고 답하면서 회화 숙달을 하면, 가르치는 분과 배우는 분 모두가 최단기에 원하는 소원이 성취됩니다.

이 책은 1984년 출간 이후 지금까지 많은 분과 선생님들의 회화 숙달을 성공시켜 실제 증명을 거친 책입니다.

저자 (태공) 강 성 구

SPEAKING을 잘 할 수 있는 두 가지 훈련

첫째 : 영어 문장을 쉽게 암기하는 최고의 효과적인 방법
☞ **통역 SPEAKING 훈련**

영어로 통역만 되면 억지로 영어 문장을 외우는 것 보다 실제로 영어 구사가 훨씬 잘 되며 귀하의 회화 목표는 80%이상 달성된 것입니다.

» 총 107개 주제 중에서 핵심 표시 60주제 이상만 통역하고 대화를 해도 귀 하는 언제 어디서든지 1시간 이상 유창한 영어를 구사 할 수 있는 실력자가 됩니다.
한국어 질문을 본인 목소리로 녹음시키거나 다른 사람(선생)이 읽어 주거나 해서 한국어를 듣고 영어로 통역을 합니다.

» 한국어를 듣고 중지 버튼을 누르고 큰소리로 영어로 통역을 합니다. 통역이 안 되면 책을 보고서 읽으면 됩니다. 처음부터 통역이 잘되는 사람은 없습 니다. 두 세번 시도하면 영어를 안보고도 통역이 가능해집니다. 이 책의 모 든 영어 문장은 약간만 신경을 쓰면 기억이 잘되도록 구성되어 있기 때문입 니다.

» 가수가 같은 노래를 수십 번 이상 부르는 것처럼 우리도 일생 동안 같은 말 을 반복 사용하는 것입 니다. 따라서 가능한 장소면 어디서든지 정확한 발음 으로 유창한 영어가 구사될 때까지 숙달해야 합 니다.

둘째 : 영어로 질문하고 답하는 대화 훈련

» 한국어를 영어로 통역SPEAKING 훈련한 후에는 영어로 묻고 답합니다.
단번에 대답이 안되면 영어 답을 읽으면 됩니다. 두 세번 시도하면 영어를 안보고도 답을 할 수 있습 니다. 정확한 발음으로 유창한 영어가 구사될 때까지 반복해야 합니다.

» 문법이 이해가 안되거나 필요한 문장이 금방 입으로 나오지 않을 때는 제 1 권을 항상 참고 하십시오. 그리고 2부 뉴스 내용도 훈련해야 합니다.

공격만이 승리한다!

한국어 질문을 녹음시킨 음성을 듣고서 영어로 통역합니다

영어회화 테이프를 열 번 듣는 것보다 한국어를 한 번 영어로 통역해 보는것이 영작능력 향상과 문장 암기에 10배 이상 효과적이며, 통역 훈련이 회화훈련에 얼마나 중요하고 최선의 길인가를 본인이 자각하게 됩니다. 가능한 장소면 어디서든지 완벽해질 때까지 통역해야 합니다. TV나 영어 테이프를 듣는 것은 소극적인 행동이고 녹음을 듣고 통역하는 것은 적극적인 행동입니다.

CONTENTS

제 1 부 최단시일에 유창한 영어를 가능하게 해주는 주제대화

**1 장
최단기에
유창한 영어를
가능하게 해주는
주제 51개**

01. 대화주제	교통수단 / 12
02. 대화주제	나의 일과 나의 영어 / 16
03. 대화주제	나와 나의 가족 / 20
04. 대화주제	식사 / 24
05. 대화주제	일상하는 일들 / 28
06. 대화주제	TV 와 RADIO / 30
07. 대화주제	방문한 곳 묘사 / 34
08. 대화주제	생일선물 묘사 / 36
09. 대화주제	주말의 사회생활 / 38
10. 대화주제	영화 줄거리 묘사: HAPPY (영화) / 40
11. 대화주제	영화 줄거리 묘사: GUN MAN (영화) / 44
12. 대화주제	한국 역사와 유물 / 48
13. 대화주제	국경일 / 50
14. 대화주제	아내를 돕기 / 52
15. 대화주제	NEW YORK 첫 방문 / 54
16. 대화주제	해외 여행 및 짐 꾸리기 / 56
17. 대화주제	저녁 외출 / 60
18. 대화주제	집 / 64
19. 대화주제	외식 / 68
20. 대화주제	결정과 결심 / 72
21. 대화주제	의류 / 74
22. 대화주제	취직과 직업소개소 / 78
23. 대화주제	별난 철학자(드라큐라)와 당신의 비교 / 82
24. 대화주제	병과 건강(내과) / 88
25. 대화주제	수명과 건강 / 92
26. 대화주제	치과 의원 / 96
27. 대화주제	남에게 부탁하기 / 100
28. 대화주제	적성과 재능 / 104
29. 대화주제	신문과 잡지 / 108
30. 대화주제	버릇 / 112
31. 대화주제	내가 태어난 곳 / 114
32. 대화주제	학교 / 116
33. 대화주제	농업 / 120
34. 대화주제	오락과 운동 / 124
35. 대화주제	여행과 출국 준비 / 128
36. 대화주제	과거 경험 / 132
37. 대화주제	국기와 국화 / 136
38. 대화주제	충고와 제안 / 140

	39. 대화주제	음악 / 144
	40. 대화주제	부자와 가난한 자 / 148
	41. 대화주제	별난 여자 / 152
	42. 대화주제	감자 깎기 / 156
	43. 대화주제	불청객 / 160
	44. 대화주제	교통사고 / 164
	45. 대화주제	취미 / 168
	46. 대화주제	지리와 지형 / 172
	47. 대화주제	통신기기 / 176
	48. 대화주제	공휴일 계획 / 178
	49. 대화주제	잘못 걸린 전화 / 180
	50. 대화주제	결혼 기념일 / 182
	51. 대화주제	편지 / 184
2 장 **막힘없는** **능통한 영어를** **위하여**	52. 대화주제	견해 / 188
	53. 대화주제	어제 무엇을 했을까요? (가정문 훈련) / 192
	54. 대화주제	~이면 좋을 텐데 / 196
	55. 대화주제	종교와 성경 구절 / 204
	56. 대화주제	집안일 / 208
	57. 대화주제	구인광고 / 212
	58. 대화주제	미술대회 / 214
	59. 대화주제	공구 / 218
	60. 대화주제	인간의 몸 / 220
	61. 대화주제	근무시간과 인사 / 226
	62. 대화주제	미국 정부 / 228
	63. 대화주제	숫자 연습 / 234
	64. 대화주제	미식표현. 속담, 속어 / 238
3 장 **영자신문을** **이용하여** **고급회화 훈련**	65. 대화주제	공포로부터의 해방 / 240
	66. 대화주제	부정입학 시험 / 244
	67. 대화주제	집 없는 자에 대한 정책 / 246
	68. 대화주제	건전한 해외여행의 필요 / 250
	69. 대화주제	물가 인상 / 254
	70. 대화주제	증권 거래소 정상화 조치 / 258

제 2 부 뉴스를 이용하여 유창하고 능통한 영어가 되도록 훈련

**1 장
뉴스를 이용한
수준높은
회화 훈련**

- 01. 대화주제 　 국경(뉴스) / 264
- 02. 대화주제 　 일기예보 1 / 266
- 03. 대화주제 　 폭발 / 268
- 04. 대화주제 　 일기예보 2 / 270
- 05. 대화주제 　 공지사항 / 272
- 06. 대화주제 　 음주 및 운전 / 276
- 07. 대화주제 　 일기해설 / 280
- 08. 대화주제 　 예산 / 282
- 09. 대화주제 　 거수경례 / 284

**2 장
대통령 연설문을
이용한
고급영어 훈련**

- 10. 대화주제 　 고명한 사람들 / 286
- 11. 대화주제 　 접근 / 290
- 12. 대화주제 　 묵념 / 292
- 13. 대화주제 　 분노와 슬픔 / 296
- 14. 대화주제 　 민주주의와 공산주의 / 300
- 15. 대화주제 　 피난민 / 304
- 16. 대화주제 　 불굴의 의지 / 308
- 17. 대화주제 　 침체 / 312
- 18. 대화주제 　 경제원조 / 316
- 19. 대화주제 　 번영과 안보 / 320
- 20. 대화주제 　 약자의 고통 / 324
- 21. 대화주제 　 화해 / 328

**3 장
영화 대사를
이용한
보다 유창한
영어 훈련**

- 22. 대화주제 　 그것은 나를 지겹해 해요. / 330
- 23. 대화주제 　 어떻게 되겠지 / 336
- 24. 대화주제 　 나는 당신이 안 오는 줄 알았지 / 340
- 25. 대화주제 　 기분이 아주 좋다 / 344
- 26. 대화주제 　 나는 죽을 준비가 안됐다. / 348
- 27. 대화주제 　 떠들지 마라. / 352
- 28. 대화주제 　 나는 입장이 아닙니다. / 354
- 29. 대화주제 　 그는 무엇하는 사람이냐 / 358

PART 1
최단기일에 유창한 영어를 가능하게 해주는 주제대화

제 1 장: 최단기일에 유창한 영어를 가능하게 해주는 주제대화 51개
제 2 장: 막힘없는 능통한 영어를 위하여
제 3 장: 영자신문 내용을 이용하여 고급회화 훈련

한국어 질문만 보고 영어로 2회 이상만 하면 쉽게 영어문장이 숙달되게 되어있습니다. 이것이 타 영어 회화책과 다른 특징입니다.

1. 대화 주제: 교통수단

훈련횟수 ☐ ☐ ☐

There are four main ways to travel in the United States. They are by car, by bus, by train and by plane. Many people have cars. The roads are good. Traveling by car is often the easiest and cheapest way to go.

Going by bus is also cheap, but it is slower than going by car. A bus usually stops to pick up people in every city and town. Some buses called express buses stop only in the big cities. For example, it is possible to go from New York to Boston without stopping, on an express bus. Many people ride the buses every day. They ride to work. They ride to school. They take the bus home again. The buses go everywhere in city.

Train travel is more expensive than bus travel, but it is faster. Many people think going by train is more comfortable than going by bus. For Pullman and for some chair cars, it is necessary to make reservations in advance. This can be done by telephone.
Going by plane is the fastest method of travel, but it is also the most expensive. In winter, planes are sometimes delayed by bad weather. You must always make reservations in advance when you travel by plane.

질문

☞ 한국어만 보고서 영어로 질문을 합니다. 영어는 질문 시는 보지 마십시오.

1. "(나는 당신에게) 교통수단에 관하여 질문하겠습니다." 첫 번째 질문은~
당신은 회사에 (학교) 갈 때, 부산에 갈 때, 해외에 갈 때, 무슨 종류의 대중교통 수단을 사용 해야 합니까? (당신은) 구체적으로 그것들에 대하여 말해보십시오.
→ 나는 회사(학교)에 갈 때는, (나는) 버스나 지하철을 이용합니다.
부산에 갈 때는 고속버스나 기차를 타고, 해외에 여행할 때는 비행기나 배를 타야 합니다. 이것이 내가 사용해야 하는 대중 교통 수단입니다.

2. 당신은 항상 어떻게 여기에 옵니까?
→ 나는 항상 버스를 타고 옵니다. 또는 나는 여기에 버스로 옵니다.

3. 버스에서 내린 후에, 당신은 여기에 걸어옵니까, 뛰어옵니까?
→ 버스에서 내린 후에, 나는 여기에 걸어옵니다.

4. 왜 아침에는 택시 타기가 어렵고, 오후에는 택시 타기가 쉬운가요?
→ 아침은 출근 시간이니깐, 택시 타기를 원하는 사람들이 많습니다. 그러나, 빈 택시는 없습니다. 반면에, 오후는 출근 시간이 아니므로, 택시 타는 사람이 많지 않습니다. 그래서 택시 잡기가 쉽습니다.

PART 1 -1: This is the best and quickest way

1. SUBJECT : TRANSPORTATION MEANS

미합중국에는 여행하기 위하여 네 가지 중요한 방법이 있다. 그것은 승용차, 버스, 기차와 비행기이다. 많은 사람은 차를 갖고 있다. 길은 좋다. 차로 여행하는 것은 가끔 가장 쉽고 가장 싼 방법이다.

버스로 가는 것 역시 싸다. 그러나 그것은 차로 가는 것보다 느리다. 어느 버스는 모든 도시와 읍에서 사람들을 태우기 위해서 선다. 고속버스라고 불리는 어떤 버스들은 큰 도시에서만 선다. 예를 들면, 고속버스로는, 정차 안 하고, 뉴욕에서 보스턴까지 가는 것이 가능하다. 많은 사람은 매일 버스를 탄다. 일하러 갈 때도 탄다. 학교에 갈 때도 탄다. 다시 집에 가는데도 버스를 탄다. 버스는 도시에서 어느 곳이든지 간다.

기차여행은 버스 여행보다 더 비싸다. 그러나 그것은 더 빠르다. 많은 사람은 기차로 가는 것이 버스로 가는 것보다 더 편하다고 생각한다. 침대차나 안락 좌석 열차에 대해서는, 사전에 예약할 필요가 있다. 이것은 전화로 할 수 있다. 비행기로 가는 것은 여행의 가장 빠른 방법이다. 그러나, 그것은 가장 비싸다. 겨울에, 비행기는 나쁜 날씨 때문에 가끔 지연된다. 당신은 항상 비행기로 여행할 때는 예약을 해야 한다.

QUESTION

☞ When you make questions you must not see the below English sentences.

1. "I am going to give you questions regarding the transportation means."
My first question is ~
When you go to a company (school), (when you) go to Busan, or go abroad, what kinds of public transportation means do you have to use? Would you tell me about them specifically?
*concretly=in the concrete=specifically 구체적으로
→ When I go to the company (school) I use the bus or the subway. When I go to Busan I take (ride) the express bus or the train. When I travel abroad I catch an airplane or a boat. These are public transportation means that I've got to use(utilize).
☞ '타다'를 take와 ride 외에 catch도 사용하니 바꾸어 훈련할 것

2. How do you always come(get) here?
→ I always ride(take or catch) the bus here. 또는 I come here by bus.

3. After getting off the bus(After you get off the bus), do you walk here or run here?
→ After getting off the bus I walk here.

4. Why is it difficult to take a taxi in the morning and why is it easy to catch a taxi in the afternoon?
→ Morning time is the rush hour. There are a lot of people who want to take a taxi, but there aren't vacant taxies. On the other hand, afternoon is not the rush hour. There aren't many people who want to catch a taxi. So it's easy to take a taxi in the afternoon.

5. 당신의 경우에는, 언제 택시를 탑니까? ☞ catch와 take를 모두 훈련
→ 내가 급한 용무가 있을 때 또는 내가 목적지에 빨리 가고 싶은 경우에.

6. 당신이 여기에 오는 가장 빠른 방법은 무엇입니까?
→ 여기에 오는 가장 빠른 방법은 지하철을 타는 것입니다.

7. 당신이 회사(학교)에 빨리 가는 가장 확실한 수단은 무엇입니까?
→ 교통혼잡 때문에, 지하철이 가장 확실한 수단입니다. 왜냐하면 기차는 정시에 다니기 때문입니다.

8. 버스(기차)는 얼마나 자주 다닙니까?
→ 버스는 5분마다 다닙니다.

9. 버스를 타면 항상 만원입니까? 아니면, 비어 있습니까?
→ 그것은 시간에 달려 있습니다. 출근 시간에는, 버스는 꽉 차 있고, 오후에는, 버스는 비어 있습니다.

10. 당신 집에 가는 버스는 어디 있습니까? ☞ 관계사 훈련
→ 우리 집에 가는 버스는 이 건물 앞에 있습니다.

11. 여기에 오는 길에, 차량이 잘 빠지든가요? 아니면 차량이 혼잡하든가요?
→ 내가 여기에 올 때는 교통이 혼잡합니다. 날이 가면 갈수록, 차량이 많아지고, 또 차선은 한정돼있고요.
*차량과 교통을 같은 단어로 표현

12. 비행기로 당신이 여행할 때는, 왜 미리 예약해야 할까요?
→ 그것은 상식이지요. 비행기를 탈 사람은 많고, 좌석은 한정이 되어있으니까요.

13. 어느 것이 가장 빠른 방법이며, 더 편한가요? 비행기로 가는 것과 차로 가는 그것 중?
→ 그것은 말할 필요가 없습니다. 비행기가 가장 빠른 방법이며, 더 편합니다.

5. In your case, when have you got to take(catch) a taxi?
→ When I have an urgent business or in case I want to go to my destination quickly.

6. What is the quickest way for you to get here?
→ The quickest way to get here is to take a subway.

7. What is the surest means for you to get to school quickly?
→ Because of the traffic jam, The subway is the surest means. Because trains run on time.

8. How often do buses run?
→ The buses run every 5 minutes.

9. When you get on the bus, is the bus crowded or vacant?
→ It depends upon the time. During the rush hour, the bus is always full of people. In the afternoon the buses are vacant.

10. Where is the bus which goes to your home?
→ The bus which goes to my home is in front of this building.

11. On the way here, is the traffic fast or congested(jammed)?
→ The traffic is congested. As the days go by, the automobiles are increasing and the lanes are limited.

12. When you go by plane, why do you have to make reservations in advance?
→ It is a common sense. There are a lot of people who want to take the plane but the seats are limited.

13. Which is the fastest and more comfortable method, going by plane or by car?
→ Needless to say. Going by plane is the fastest method.

2. 대화 주제 : 나의 일과 나의 영어

훈련횟수 ☐ ☐ ☐

My name is James Bond. I'm a clerk and I work in an office near here. I work from about 9 o'clock in the morning until 6 o'clock each day. Actually, I work just five days a week. I don't go to work on Saturdays or Sundays. Usually, I have breakfast and dinner at home. I have lunch in a restaurant near my office.
In the evenings, I sometimes listen to the radio or watch television. I never go to the movies. Once in a while, I go to a party at a friend's house.

Every night I go to bed early and go to sleep immediately. Last year I didn't get home until nearly 8:30 at night. I used to have dinner quite late and go right to bed. I didn't have time to listen to the radio or watch television last year. As a matter of fact, I've been learning English conversation since last year. At the moment, my English has improved a lot. But I don't speak this language exceptionally well.
I often make mistakes when I speak English. Right now, I'm thinking about my English lesson. I have a lot of trouble with pronunciation. I speak English with a Korean accent. But in the near future, I'm confident that I'll be able to speak fluent and perfect English.

☞ 질문은 약간만 신경 쓰면 쉽게 외워질 수 있는 형태로 되어있습니다.
첫 번째 훈련 시만 영어를 참고하되 2회부터는 영어를 보지 말 것.

질문

1. 당신은 생계를 위해 무엇을 하며 (직업이 무엇이며) 어디서 근무합니까?
→ 나는 서기이며, 이곳 가까운 곳에 있는 사무실에서 일합니다.

2. 당신은 몇 시부터 몇 시까지 일합니까?
→ 9시부터 5시까지 일합니다.

3. 당신은 일주일에 며칠 근무합니까?
→ 5일 근무합니다.

4. 당신은 아침과 저녁을 집에서 먹습니다. 점심은 어디서 먹습니까?
→ 나는 점심을 내 사무실 근처 식당에서 먹습니다.

5. 가끔 저녁에는, 당신은 TV를 봅니다. 영화 구경은 얼마나 자주 갑니까?
→ 나는 가끔 TV를 봅니다. 그러나 나는 영화 구경은 절대로 가지 않습니다. 시간이 없고 흥미가 없습니다.

6. 작년에는, 당신은 저녁을 늦게 먹곤 했다. 텔레비전을 볼 시간이 있었습니까?
→ 나는 저녁을 아주 늦게 먹고 곧 잠자리에 들곤 했습니다. TV를 볼 시간이 없었습니다.

2. SUBJECT: MY DAILY LIFE AND MY ENGLISH

저는 제임스 본드입니다. 저는 서기이며 이곳 가까운 곳에 있는 사무실에서 일합니다. 저는 매일 9시경부터 오후 6시까지 일합니다. 실제로 저는 1주일에 5일만 일합니다. 토요일과 일요일에는 일하러 가지 않습니다. 보통 아침과 저녁을 집에서 먹습니다. 점심은 저의 사무실 근처에 있는 식당에서 먹습니다. 저녁에는 가끔 라디오를 듣거나 텔레비전을 봅니다. 영화 구경은 절대로 가지 않습니다. 종종 저의 친구의 집에서 열리는 파티에 가곤 합니다.

매일 밤 일찍 잠자리에 들면 곧 잠이 듭니다. 작년에는, 밤에는 거의 8시 반까지 도 집에 오지 못했습니다. 저녁 식사를 아주 늦게 먹고 곧 잠자리에 들곤 했습니다. 작년에는 거의 라디오를 듣거나 텔레비전을 볼 시간이 없었습니다. 사실인, 즉, 나는 작년부터 영어 회화 공부를 해오고 있습니다. 현재, 내 영어는 많이 향상됐습니다. 그러나, 나는 영어를 잘 말하지 못합니다.
나는 영어를 말할 때, 종종 실수를 합니다. 지금 나는 내 영어 수업에 대하여 생각하고 있습니다. 나는 발음에 많은 애로가 있습니다. 나는 한국어 악센트로 영어를 말합니다. 그러나 가까운 미래에 나는 유창하고 완벽한 영어를 구사할 것을 확신합니다.

QUESTION

1. What do you do for your living and where do you work?
→ I am a clerk and I work in an office near here.

2. What hours do you work? 또는, How many hours do you work?
→ I work from 9 o'clock in the morning until 5 o'clock each day.
   또는, I work from early morning until late at night.

3. How many days a week do you work?
→ I work 5 days a week.

4. Usually you eat breakfast and dinner at home. Where do you have lunch?
→ I eat lunch in a restaurant near my office.

5. You watch TV once in a while. How often do you go to the movies?
→ I sometimes watch TV. But I never go to the movies.
   I don't have time and I am not interested in that.

6. Last year, you used to have dinner quite late. Did you have time to watch TV?
→ I used to have dinner quite late and go right to bed.
   I didn't have time to watch TV.

7. 사실, 당신은 작년부터 영어 회화를 공부해 오고 있습니다. 지금 이 순간, 어느 정도 의사소통(표현)할 수 있습니까?
→ 아시다시피, 나는 작년부터 영어를 공부했습니다. 내 영어는 상당히 향상됐습니다. 그러나, 예외적으로 잘 말하지는 못합니다.

8. 영어로 말할 때, 왜 당신은 실수합니까?
→ 나는 구어 영어에 아직 숙달되지 않았기 때문입니다. 발음과 어휘에 많은 애로를 갖고 있습니다.

9. 언제 당신은 유창한 영어를 할 수 있을 것 같습니까?
→ 가까운 미래에, 나는 유창하고 완벽한 영어를 할 수 있을 것으로 확신합니다.

10. 다시 한번 묻습니다. 이 교재에 의하면 당신은 서기입니다. 하루에 몇 시간 일하며, 일주일에 며칠 일합니까?
→ 당신이 말하다시피, 나는 서기입니다. 나는 하루에 8시간 일하며, 일주일에 5일 근무합니다.

7. As a matter of fact, you have been studying English conversation since last year. At this moment, how well can you make yourself understood(express yourself) in English?
→ As you see, I've been studying English since last year. My English has improved a lot. But, I don't speak it exceptionally well.

8. Why do you make mistakes when you speak English?
→ Because I'm not accustomed to spoken English as yet. And I have a lot of trouble with pronunciation and vocabulary.

9. When do you think you'll be able to speak fluent English?
→ In the near future, I am confident that I'll be able to speak fluent English.

10. I am going to ask you again. According to this text, you are a clerk. How many hours a day do you work and how many days a week do you work?
→ As you said, I am a clerk. I work 8 hours a day and 5 days a week.

3. 대화 주제: 나와 나의 가족

훈련횟수 ☐ ☐ ☐

My name is Bill Bond and I am a student. 'Bill' is short for William. I was born in 1950 in a little country town not far from here. I have a brother who is three years older than I am, and a sister who is two years younger than I am. There are five of us in my family.

My father and mother get up early every morning. My brother gets up earlier than I do, and I get up earlier than my sister does. After I wake up each morning, I get up and get dressed.

After I get dressed, I have breakfast. Usually, I have a light breakfast but my brother has a big breakfast. I have juice, cereal and coffee for breakfast. I finish studying at about 7 o'clock. And after dinner I read the newspaper for a while. I usually go to bed at about midnight. I usually sleep soundly. Someday I lose sleep or I can't sleep very well.

질문

☞ 교재 내용대로 답을 할 것이며, 자기의 내용을 말하지 말 것.

1. 이 교재에 의하면, 당신 이름은 Bill Bond입니다. 실제로 Bill은 무엇의 약자입니까?
→ Bill은 WilHam 의 약어입니다.

2. 당신은 어디서 태어났으며, 언제 태어났습니까?
→ 나는 여기서 멀지 않은 조그만 읍에서 태어났으며, 1950년 7월 15일에 태어났습니다.

3. 당신 가족은 몇입니까? 그리고 형제자매는 몇입니까?
→ 우리 가족은 5명이며, 한 명의 형과 한 명의 누이가 있습니다.

4. 당신의 아버지와 어머니는 언제 일어나며, 당신은 언제 일어납니까?
→ 나의 아버지, 어머니는 아침 일찍 일어납니다. 나는 내 누이보다 더 일찍 일어납니다.

5. 당신은 눈을 뜬 후 옷을 입고, 아침 밥을 먹습니다. 어떤 종류의 아침 밥을 먹습니까?
→ 나는 눈을 뜬 후, 옷을 입습니다. 통상 나는 아침밥을 조금 먹습니다.
 (나는 아침으로 곡물, 주스 그리고 커피를 먹습니다.)

6. 당신은 몇 시에 집을 나와서 회사(학교)에 도착합니까?
→ 나는 8시에 집을 나와서, 9시경에 회사(학교)에 도착합니다.

7. 오전 내내 당신은 열심히 일합니다. 몇 시경에 점심 먹으러 나갑니까?
→ 12:30 분 경에 점심 먹으러 나갑니다.

3. SUBJECT: ME AND MY FAMILY

내 이름은 빌반드이고, 나는 학생입니다. '빌'은 윌리엄의 약어입니다. 나는 여기서 멀지 않은 조그만 읍에서 1950년에 태어났습니다. 나는 나보다 3살 많은 형이 하나 있고, 그리고 나보다 2살 아래의 누이가 하나 있습니다. 우리 식구는 5명입니다. 나의 아버지와 어머니는 매일 아침 일찍 일어납니다. 나의 형은 나보다도 일찍 일어나고, 그리고 나는 나의 누이보다 일찍 일어납니다. 나는 매일 아침 눈을 뜬 후, 나는 일어나서 옷을 입습니다.

옷을 입은 후 나는 아침 밥을 먹습니다. 보통, 나는 아침을 조금 먹고, 형은 많이 먹습니다. 나는 아침밥으로 주스, 곡물 그리고 커피를 먹습니다. 나는 7시경에 공부를 마칩니다. 저녁 식사 후에 나는 잠깐동안 신문을 읽습니다. 나는 항상 자정에 잠자러 갑니다. 보통 잠을 푹 잡니다. 어느 날은 잠을 설치거나 못 잡니다.

QUESTION

1. According to this book, your name is Bill Bond. What is Bill actually short for? 또는 What does Bill stand for?
*stand for= ~ 의 약어이다. short for와 같음.
→ Bill is short for William.   예: ROK는 무엇의 약어입니까?

2. When were you born and where were you born?
→ I was born in a little town not far from here and was born on July 15, 1950.
☞ 자기 자신의 생일도 말해볼 것.

3. How many are there in your family and how many brothers and sisters do you have?
→ There are five of us in my family. I have a brother and a sister.

4. When do your father and mother get up and when do you get up?
→ My father and mother get up early. I get up earlier than my sister does.

5. After you wake up and get dressed, you have breakfast. What kind of breakfast do you have?
→ After I wake up and get dressed, I usually have a light breakfast.
   (I have cereal, juice, and coffee for breakfast.)

6. What time do you leave the house and get to your company?
→ I leave the house 8 o'clock and get to my company about 9.

7. All morning, you work hard. About what time do you go out for lunch?
→ I go out for lunch at about 12:30.

8. 저녁 식사 후 당신은 잠깐동안 신문을 읽습니다. 몇 시에 잠자러 갑니까?
→ 나는 12시에 잠자러 갑니다.

9. 잠자러 가면, 당신은 금방 잠이 듭니까?
→ 나는 잠자러 가면, 금방 잠이 듭니다.

10. 당신은 통상 잠을 푹 (잘) 잡니까 아니면 잠을 설칩니까?
→ 나는 통상 잠을 푹 잡니다. 그러나 어떤 날은 잠을 설치고 잠을 못 잡니다.

11. 다시 한번 가족에 대하여 물어봅니다.
당신은 어디서 태어났으며, 언제 태어났습니까?
당신 가족은 몇입니까? 그리고 형제자매는 몇입니까?
→ 나는 여기서 멀지 않은 조그만 읍에서 태어났으며, 1950년에 태어났습니다.
내 가족은 다섯이며, 한 명의 형과 누이가 있습니다.

8. After dinner, you read the newspaper for a while. What time do you go to bed?
→ I always go to bed 12 midnight.

9. When you go to bed, do you go to sleep right away?
→ When I go to bed I go to sleep right away.

10. Do you usually sleep soundly or do you lose sleep?
→ I usually sleep soundly but someday I lose sleep and can't sleep.
　*푹(아주 잘)=soundly=like a baby=like a log.

11. I'll ask you again about your family.
When were you born and where were you born?
How many are there in your family and how many brothers and sisters do you have?
→ I was born in a little town not far from here and in 1950. There are five of us in my family.

4. 대화 주제: 식사

훈련횟수 ☐ ☐ ☐

아침 식사

1. 당신은 보통 몇 시에 일어나며, 아침 식사를 합니까?
→ 나는 통상 7시에 일어나며 7:30분에 아침 식사를 합니다.

2. 당신은 아침을 많이 먹습니까? 아니면 조금 먹습니까?
→ 나는 아침에는 시간이 없어서 조금 먹습니다.

3. 당신은 아침을 안 먹고 출근하기도 합니까?
→ 예, 늦게 일어나거나, 시간이 없으면 나는 아침을 안 먹고 출근합니다.

4. 당신이 아침을 굶고 일하러 가면, 12시 전에 배가 몹시 고플 겁니다. 언제 빈속(배)을 채웁니까?
→ 아침을 굶으면, 12시 전에 배가 몹시 고픕니다. 커피휴식 동안에, 나는 우유와 빵으로 빈 배를 채웁니다.

5. 몇 시까지 당신은 출근해야 합니까?
→ 나는 8시 30분까지 사무실에 도착해야 합니다.

점심

6. 당신 사무실 근처 식당은 12시경에 혼잡할 텐데요. 당신은 몇 시에 점심을 먹나요?
→ 비록 12시경에 식당이 혼잡해도 그 시간 동안에 점심을 먹습니다. 나의 점심시간이 12시부터 1시까지입니다.

7. 당신이 점심에 자주 가는 식당이 어디에 있습니까?
→ 내가 점심에 자주 가는 식당은 회사 뒤에 있습니다.

8. 당신은 좋은 위생시설과 분위기가 있는 식당에서 항상 점심을 먹습니까?
→ 천만에요. 점심을 빨리 먹기 위하여, 평소에는, 위생시설이나 분위기를 고려하지 않습니다.

9. 오늘 점심에 당신이 먹고 싶은 음식이 무엇입니까?
→ 내가 점심에 먹고 싶은 음식은 국수입니다.

4. SUBJECT: MEAL

1. What time do you usually get up and eat breakfast?
→ I usually get up at about 7 and eat breakfast about 7:30.

2. Do you have a heavy breakfast or a light breakfast?
→ I don't always have time, so I eat a light breakfast.

3. Do you ever go to work without breakfast?
→ Yes, If I get up late or If I don't have time I go to work without breakfast.

4. If you skip breakfast and go to work, you'll get too hungry before 12 o'clock. When do you fill your empty stomach?
→ If I skip my breakfast I get too hungry before 12. So I fill my empty stomach with milk and bread during my coffee break.

5. By what time do you have to be at work?
→ I have to get to the office by 8:30.

6. The restaurant near your office may be very crowded about 12. What time do you have lunch?
→ Although the restaurant is crowded about 12 o'clock, during that time, I have lunch. Because my lunch hour is 12 to 1 o'clock.

7. Where is the restaurant which you always go for lunch?
→ The restaurant I always go eat is behind my company.

8. Do you always eat lunch in the restaurant which has the good sanitary conditions and atmosphere?
→ Of course not. In order to eat lunch quickly, at other times, I don't consider the sanitary conditions and atmosphere.

9. What is the food that you want to eat for lunch today?
→ The food I'd like to eat for lunch is noodle.

10. 당신과 점심을 같이 먹는 사람이 누구입니까?

→ 나와 점심을 같이 먹는 사람은 김 양 입니다.

양식

11. 돈 여유가 있으면, 가끔 양식당 (또는 비싼 식당) 에서 식사를 하지 않나요?

→ 여유가 있으면, 가끔 거기에 갑니다. 그러나 그럴 여유가 없는 것 같습니다.

*expensive restaurant= 비싼 식당

12. 무슨 의미인지 알겠습니다. 미국 음식이 입에 맞습니까?

→ 미국 음식이 입에 맞지 않지만, 기분 전환으로 가끔 먹습니다.

10. Who is the person that has lunch with you?

→ The one who has lunch with me is Miss Kim.

11. If you can afford it(money), don't you sometimes eat at the occidental restaurant?

→ Yes, I sometimes go there but I don't feel that I can afford it.

12. I know what you mean. Does American food agree with you?

→ It doesn't agree with me, but I sometimes eat it for a change.

*for relaxing = for relaxation= for a change (똑같은 표현) 기분전환으로

5. 대화 주제: 일상하는 일들

훈련횟수 ☐ ☐ ☐

1. 커피를 마실 땐, 커피에 설탕을 원합니까, 아니면, 블랙을 원합니까?
→ 나는 커피에 설탕을 넣고, 저어서 마십니다. 나는 블랙으로 마시지 않아요.

2. 차를 마실 땐, 따뜻할 때 마십니까? 아니면 식은 후에 마십니까?
→ 당연히, 나는 차가 따뜻할 때 마십니다. 식으면 맛이 없습니다.

3. 자기 전에 시계를 7시에 맞추어 놓고 다음 날 아침, 괘종시계가 울리면 눈을 뜹니까? 만일 시계가 울리지 않으면 어떻게 눈을 뜹니까?
→ 맞습니다. 자기 전에 시계를 7시에 맞추어 놓고 다음 날 아침 시계가 울리면 눈을 뜹니다. 만일 시계가 울리지 않으면 늦잠을 자거나 내 스스로 눈을 뜹니다. 가끔은 나의 어머니(내 아내)가 깨워 줍니다.

4. 당신 방안의 쓰레기 바구니가 차면 그것을 쓰레기통에 비웁니까?
가끔 방 청소를 합니까?
→ 쓰레기 바구니가 차면 나는 그것을 쓰레기통에 비웁니다. 방 청소도 합니다.

5. TV를 볼 때는 소파에 푹 앉아서 몸을 편하게 합니까 아니면 바닥에 앉아서 봅니까?
→ 나는 소파에 앉기도 하고, 바닥에 앉아서 보기도 합니다.
　*sit back= 편안히 앉다. sit up= 꼿꼿이 앉다.

6. 당신은 왜 이를 닦습니까? 하루에 몇 번 이를 닦습니까?
→ 나는 하루에 3번 이를 닦습니다. 그리고 중치를 예방하려고, 악취를 제거하려고, 이를 깨끗이 유지하려고 닦습니다.

7. 당신은 목욕을 얼마나 자주 합니까? 머리는 얼마나 자주 감습니까?
→ 나는 자기 전에 매일 목욕합니다. 머리는 일주일에 두 번 감습니다.

8. 취침 시간에, 당신은 요, 이불, 베개를 옷장에서 꺼내서 온돌 위에 펴고, 이불 속에서 자고, 다음날 이불에서 나와서, 접어서 옷장 속으로 치워 버립니다.
다시 한번 당신이 자는 방식을 처음부터 묘사해 보십시오?
→ 나는 이불, 베개 그리고 요를 옷장에서 꺼냅니다. 그것 들을 바닥에다 펴고, 이불 속에서 자고 다음 날 이불에서 나와서, 접어서 옷장 속으로 넣습니다.

5. SUBJECT: ROUTINE

1. When you drink coffee, do you want sugar in the coffee or you want the coffee black?
→ I put sugar in the coffee, stir it up and drink it.

2. When you drink tea, do you drink it while it's warm or after it gets cold?
→ Naturally, I drink it while it's warm. If it gets cold it doesn't taste delicious.

3. Before you go to bed, you set the alarm clock for 7 AM. The next morning when the alarm clock rings, do you wake up? If the alarm clock doesn't ring, how do you wake up?
→ Right. Before I go to bed I set the alarm clock for exactly 7 AM. The next morning when the alarm clock rings I wake up. But when the alarm clock doesn't ring I oversleep or I wake up by myself. Sometimes my mother(wife) wakes me up.

4. When your waste basket is filled, do you empty it into the trash can?
Do you sometimes clean your room?
→ I empty my waste basket when it is filled. I often clean my room.

5. Whenever you watch TV do you sit back in the sofa and make yourself comfortable(at home) or sit down on the floor and watch it?
→ I sit down on the floor and watch TV or I sit back in the sofa and watch TV.

6. Why do you brush your teeth and how many times do you brush your teeth a day?
→ I brush my teeth 2 times a day in order to prevent a decayed tooth(a tooth decay) and get rid of(remove) the bad smell and keep my teeth clean.

7. How often do you take a bath(do you bathe) and wash(shampoo) your hair?
→ Before I go to bed I take a shower everyday and wash my hair twice a week.

8. At bedtime, you take the mattress, quilt, and pillow out of the closet. Then you lay(spread) them down on the floor and sleep in the quilt. The next morning you get out of the quilt and fold them and put them away into the closet. This is the way you sleep. Could you describe how you sleep once again from the beginning?
→ I take the mattress, quilt, and pillow out of the closet. I lay them down on the floor and sleep inside of the quilt. The next day I get out of the quilt and fold them and put them away into the closet.

6. 대화 주제: TV와 RADIO

훈련횟수 ☐ ☐ ☐

A: Is there anything good on TV tonight?
B: I don't know. Let's turn it on and see.
A: OK. Which program is showing?
B: That seems to be a drama. Try another station.
A: All right. I'll turn to another station.
B: That looks like some kind of musical program.
 Isn't there anything funny showing?
A: Well, it may be time for Jack Farr on the other station. Let's see.
B: Oh, that's better. But can't you get a better picture?
A: Yes, that's not a good picture. Maybe we needed to fix the TV.
 I'll try to get a clearer picture. There, that's better.
B: Well, we have a good clear picture just in time for the commercial.
 Well, I'm going to get something to eat. I'll be back when the commercial is over.

질문

1. 당신은 중고나 신품 TV가 있나요?
→ 나는 중고와 신품 TV가 있습니다.

2. 당신 TV는 화면이 잘 나옵니까?
→ 화면은 잘 나옵니다. ("나는 좋은 화면을 갖는다"라고 영작합니다.)

3. TV 방송은 몇 시에 시작해서 끝납니까?
→ TV 방송은 아침 6시에 시작해서 밤 12시에 끝납니다.

4. KBS방송국은 지금 방송을 합니까?
→ 지금은 저녁 8시이므로 방송 중입니다.

5. 하루에 얼마 동안 TV를 보며 당신이 좋아하는 프로그램은 무엇입니까?
→ 나는 평소에는 거의 TV를 볼 시간이 없습니다. 당연히 언급할 수 있는 좋아하는 프로그램이 없지요.

6. SUBJECT: TV AND RADIO

A: 오늘 밤 텔레비전에 어떤 좋은 것 하나요? ('한다'는 것을 '있다'로 표현함)
B: 모르겠네요. 틀어서 봅시다.
A: 좋아요. 어느 프로가 상영되고 있나요?
B: 그것은 연속극 같군요. 다른 국을 틀어보세요.
A: 그래요. 다른 국으로 돌리지요.
B: 그건 일종의 음악 프로 같군요.
  웃기는 것 상영하는 것은 없나요?
A: 음, 다른 국에서는 '잭파', 시간인 것 같군요. 봅시다.
B: 음, 그게 좋겠군요. 그러나 더 좋은 화면을 만들 수 없나요?
A: 이것은 나쁜 화면이군요. 아마도 텔레비전을 고칠 필요가 있는데요.
  더 깨끗한 화면이 되도록 해보지요. 자! 더 낫지요.
B: 예, 선전 시각에 맞추어서 화면이 좋아지는군요. 내가 먹을 것을 가져오지요.
  선전이 끝나면 돌아올게요.

QUESTION

1. Do you have a second hand TV or a brand new TV?
→ I have a second hand TV and a brand new TV.

2. Do you get a good picture on your TV?
→ I get a clear picture on it.

3. What time does the TV broadcast begin and finish?
→ The broadcast begins at 6 AM and finishes at 12 midnight.
They sign on at 6 AM and sign off at 12 PM.

4. Is KBS station on the air now?   *off the air= 방송 안 하다.
→ This is 8 PM. It's on the air now.

5. How long a day do you watch TV and what is your favorite program?
→ At other times, I don't almost have time to watch TV.
Naturally there is no favorite program to mention.

6. 오늘 TV에 야구 중계를 합니까?
→ 오늘은 금요일이니깐, 야구 경기가 없지만, 주말에는 야구 중계를 합니다.

7. 뉴스 다음에는 보통 무엇을 합니까? (무엇이 따라오지요?)
→ 그것은 상식입니다. 선전이 뉴스나 각 프로 다음에 따라옵니다.

8. 요즘 TV에 어떤 좋은 프로나 웃기는 것 있습니까?
→ 전혀 모르겠네요. 틀어서 보십시오. 나는 TV 프로에 흥미가 없습니다.

9. 당신 집에서는 누가 TV를 틀고, 방송국을 선택합니까?
→ 나는 TV를 켜고 끄지 않습니다. 저의 어머니가 거의 보십니다.

10. 만일 TV가 고장이면, 당신은 그것을 고칠 수 있나요?
→ 만일 TV가 고장이면, 나는 전자 기술자에게 수리시켜야 합니다.

11. 만일 라디오가 있다면, 수신이 잘 됩니까? 당신 라디오는 때도 나옵니까?
(FM이 나온다는 말을 "당신은 FM 수신을 갖느냐"고 영작함)
→ 내 라디오는 수신도 잘되고 FM도 나옵니다.

12. 하루 동안, 당신은 얼마나 라디오를 듣습니까?
→ CNN을 듣기 위하여, 나는 하루에 20분 정도 듣습니다. 솔직히 말해서, 나는 전혀 라디오는 듣지 않습니다.

6. Will they televise the baseball game on TV today?
→ Today is Friday. There is no baseball game but on weekends they will televise the game.
*televise=TV 중계하다

7. What is on following the news?
→ It's a common sense. The commercial is following the news.

8. Is there anything good or anything funny on TV these days?
→ I know nothing about that. Turn it on and see!
I am not interested in TV program.

9. Who turns on the TV in your house and selects the station?
→ I don't turn on and off the TV. My mother sees the TV.

10. If the TV is out of order, can you fix it?
→ If the TV is out of order, I'll have to have an electronic engineer fix the TV.

11. If you have a radio, do you get good reception on it? Do you have a FM reception(station) on your radio?
→ Yes, I get good reception on my radio and I have FM stations on it.

12. During the day, how long do you listen to radio?
→ In order to listen to the CNN, I listen to radio for 20 minutes or so. (I stay tune on the CNN.) To put it frankly, I never listen to radio.

7. 대화 주제: 방문한 곳 묘사하기

훈련횟수 ☐ ☐ ☐

Today afternoon, I left the house at about 3 o'clock in the afternoon and didn't get home until 5:30. I went to see a friend of mine. My friend, Nancy Smith, was in the hospital and I went to visit her. We talked all afternoon. We talked about a lot of different subjects. We talked about the weather and we talked about our old friends.

She answered all of my questions. Finally, I asked her if she wanted to watch television for a while, and she said she did. I looked at my watch. Much time passed. I said I had to go, and then I said goodbye. She asked me when I was coming back to visit her, and I said I didn't know. She said good-bye and I left the hospital at about 5 PM.

질문

1. 당신은 3시경에 집을 나왔습니다. 어디에 갔었으며, 무엇 하러 갔었습니까?
→ 나는 3시경에 집을 나왔습니다. 병원에 친구 만나러 갔었습니다.

2. 병원에 도착했을 때, 친구와 무슨 얘기를 했습니까?
→ 병원에 있는 동안, 나는 옛 친구, 날씨에 관하여 얘기했습니다.

3. 마지막으로, 당신은 그녀에게 잠깐동안 TV를 보고 싶으냐고 물어보았습니다. 그녀가 뭐라고 대답했나요?
→ 나는 그녀에게 TV를 보고 싶으냐고 물었습니다. 그녀는 그렇다고 말했습니다.

4. 당신은 몇 시에 병원을 나와서, 몇 시에 집에 도착했나요?
→ 나는 5시에 병원을 나와서 5시 30분에 집에 도착했습니다.

5. 이 교재에 의하면, 당신은 오늘 3시경에 집을 나와서 병원에 갔었습니다. 거기서 누구를 만났고, 무슨 얘기를 했습니까, 그리고 몇 시에 병원을 나왔나요?
→ 내 친구 스미스를 보러 병원에 갔었습니다. 그녀와 친구, 날씨에 관하여 얘기를 했습니다. 마지막으로 그녀에게 잠깐 동안 TV를 보고 싶으냐고 물어보았습니다. 그녀는 그렇다고 했습니다.
내가 시계를 보니, 많은 시간이 지났습니다. 나는 가야 되겠다고 했습니다. 우리는 서로 인사를 하고, 나는 5시경에 병원을 나왔습니다.

6. 실제로, 당신 친구가 당신 회사에 찾아왔을 때, 어디로 데리고 가서, 무엇에 대하여 얘기를 합니까? 상상력을 사용해서 말해보십시오!
→ 친구가 회사에 찾아오면, 근처 다방에 데려갑니다. 우리는 커피를 주문합니다. 많은 것에 대해서 생각나는 대로 얘기를 할 겁니다. 예를 들면, 직업, 미래, 날씨 등. 마지막으로 나는 그에게 언제 다시 방문하러 올 것이냐고 물을 것이다. 그는 모르겠다고 대답할 것이다. 많은 시간이 지난 후, 나는 커피값을 지불하고, 친구에게 인사를 한 후, 나는 근무처로 돌아올 것이다.

7. SUBJECT: DESCRIBING VISITING PLACES

오늘 오후, 나는 3시경에 집을 나왔다. 5시 반까지 집에 도착하지 않았다. 나는 한 친구를 보러 갔다. 내 친구 낸시 스미스는 병원에 있었다. 우리는 오후 내내 얘기했다. 우리는 많은 주제에 관해 얘기했다. 우리는 일기에 관해 얘기했다. 우리의 옛 친구에 대해 얘기했다.

그녀는 나의 모든 질문에 대답했다. 나는 그녀의 모든 질문에 대답했다. 마지막으로 나는 그녀에게 잠시 TV를 구경하고 싶으냐고 물어봤고, 그녀는 그렇다고 말했다. 나는 시계를 보았다. 많은 시간이 지났다. 나는 가야 한다고 말했고, 그리고 나는 잘 있으라고 말했다. 그녀는 나에게 언제 방문하러 올 것이냐고 물었고, 나는 모른다고 했다. 그녀는 잘 가라고 했고, 나는 5시경에 병원을 나왔다.

QUESTION

1. You left the house at about 3. Where did you go and what did you go there for?
→ I left the house about 3. I went to the hospital to see a friend of mine.

2. When you got there, what did you talk with your friend?
→ While I was in the hospital, I talked about the weather and our old friends.

3. Finally, you asked her if she wanted to watch TV for a while. What did she answer?
→ I asked her if she wanted to watch TV. She said she did.

4. What time did you leave the hospital and get home?
→ I left the hospital 5 o'clock and got home about 5:30.

5. According to this book, you left the house at 3 and went to the hospital. Who did you see there, what did you talk about, and what time did you leave the hospital?
→ I went to the hospital to see my friend Nancy Smith. I talked about old friends and the weather. Finally, I asked her if she wanted to watch TV. She said she did.
I looked at my watch. Much time passed. I said I had to go. We said good-bye to each other and I left the hospital about 5 o'clock.

6. Actually, if your friend visits your company, where will you take him(her) to and what will you talk about? Would you describe that using your imagination?
→ If my close friend visits my company, I'll take him(her) to the nearby coffee shop. We will order coffee. We'll have a talk concerning many subjects that enter our minds such as jobs, future and the weather etc.
Finally, I will ask him when he is going to visit me again.
He will say he doesn't know. After much time passes, I'll pay for the coffee and say good-bye to my friend and come back to my job site.

*Job site=working place= 근무처

8. 대화 주제: 생일선물 묘사하기

훈련횟수 ☐ ☐ ☐

Yesterday was my birthday. I got a lot of presents from my friends and family. All the gifts were wrapped in colored paper. Some of the packages were large, but others were very small. Some were heavy, and others were light. One square package was blue; There was a book in it. Another one was long and narrow; it had an umbrella in it. My sister gave me a big, round package. I thought it was a ball, but it was not. When I removed the yellow paper wrapped on it, I saw that it was a globe of the world. After that my brother gave me another gift. It was a big square box wrapped in green paper.

I opened it and found another box covered with red paper. I removed the paper and saw a third box, this one was blue in color. Everyone laughed as I opened the boxes. There were six of them. In the last one I found a small white envelope.

There was a piece of paper in the envelope which said "Go to the big bedroom. Look in the closet near the high window." I went in the large bedroom. I went to the closet and opened it. I was very happy. It was just what I wanted - a computer.

질문

1. 이 교재에 의하면, 어제는 당신의 생일이었습니다. 무슨 선물을 친구와 가족으로부터 받았습니까?
→ 어제는 나의 생일이었습니다. 나는 친구와 가족으로부터 많은 선물을 받았습니다.
예를 들면, 책, 우산, 컴퓨터, 지구본.

2. 당신의 누이는 당신에게 큰 둥근 포장을 주었습니다. 당신은 그것이 공인 줄로 생각했습니다. 그러나 아니었습니다. 무엇이 그 안에 있었나요?
→ 당신이 말한 것처럼, 내 누이는 나에게 큰 둥근 포장을 주었습니다. 나는 그것이 공이라고 생각했습니다, 그러나 아니었습니다. 나는 그것이 지구본이라는 것을 알았습니다.

3. 그 후 당신 형은 당신에게 큰 네모 상자를 주었습니다. 당신은 그것을 열었습니다. 그리고 다른 상자를 찾았습니다. 당신은 싼 종이를 제거했습니다 그리고 다른 상자가 있었습니다. 그 상자를 다시 열었습니다. 당신은 다른 상자를 보았습니다. 몇 개의 상자를 당신은 발견했나요? 당신 형의 선물을 처음부터 끝까지 다시 한번 묘사해 볼 수 있겠습니까?
→ 형은 나에게 큰 네모 상자를 주었습니다. 나는 그것을 열었습니다. 다른 상자가 있었습니다. 나는 종이를 뜯었습니다. 나는 세 번째 상자를 보았습니다. 그것을 열었습니다.
모두 6개가 있었습니다. 마지막 상자 안에서, 나는 작은 흰 봉투를 발견했습니다.
그 안에는 "침실로 가라. 창문 근처 옷장을 들여다보라"라고 쓰인 종이가 있었습니다. 나는 침실로 가서, 옷장을 열어보았습니다. 거기에는 컴퓨터가 있었습니다.

4. 실제로(Actually, Virtually) 당신 생일은 지났습니까? 다가오고 있나요?

5. 당신 생일이 오면, 당신은 생일을 쉽니까? (기념합니까?)

8. SUBJECT:DESCRIBING THE BIRTHDAY PRESENTS

어제는 나의 생일이었다. 나는 많은 선물을 가족과 친구로부터 받았다. 모든 선물은 색종이로 포장되어 있었다. 어떤 포장은 컸으나 다른 것은 아주 작았다.

어떤 것은 무거웠고, 다른 것은 가벼웠다. 네모난 포장 하나는 청색이었다. 그 안에 책이 있었다. 다른 것은 길고 가늘었고 그 안에는 우산이 있었다. 내 누이는 나에게 크고 둥근 포장을 주었다. 나는 그것이 공인 줄 알았다. 그러나 그것은 아니었다. 내가 그것을 싸고 있는 노란 종이를 풀렀을 때 나는 그것이 지구본이라는 것을 알았다. 그 후 내 형은 나에게 푸른 종이로 싸여 있는 큰 네모 상자를 주었다.

나는 그것을 열고, 빨간 종이로 덮여있는 다른 상자를 찾았다. 나는 종이를 뜯고, 세 번째 상자를 보았다. 그것은 푸른색이었다. 모든 이는 내가 상자를 열 때 웃었다. 거기엔 6개가 있었다. 마지막 것 안에서, 나는 조그만 환 봉투를 발견했다.

"침실로 가라. 높은 창문 근처 옷장을 들여다보라."라고 쓰인 한 장의 종이가 봉투 안에 있었다. 나는 큰 침실로 갔다. 나는 옷장을 열어봤다. 나는 기뻤다. 그것은 내가 꼭 원하던 것이었다--컴퓨터.

QUESTION

1. According to this book, yesterday was your birthday. What kind of presents did you get from your family and friends?
→ Yesterday was my birthday. I got(received,was given) a lot of presents from my family and friends. For example, an umbrella, a computer, books and a globe of the world.

2. Your sister gave you a round big package. You thought it was a ball, but it was not. What was in there(inside)?
→ As you said, my sister gave me a round big package. I thought it was a ball, but it was not. I found it was a globe of the world.

3. After that, your brother gave you a big square box. You opened it and found another box. You removed the paper and there was another box, and you opened it again. You saw another box. How many boxes did you find? Could you describe your brother's present from beginning to end once again?
→ My brother gave me a big square box. I opened it. There was another box. I removed the paper. I saw the third box. I opened it. There were six of them. In the last one, I found a small white envelope. There was a piece of paper in the envelope which said;
"Go to the big bedroom. Look in the closet near the window." I went to the bedroom and opened the closet. There was a computer. It was what I wanted.

4. Virtually, has your birthday passed already? Is it nearing?
   Is your birthday just around the corner? = 생일이 가까이 오고 있나요?

5. When your birthday falls(comes), do you observe(celebrate) it?

9. 대화 주제: 주말의 사회생활

I work hard in an office all week. On Saturday and Sunday I have a very busy social life. This weekend I am going to Boston. I have never been there and I want to see as much as I can while I am there. This is my plan; when I finish work on Friday afternoon, I'll take a taxi to the airport and fly to Boston. When I get there I'll go to my hotel and leave my suitcase there.

Then I'll have dinner with some friends who live in Boston. My friends know Boston very well. They are going to take me to all the interesting places. Friday evening after dinner, we are going to drive around the city in their car.

That way I will be able to see Boston at night. On Saturday and Sunday morning I will get up early. After visiting other interesting parts of the city, I will go to the airport and fly home. I know I will have a good time in Boston.

질문

1. 당신은 평일에는(on weekdays,) 사무실에서 열심히 일합니다. 토요일과 일요일에는, 당신은 바쁜 사회 생활을 합니다. 실제로 이번 주말(this weekend)에, 당신은 어떤 사회생활을 하실 겁니까?
→ 물론입니다. 나는 한 주일 열심히 사무실에서 일합니다. 주말에는 나는 바쁜 사회생활을 합니다. 토요일에는, 나는 친구 결혼식에 참석하고, 일요일에는 산에 갈 겁니다.

2. 이 교재에 의하면, 당신은 금주 말에 보스턴에 갈 예정으로 되어있습니다. 당신은 금요일 오후 일이 끝나면, 택시로 공항에 가서 비행기로 보스턴에 날아갈 것입니다. 거기에 도착하면, 누구를 만나고, 어떻게 보스턴을 구경할 겁니까? 당신이 돌아올 때까지의, 당신의 여행 일정을 말해 주시겠습니까?
→ 나는 금요일 오후 일이 끝나면, 택시로 공항에 가서 비행기로 보스턴에 날아갈 것입니다. 거기에 도착하면, 호텔에 가서 거기에 옷 가방을 맡길 것입니다. 그리고나서, 보스턴에 사는 친구들과 저녁을 먹을 것입니다.
그들은 보스턴을 잘 압니다. 그들은 나를 모든 재미있는 곳으로 데려갈 겁니다. 그리고 그들의 차로 시내를 드라이브 할 것입니다.
토요일과 일요일에, 도시의 다른 흥미 있는 곳을 방문한 후에, 나는 공항으로 가서 집에 날아올 것입니다. 이것이 내 여행계획입니다.

3. 당신은 보스턴에 가 본 적이 없습니다. 거기에 있는 동안, 당신은 실컷 구경하고 싶습니까?
→ 그것은 말할 필요가 없습니다. 거기에 있는 동안 나는 실컷 구경하고 싶습니다.

4. 만일 당신이 차가 있다면, 나를 아주 재미있는 곳으로 데려갈 수 있습니까?
→ 물론입니다. 만일 내가 차가 있다면, 당신이 원하는 어디든지 데려가지요.

5. 당신은 혹시 하버드 대학이 어디 있는지 아십니까?
→ 보스턴시 강 건너 케임브리지에 있습니다.

9. SUBJECT: THE SOCIAL LIFE

나는 평일에 사무실에서 열심히 일한다. 토요일과 일요일엔 아주 바쁜 사회생활을 갖는다. 이번 주말 나는 보스턴에 갈 것이다. 나는 거기에 가본적이 없고, 거기에 있는 동안, 실컷, 구경하기를 원한다. 이것이 내 계획이다. 내가 금요일 오후에 일을 끝마칠 때, 나는 공항까지 택시를 탈 것이고 그리고 보스턴으로 날아갈 것이다. 거기에 도착하면 나는 호텔에 갈 것이고 그리고 내 가방을 거기에 맡길 것이다.

그리고서, 나는 보스턴에 사는 몇 친구와 함께 저녁을 먹을 것이다. 내 친구는 보스턴을 잘 안다. 그들은 나를 모든 흥미 있는 곳으로 데려갈 것이다. 금요일 저녁— 저녁 식사 후, 우리는 그들 차로 시내를 드라이브할 것이다.

이런 식으로 나는 밤에 보스턴을 구경할 것입니다. 토요일과 일요일 아침에 나는 일찍 일어날 것이다. 도시의 다른 흥미 있는 곳을 방문한 후에 나는 공항으로 가서, 집에 날아올 것이다. 나는 보스턴에서 재미 있는 시간을 가질 것으로 안다.

QUESTION

1. You work hard in an office all week. On Saturday and Sunday you have a very busy social life. Actually, this weekend what kind of social life will you have?
→ Of course. I work hard all week. On weekends I have a busy social life. On Saturday, I'll attend my friend's wedding and on Sunday I'll go to mountains.

2. By this book, you are scheduled to go to Boston this weekend. When you finish work on Friday afternoon, you'll take a taxi to the airport and fly to Boston. When you get there, who will you meet and how will you see Boston? Until you come back. Would you tell me about your itinerary in detail?
→ After I finish work on Friday afternoon, I'll take a taxi to the airport and fly to Boston. When I get there I'll go to my hotel and leave my suitcase there. Then I'll have dinner with my friends who live in Boston.
They know Boston well. They will take me to all the interesting places, and drive around the city in their car.
On Saturday and Sunday, after visiting other interesting parts of the city, I'll go to the airport and fly home.

3. You have never been to Boston. Do you want to go see as much as you can while you are there?
→ It goes without saying that. I want to see as much as I can.

4. If you have a car, can you take me to the very interesting place?
→ Of course, that's affirmative. If I have a car, I'll take you to any place that you want.

5. Do you happen to know where Harvard University is?
→ It is in Cambridge, across the river from Boston.

10. 대화 주제: 영화 줄거리 묘사하기 - '해피'

훈련횟수 ☐ ☐ ☐

영화 줄거리를 묘사하면 많은 표현 능력이 생깁니다. 그림만 보고 줄거리를 영어로 말해보세요.

10. SUBJECT: THE MOVIE-HAPPY

☞ 처음에는 그림과 본문을 같이 보면서 숙달하고, 그다음에는 본문은 보지 말 것.

1. 스지는 가게의 점원으로 일합니다. 그녀는 잘 생겼습니다.
→ Suzie works in a store as a clerk. She is good-looking.

2. 점심때가 되면, 아무도 그녀와 점심을 같이 먹지 않습니다.
→ When it's lunch time(When lunch time comes), No one has lunch with her.

3. 그녀가 댄스홀에 가도 아무도 그녀와 춤을 추지 않습니다.
→ When she goes to a dance hall, no one dances with her.

4. 일에서 집에 돌아갈 때도 아무도 그녀를 태워주지 않습니다.
→ When she goes home from work nobody gives her a lift.

5. 그녀가 집에 도착하면, 그녀 어머니는 말합니다. "너는 남자들과 왜 연애도 안 하니?" 그녀는 대답합니다. "남자애들이 나에게 데이트 신청을 하지 않아요. 이유를 모르겠어요."
→ When she gets home(comes home), her mother says, "Why don't you have a date with a boy?" She answers, "Boys never ask me out. I don't know Why."   ☞ 이유 reason을 why로 사용할 것.

6. 그런 문제라면, 걱정일랑 말아라. '해피'를 사용하거라. 큰 도움이 될 것이다.
→ For that matter, Don't worry about that! Try 'HAPPY'!
It'll help you a lot.   ☞ '많이'는 a lot 또는 a great deal로 할 것.

7. 그녀는 거울 앞에서 해피를 사용합니다.
→ She tries 'HAPPY' in front of the mirror.

8. 그리고 나니, 그녀는 행복하게 되고, 많은 남자가 쫓아다닙니다.
→ After that. She becomes happy and a number of men follow her.

9. 그녀는 어디를 가든지, 해피를 가방에 가지고 다닙니다.
→ Wherever she goes, she carries 'HAPPY' in her handbag.

10. 결국은, 그녀는 남편감을 얻고, 결혼식을 올립니다. 이것은 모두 해피의 덕입니다.
→ Finally(After all= In the long run= As a result), she gets(finds) a husband to be and holds the wedding. It's all *thanks to Happy!
*Thanks to= 덕분에, 는 도움을 받은 경우만.

11. 짝이 없는 사람들이여, '해피'를 사용하세요!
→ Anyone who doesn't have a match, Try 'Happy'!

질문

1. 그림을 보면서 이 영화의 줄거리를 묘사해 주시겠습니까?
2. 짝이(남자친구나 여자친구가)없는 사람은, 어떻게 해야 합니까? 만일 당신이 해피 회사의 사장이라면, 어떻게 대답하시겠습니까?
→ 나는 다음과 같이 대답할 것입니다. 짝이 없는 사람은, 누구든지 다 나에게 오십시오. 내가 해피를 드리겠습니다. 그것을 집에 가져가서 사용하십시오. 그러면, 많은 여자나 남자가 당신을 따르게 됩니다. 그중 한 사람을 골라서 나에게 데리고 오십시오. 무료로 결혼식을 올려 드리겠습니다. 선착순으로, 나는 해피회사의 사장이니깐.

3. 힘들게 일하고 피곤한 사람은, 어디로 가야 합니까?
→ 힘들게 일하고 피곤한 사람은, 집으로 가서 쉬어야 합니다.

4. 이 영화에서 스지는 잘 생겼습니다. 그러나 아무도 점심을 같이 먹지 않으며, 아무도 그녀와 춤을 추지 않으며, 아무도 그녀를 태워주지 않습니다.
그 이유를 알아맞혀 볼 수 있습니까?
→ 내 생각으로는, 그녀는 너무 게을러서 이를 닦지 않습니다. 입에서 냄새가 납니다.
그래서, 모두들 그녀를 싫어합니다.

5. 만일 당신은 입에서 나쁜 냄새가 나는 여자(남자)를 알고 있습니다. 그녀는(그는) 아주 잘 생겼습니다. 당신은 그녀와 사귀겠습니까?
나는 그녀와 사귈겁니다. 나는 이쁜 여자를 좋아하니까요.
*사귀다=make fiends = be fiends= become fiends = keep company 등등.

6. 만일 당신이 해피를 사용한 후, 많은 여자 (남자)가 매일 당신을 쫓아다니게 되면, 어떤 행동을 취하시겠습니까?
→ 많은 여자(남자)가 나를 따르면, 그중 한 사람을 골라서 결혼할 것입니다.
→ 여자(남자)는 많으면 많을수록 좋습니다. 모든 여자(남자)와 사귈 것입니다. 나는 정력적인 남자(여자)이니까.

7. 해피같은 상품을 당신이 개발한다면 돈을 갈퀴로 긁을 수 있다고 생각합니까?
→ 그럼요, 한국에는 결혼을 못 하는 남녀가 많이 있습니다.
그 상품은 잘 팔릴 것입니다. 나는 돈을 갈퀴로 긁을 수 있을 것입니다.

QUESTION

1. Would you describe this movie story by looking at the picture?

2. The person who doesn't have a match(boyfriend or girlfriend), what does he have to do? If you are a president of the 'HAPPY' company, how will you answer?
→ I'll make an answer as follows. All of you who have no match. All come to me. I'll give you 'HAPPY'. You take it to your home and try it!. Then many men or women'll follow you. You choose one of them and bring him/her to me. I am going to give you a wedding free of charge. On a first come and first served basis.

3. A person who works hard and who is tired, where does he have to go?
→ A person who works hard and who is tired must go home and take a break.

4. Suzie is goodlooking in this movie. But nobody has lunch with her. Nobody dances with her. Nobody gives her a ride. Can you guess Why?
→ As I might say, she is so lazy that she doesn't brush her teeth. She has bad smell from her mouth. So nobody likes her.

5. You know a woman(man) who smells bad from her mouth.
But she is good-looking. Will you make friends with her(man)?
→ Yes, I'll make friends with her (him). Because I like a pretty woman.

6. After you use 'Happy', a lot of women(men) follow you every day. What action will you take?
→ In case a lot of women follow me, I'll choose one of them and marry her.
→ The more women the better. I'll make friends with all women. Because I am an energetic person.

7. If you develop the product like Happy, do you think you'll be able to rake up money?
→ Sure, there are many men and women who can't get married in Korea. The product will be sold very well. I will be able to rake up money.

11. 대화 주제: 영화 줄거리 묘사하기. "총잡이" 훈련횟수 ☐ ☐ ☐

11. SUBJECT: GUN FIGHTER

1. 총잡이가 어느 날 조그만 마을에 도착했다. 그는 아름다운 여자를 보았다.
첫눈에 그녀에게 반했다. 그는 말한다. "나와 결혼해 주시겠습니까?"
→ One day a gunfighter arrives in a small town. He sees a beautiful woman.
At first sight, he falls in love with her and says "Will you marry me?"

2. 그녀는 말한다. "싫어요. 당신이 죽으면 나는 생과부가 됩니다."
→ She says, "No, if you were killed I'd be a young widow."

3. "그런 문제라면, 걱정하지 마세요. 총에 절대로 손을 안 댈 것입니다."라고 남자가 말한다.
→ He says, "For that matter. Don't worry about that! I'll never touch a gun."
    *그는 여자를 설득합니다=persuade로도 표현

4. 그녀는 그의 청혼을 수락하고, 교회에서 결혼식을 올린다.
→ She accepts his proposal and they hold their wedding in a church.

5. 그들은 농부가 됩니다. 그럭저럭, 일 년이 지난 후, 아기도 낳고 행복하고 평화롭게 산다.
→ They become farmers. In the meantime, one year passes. She gives birth to a baby(They have a baby). They live happily and peacefully.

6. 어느 날 마을 은행에 강도가 들어왔다. 강도는 은행직원을 죽인다.
→ One day, Robbers rob the town bank(Robbers come into the bank) and kill the bank workers.

7. 강도는 역마차로 돈 보따리를 가지고 도망가 버린다.
→ The robbers run away(escape) with money sacks.

8. 마을 사람들은 모여서, 그 사건을 토의합니다.
→ The town people get together(gather) and discuss the accident.

9. 마을 지도자가 총잡이에게 갑니다. 그들은 그에게 도움을 청합니다. 그는 처음에는 강력히 거절합니다. 그러나 결국은 그들에게 동의합니다.
→ The town leaders go to visit the gunfighter. They ask him for help. At first, he refuses it strongly. But he finally agrees with them.

10. 그의 아내가 그 사실을 알고, 화를 냅니다. "당신이 죽으면 나와 아기는 어떻게 하지요?"라고 울면서 말합니다. "할 수 없잖아! 이런 상황에서는" 그는 말대꾸합니다. 나는 절대로 죽지 않아. 걱정하지 마!
→ His wife realizes the fact and gets angry at him. "If you were killed, what should I do and our baby?" She says in tears. "I can't help it under these circumstances." He talks back to her.

11. 그는 총을 총집에서 꺼낸다. → He takes(gets) the gun out of the case.
12. 그는 결투를 하고 강도들을 죽인다. → He has a fighting and kills the robbers.
13. 그는 집에 돌아와서 총 벨트를 푼다. → He returns home and unfastens the gun belt.
14. 그는 총을 총집에 넣는다. → He puts the gun in the gun case. The movie ends happily.

질문

1. 이 영화는 전형적인 서부 영화입니다. 당신은 그 줄거리를 묘사해 보십시오?

2. 잘생긴 남자(여자)가 길거리에서 당신에게 첫눈에 반해서 그리고 당신에게 결혼을 부탁합니다. 당신은 그 제안을 받아들이겠습니까?
→ 나는 그의 제안을 거절할 것입니다. 거의 모든 잘생긴 남자는 바람둥이이기 때문입니다. (만일 아름다운 여자가 나에게 결혼을 부탁한다면, 그녀는 아마도 이상한 여자일 겁니다.)

3. 당신은 어디에서 결혼식을 올릴 겁니까?
→ 많은 사람은 예식장에서 거행하지만, 나는 강변이나 공원에서 올릴 겁니다.

4. 자녀를 몇 명 나을 겁니까?   *give birth bear= 출산하다. 낳다
→ 많으면 많을수록 좋다고 생각합니다. (두 명이면 좋겠지요.)

5. 다시 태어나는 것을 생각해, 본적이 있나요? (아기 낳는 것을 생각한 적이 있나요?)

6. 만일 다시 태어난다면, 개로 태어나서, 여름에 인간에게 잡아먹히고 싶나요?
→ 내가 다시 태어난다면, 나는 인간으로 태어나고 싶군요. 동물로 태어나서, 인간에게 잡아먹히고 싶지 않습니다.
*eat 먹다 be eaten 먹히다/ bear 낳다 be born 태어나다

7. 가정으로, 수업 후, 당신은 은행에 들어갑니다. 그때 강도가 들어옵니다. 당신은 숨을 겁니까, 도망가겠습니까, 아니면 싸우겠습니까?
→ 강도는 총이 있고 무기가 있습니다. 나는 싸울 수가 없습니다. 싸운다면 나는 부상을 당하거나 상처를 입을 것입니다. 즉시 숨든지 도망갈 것입니다. 비겁한 줄 알지만, 나는 어쩔 수가 없습니다. 도망가는 것이 상책입니다.
* Running is the best way. "어쩔 수 없다. = I can't help it → It can't be helped. (수동)"

8. 당신은 여기에 도착하면, 가방에서 책을 꺼내서 책상 위에 놓습니다. 수업 후에는, 당신은 책을 가방에 집어넣습니까?
→ 내가 가방이 있다면, 책을 꺼냈다가 집어넣을 겁니다. 그러나, 보시다시피, 나는 가방이 없습니다. 책을 가지고 다니는 것이 귀찮고, 부담됩니다.
그래서, 나는 책을 책상 위에 놔둡니다.   *'놔두다 → leave, put, place.'

9. 당신의 옛날 생활은 어려웠습니다. 당신의 현재 생활은 편하고 쉽습니다. 당신은 행복하고, 평화롭게 산다고 자신합니까?
→ 나의 생활은 편하고 쉽습니다. 나는 현재 평화롭고 행복하게 산다고 자신합니다.

10. 만일 당신이 총잡이의 입장이라면 마을 지도자의 부탁을 받을 겁니까? 아니면 거절할 겁니까?
→ 내가 총잡이의 입장이라면 나도 거절할 수 없을 겁니다. 나는 그들을 이길 자신이 있으니까요.
*입장=position. 이기다= beat them.

QUESTION

1. This is a typical western movie. Could you describe the story?

2. A good-looking man(woman) falls in love with you in the street at first sight, and he asks you to marry him. Will you accept his proposal?
→ I'll refuse his proposal. Because almost all of handsome men are playboys. (If a beautiful woman asks me to marry her at first sight, she is probably a strange woman.)

3. Where will you hold your wedding?
→ Many people hold their wedding in a wedding house but I will do it on the river or in a park.

4. How many children will you give birth to? (will you bear?)
→ The more children the better. (I think two children would be good.)

5. Have you ever thought about being born again? (bearing a baby?)
→

6. If you were born again, would you like to be born as a dog and killed and eaten by humans during the summer season?
→ If I were born again. I'd like to be born as a human. I wouldn't like to be born as an animal and eaten by humans.

7. Suppose(Supposing), after the class, you step into the bank. At that time, bank robbers intrude in the bank. Will you hide or run away or fight?
→ The bank robbers have weapons and guns. I cannot fight. If I do, I'll be injured or hurt. I'll hide or run away immediately. I know it's coward, but I can't help it. Running is the best way.
  *There is no other choice= 다른 방도가 없다.
  *Because I am not courageous(brave). = 용기가 없다.

8. After you get here, you take the books out of your bookcase and put them on the desk. After the class do you put the books in the bookcase?
→ If I have a bookcase, I'll take out the books and put them in. But As you see, I don't own a bookcase. Carrying the books is a nuisance and an imposition. So I leave my books on the desk.

9. Your old life was difficult. Current life is easy and comfortable. Are you confident that you live happily and peacefully? →

10. If you were in the position of the gunfighter, would you take the favor of the town leaders or refuse it? →

12. 대화 주제: 한국 역사와 유물

훈련횟수 ☐ ☐ ☐

질문

1. 우리나라는 5000년의 긴 역사를 가지고 있습니다. 한국이 있기 전에는, 어떤 왕국이 이 반도에 존재했었나요? 한국의 역사에 대하여 간단히 설명해 보십시오?
→ 한국이 있기 전에는, 조선 왕국이 존재했었고 500년을 지속했었습니다. 그전에는, 500년을 지속한 고려왕조가 있었습니다. 고려왕조 동안에, 아라비안 상인이 우리나라에 왔습니다. 그들이 고려를 코리아라고 불렀습니다. 그래서 고려가 영어로 코리아가 됐습니다. 고려왕조 이전에도, 많은 왕국이 있었습니다.
그 결과, 궁전, 성곽, 문, 옛 무덤 그리고 많은 유물과 유적이 전국에 있습니다.

2. 오늘 당신은 관광 안내원입니다. 김포공항에 가서 외국 관광객을 맞이합니다. 그들에게 서울시를 구경시켜야 합니다. 먼저, 어디로 그들을 데려가서 무엇을 설명하시겠습니까?
→ 먼저, 나는 관광객을 남산 꼭대기에 제일 먼저 데리고 갈 겁니다.
그 이유는 다음과 같습니다. 남산은 서울의 중심에 있습니다. 내가 남산 꼭대기에 올라가면, 서울시를 한눈에 볼 수 있고, 도시 전체를 설명하기가 쉽습니다. 그다음엔, 나는 그들을 경복궁에 데려갈 겁니다.

3. 당신이 알기에는, 누가 경복궁에 거주했었나요?
→ 내가 알기로는, 경복궁은 조선 왕조의 태조 임금이 지었습니다.
왕과 왕비가 거기에 거주했습니다.

4. 서울에는 궁전이 몇 개나 있습니까? 당신은 모든 궁에 가 보았습니까?
→ 아마도 서울에 4개의 궁이 있습니다. 애석하게도, 거기에 가 보지 못했습니다.

5. 민속촌은 어디에 있습니까? 그리고 왜 그것을 지었습니까?
→ 민속촌은 인공적인 마을입니다. 한국인의 전통적인 생활을 보전하기 위하여 설계된 것입니다. 그것은 수원시 근처에 있습니다. 서울에서 1시간 걸립니다.

6. 당신은 민속촌에 갔다 왔습니까?
→ 아니요, 아직 가 보지 못했습니다. (예, 간 적이 있습니다.)

7. 당신은 서울에서 어느 장소를 가 보고 싶습니까?
→ 내가 가장 가보고 싶은 곳은 OOO입니다.

8. 우리나라의 국보 일호는 무엇이고, 그것은 언제 지었습니까?
→ 국보 일호는 남대문이고, 그것은 약 600년 전 조선 왕조의 초기에 지었습니다.

12. TOPIC: KOREAN HISTORY AND RELICS

QUESTION

1. Our nation has the long history of 5000 years. Before the Republic of Korea, what kingdoms existed on this peninsula? Would you tell me about the history of Korea briefly?
→ Before the Republic of Korea, the Kingdom of Chosun existed and it lasted for 500 years. Before that, there was the Goryeo Dynasty that lasted for 500 years. During the Goryeo Dynasty, Arabian merchants came to our country. They called Goryeo 'Korea'. So Goryeo has become Korea in English. Before the Goryeo Dynasty, There were a lot of kingdoms. Therefore, there are old palaces, fortresses, gates, ancient tombs and a lot of relics and other many historical remains all over the nation.

2. Today, you are a tour guide and you have to go to Gimpo airport and have foreign tourists. You must show them Seoul City. First, where will you take them and what will you explain about Seoul?
→ First, I am going to take tourists to the top of Namsan Mountain. The reason is as follows. Namsan Mountain is located in the center of Seoul. If I go up to the top of the mountain, I could see the entire city of Seoul at a time and it is easy to explain about the whole city. After that, I'll take them to Gyeongbokgung Palace.

3. To your knowledge, who resided in the Gyeongbokgung Palace?
→ To my best knowledge, Gyeongbokgung Palace was built by the first king of the Chosun Dynasty. Kings and Queens resided there.

4. How many palaces are there in Seoul? Have you visited all of them?
→ Perhaps, Seoul has 4 palaces. Sony to say, I haven't been there.

5. Where is the folk village and why was it built(erected)?
→ The folk village is an artificial village. It was designed to preserve the traditional life of Koreans. It's located near Suwon city. It takes one hour from Seoul.

6. Have you been to the folk village before?

7. What place do you want to go see in Seoul?

8. What is the National Treasure No-1 and when was it erected?
→ The National Treasure No-1 is NamDaeMun. It was erected approximately 600 years ago at the beginning of the Chosun Dynasty.

13. 대화주제: 국경일

National holidays are as follows: January 1st-New Year's Day.
March 1st- Independence Movement Day.
April 5-Arbor Day. June 6, Memorial Day. July 17-Constitution Day.
August 15-Liberation Day. October 1st-Armed Forces Day. October 3-National Foundation Day.
October 9-Korean Alphabet Day.
December 25-Christmas. Buddha's Birthday and Chusuk Day are observed (determined) by the lunar calendar.

질문

1. 이달의 국경일은 무엇입니까?

2. 다음 달에는 어떤 국경일이 있나요? (옵니까?)

3. 추석날은 언제이며 그날에는 어떤 종류의 행사를 합니까?
→ 추석은 음력으로 8월 15일 입니다. 그날에, 우리는 햇곡식으로 많은 음식을 만들고, 상을 차리고, 조상에게 제사를 지냅니다. 또 산소에 가서 절을 합니다. 온 가족과 친척이 장남 집에 모이고, 재미있는 시간을 갖습니다. 추석은 한국의 가장 큰 공휴일입니다.

4. 추석은 글자 그대로는 무슨 뜻입니까?
→ 추석은 글자 그대로는 한자로 가을밤입니다. 그러나 실제 뜻은 추수, 한가위, 감사라는 뜻입니다. 미국의 추수 감사절과는 전혀 다릅니다.

5. 어떤 공휴일을 음력으로 쉽니까? (음력으로 결정되나요?)
→ 부처님 생일과 추석을 음력으로 쉽니다.

6. 식목일이 되면 당신은 나무를 심습니까?
→ 옛날에는 나무를 심었습니다. 지금은 심고 싶어도 심을 곳이 없습니다.

7. 광복절은 언제이며, 왜 우리는 일본의 통치를 받아야 했나요?
→ 1945년 8월 15일 우리는 일본으로부터 해방되었습니다. 내 견해로는, 우리의 선조는 신과학을 서양으로부터 받아들이지 않았습니다. 그래서 우리나라는 신무기가 없었습니다. 그 결과, 일본은 우리나라를 점령했습니다.

8. 언제 한글을 발명했으며, 몇 자로 구성되어 있나요?
→ 그것은 약 600년 전에 조선 왕조의 세종대왕이 발명했으며, 24자로 구성되어 있습니다.

9. 당신은 조상에게 제사를 지냅니까?

13. TOPIC: NATIONAL HOLIDAYS

국경일은 다음과 같습니다: 새해-1월 1일, 3월 1일-독립운동일, 4월 5일-식목일, 6월 6일 현충일, 7월 17일-제헌절, 8월 15일-광복절, 10월 1일-국군의 날, 10월 3일-개천절, 10월 9일-한글날, 12월 25일-성탄일. 석가탄신과 추석은 음력으로 결정합니다.

QUESTION

1. What is the National Holiday this month?

2. What national holidays come(fall) next month?

3. When is Chusuk Day and On that day, what kinds of events do you hold(have)?
→ Chusuk is August 15 by the lunar calendar. On that day, we make a lot of food and set the table and hold a memorial service for our ancestors. And then we visit tombs and bow. Whole family and relatives gather(get together) at the oldest son's house and have a good time. It is the biggest holiday in Korea.

4. What does Chusuk literally mean?
→ Chusuk day literally means 'Autumn night' in Chinese Character. But actually it expresses Harvest, Moon-festival and Thanksgiving. It is substantially different from the American Thanksgiving day.

5. What holidays are observed by the lunar calendar?
→ Buddha's birthday and Chusuk Day are observed by the lunar calendar.

6. When Arbor day comes(falls), do you plant trees?
→ A long time ago, I planted trees. I'd like to do it now, but there is no place to plant trees.

7. When is Liberation Day? How come we were controlled by Japan?
→ We were liberated from Japan on August 15, 1945. From my point of view, our ancestors didn't receive the new science from the occidental countries. So, our country didn't have any new weapons. As a result, Japan occupied our nation.

8. When was the Korean Alphabet invented? How many letters does it consist of?
→ It was invented approximately 600 years ago by the King Sejong of the Chosun Dynasty. It consists of 24 letters.

9. Do you hold a memorial service for your ancestors?

14. 대화 주제: 아내를 돕기

When I came home from the office last night I saw a note from my wife on the kitchen table.
"My mother isn't well and I am going home to be with her for a few days.
There are a few things that ought to be done while I'm away. First, take your blue coat to the dry cleaner's and leave your shirts at the laundry.

At the same time, go to the supermarket and get some coffee, milk and butter. There is one thing that must be done before you go to work tomorrow morning. Put the garbage in the backyard trash can. If you have time on Saturday, Cut the grass. Don't forget the grass in the backyard. The newspaper boy will come on Saturday afternoon. Be sure to give him money.
I think that's all. I'll telephone this evening and let you know how my mother is."

질문

1. 당신이 사무실에서 집에 왔을 때, 부인은 외출했습니다.
그녀는 식탁 위에 쪽지를 놔둘까요, 아니면, 당신에게 미리 통지할까요?
→ 만일 그녀가 외출을 원한다면, 그녀는 미리 나에게 통지 할 겁니다.

2. 당신의 어머니가 아프면, 그녀와 며칠간 있을 겁니까, 아니면 어쩔 수가 없나요?
→ 나의 어머니가 몸이 편치 않으면, 며칠간 어머니와 같이 있을 겁니다.

3. 당신 부인이 없는 동안, 당신이 해야만 될 몇 가지 일들이 있습니다. 그것들을 말해보세요.
→ 내 아내가 없는 동안은, 내가 옷을 세탁소에 맡기고 수퍼에 가서 먹을 것과 사용할 것을 사 올 겁니다. 나는 아내가 하던 집안일을 해야 할 것입니다.

4. 당신은 아침에 일하러 가기 전에, 쓰레기를 쓰레기통에 집어넣습니까?
→ 가끔은, 나는 쓰레기를 쓰레기통에 집어넣습니다. 항상 있지는 않습니다.

5. 만일 토요일 날 시간이 있으면, 당신은 풀을 깎아야 합니까?
→ 만일 내가 정원이 있다면, 나는 풀을 깎아야 합니다.

6. 신문 배달 소년이 오면, 당신이 그에게 돈을 줍니까?
→ 나는 신문 소년에게 돈을 주지 않습니다. 요즈음은 은행에 돈을 냅니다.

7. 당신은 공처가입니까 아니면 애처가입니까?
→ 나는 보통 남편입니다.

8. 공처가하고 애처가하고 무엇이 다릅니까?
→ 애처가는 부인을 자진해서 돕고, 공처가는 억지로 도울 겁니다.

14. TOPIC: HELPING WIFE

나는 지난밤 사무실에서 집에 왔을 때 나는 부엌 식탁위에 아내로부터 쪽지를 보았다.

"나의 어머니가 몸이 좋지 않아서, 나는 며칠간 그녀와 같이 있으려고 집에 갑니다.

내가 없는 동안 해야 할 일이 몇 가지 있습니다. 첫째, 당신의 푸른 코트를 세탁소에 가져다주고 셔츠는 빨래집에 맡기세요. 동시에, 슈퍼에 가서 커피, 우유, 버터를 사 오세요. 당신이 내일 아침 출근 전에 해야 할 일이 하나 있어요. 쓰레기를 뒤뜰 쓰레기통에 넣으세요. 만일 토요일 날 시간이 있으면 풀 좀 깎으세요. 뒤뜰에 있는 풀도 잊지 마세요. 신문 배달원이 토요일 오후에 올 겁니다. 그에게 꼭 돈을 주도록 하세요. 나는 오늘 저녁 전화해서 나의 어머니가 어떤가 알려드리죠."

QUESTION

1. When you come home from the office, your wife is out. Is she going to leave a note on the table or inform you in advance?
→ If she wants to be out of the house, she'll inform me in advance.

2. When your mother isn't well, will you be with her for a few days or couldn't it be helped?
→ When my mother isn't well, I'll be with her for a few days.

3. There are a few things that ought to be done while your wife is away. Please tell me about them!
→ While my wife is away from home, I will leave my clothes at the laundry, and go to the supermarket and get something to eat and use. I'll have to do the housework that my wife has done.

4. Before you go to work, do you put the garbage(trash) into the trash can?
→ At times, I put the garbage into the trash can. Not always.

5. If you have time on Saturday, do you have to cut the grass?
→ If I have a garden I've got to cut the grass.

6. When the newspaper boy comes, do you give him money?
→ I don't give him money. These days I pay in a bank.

7. Are you a henpecked husband or a devoted husband?

8. What is the difference between a henpecked husband and a devoted husband?
→ A devoted husband will help his wife willingly but a henpecked husband will do it against his will.

15. 대화 주제: 뉴욕 첫 방문

훈련횟수 ☐ ☐ ☐

Last week I had to go to New York. It was my first time there, and I didn't know my way around the city. I had a meeting at 10, and I wanted to be on time. The meeting was in the Empire Building, but I didn't know where that was. Seeing two men standing in front of Central Station, I asked them for directions.

"Pardon me," I said, but can you tell me how to get to the Empire Building? "Sure," answered one of the men.

"You can get there in 10 minutes. Go straight this way. Walk one block and there you are."

But the other man said, "There's a better way. Get on the bus here at this corner. It stops right near the Empire Building or you'll have to take the subway. It goes to the Empire Building. and it's quite a distance from here." I looked at my watch. It was almost ten o'clock. "Thanks a lot." I said. "I think I'll take a taxi." As I got into the taxi I saw the two men arguing and pointing in different directions. Next time I wanted to know how to get to a place, I'd ask a policeman.

질문

1. 지난주에 당신은 왜 뉴욕에 가야 했나요? → 나는 뉴욕에서 회의가 있었습니다. 그래서 뉴욕에 가야만 했습니다.

2. 당신은 몇 번째 뉴욕에 갔었나요? → 첫 번째였습니다.

3. 당신은 뉴욕의 길을 어느 정도 알았나요? → 전혀 뉴욕의 길을 몰랐습니다.

4. 당신은 서울의 길을 어느 정도 아세요? → 나는 서울 길을 잘 압니다.

5. 당신은 누구에게 길을 물었나요? → 중앙역 앞에 서 있는 두 사람에게 방향을 물었습니다.

6. 당신은 어떻게 길(방향)을 물었나요? → "죄송합니다. 엠파이어 가는 길을 말해주실 수 있겠습니까?"라고.

7. 그들이 뭐라고 대답했습니까?
→ 그들 중 한 사람이 대답했습니다. "이 길로 똑바로 가세요. 한 구역만 걸으면 거기에 도달합니다." 다른 사람이 말했습니다. "이 코너에서 버스를 타세요. 아니면, 지하철을 타야 합니다."

8. 당신은 왜 택시를 타지 않으면 안 되었나요? → 두 사람은 다르게 말했습니다. 나는 헷갈렸습니다.

9. 만일 길을 잃어버린다면, 누구에게 물을 겁니까? → 경찰에게 물을 겁니다.

10. 당신은 전에 길을 잃은 적이 있나요?

15. SUBJECT: FIRST VISIT OF NEW YORK

지난주 나는 뉴욕에 갔어야 했다. 그곳은 처음이었고, 나는 도시의 길을 잘 몰랐다. 나는 10시에 회의가 있었고, 나는 정각에 가기를 원했다. 회의는 엠파이어 빌딩에서 있었으나 나는 그것이 어디에 있는지 몰랐다. 중앙역 앞에 서 있는 두 남자를 보자 나는 그들에게 방향을 물었다.

"실례합니다." 나는 말했다. 엠파이어빌딩에 어떻게 가는지 알려 주시겠습니까? "그럼요." 남자들 중 한 명이 대답했다.

"당신은 10분이면 거기에 도착할 수 있습니다. 이 길로 똑바로 가십시오. 한 구역만 걸으시면 거기입니다."

그러나 다른 사람이 대답했다. "더 좋은 방법이 있습니다. 이 코너에서 버스를 타세요. 엠파이어 빌딩 옆에 섭니다. 아니면 지하철을 타도 됩니다. 그리고 여기서 꽤 먼 거리입니다." 나는 시계를 봤다. 거의 10시였다. 나는 고맙다고 말했다. "택시를 타야겠군요." 나는 택시를 타고 나서, 다른 방향을 가리키면서 입씨름하는 두 사람을 보았다. 다음에 장소에 가는 법을 알고 싶을 때는 경찰에 물을 것이다.

QUESTION

1. Why did you have to go to New York last week? → I had a meeting at New York. So I had to go there.

2. How many times did you go to New York? → It was my first time. (It was my first visit there.)

3. How well did you know your way around New York? → I didn't know way around New York.

4. How well do you know the way around Seoul? → I know very well.

5. To whom did you ask for directions?
→ Seeing two men standing in front of Central Station, I asked them for directions.

6. How did you ask for directions?
→ "Pardon me!" Would you tell me how to get to the Empire Building?

7. What did they answer?
→ One of them said. "Go straight this way. You can get there in 10 minutes", and the other man said. "Take the subway."

8. Why did you have to take a taxi? → Two men said differently. I was mixed up.

9. If you were lost, who would you ask? → Next time If I were lost I'd ask a policeman.

10. Have you ever been lost before?

16. 대화 주제: 해외여행 및 집 꾸리기

I'm taking my family abroad this year. My wife and I and our two children are all going. We are going to go by train to New York, and then take a ship to Europe. When we arrive in Europe, we're going to rent a car and drive wherever we want to go. Then we'll return the car. We are planning to fly home. This is our itinerary.

It took us a long time to decide where to go, but I think we have planned a very interesting trip. At first we wanted to fly because it would be faster and would give us more time for sight-seeing. We can take as many suitcases as we wish on the train and the ship. But we can only have forty-four pounds for each person on the plane, and that isn't very much.

My wife will decide what we should take with us. She can get lots of things into each suitcase. She puts all the heavy things in the suitcase first, and then puts the lighter things in. She puts the square things in the corners and the round things in the middle. She packs very well.

질문

1. 당신은 해외에 가기로 되어있습니다. 누구를 해외에 데려갈 겁니까?
→ 나는 내 아내와 두 자녀를 해외에 데려갈 것입니다. 그리고 나의 큰형도 같이 가기로 했습니다.

2. 당신의 여행계획을 보면, 당신은 뉴욕까지 기차로 갈 것입니다. 그리고 유럽까지 배를 탈 것입니다. 유럽에 도착하면, 차를 빌릴 것이고 당신이 원하는 곳은 어디든지 운전하고 다닐 것입니다. 그런 다음, 당신은 그 차를 반납하고 집에 날아올 것입니다. 당신의 여행계획을 다시 복창해 보시겠어요?
→ 나의 여행계획을 말하겠습니다.-

3. 당신이 여행을 떠나기 전에, 고려해야 할 것들이 있습니다. 무엇을 고려해야 할 것 같습니까?
→ 나는 무엇을 가져가야 할지, 어디를 가볼 것인지, 어디에 체류할 것인지, 돈을 얼마나 가져갈 것인지를 고려해야 합니다.

4. 당신이 해외로 출장을 갑니다. 당신은 무엇을 고려해야 한다고 생각합니까?
→ 나는 어디에 머물지, 돈을 얼마를 가져갈지, 누구를 만날지, 무슨 옷을 가져갈지 등을 고려해야 할 겁니다.

5. 당신은 비행기를 타고 싶어 합니다. 만일 비행기를 타면, 다른 교통수단에 비해서, 당신은 어떤 이점이 있나요?
→ 비행기는 가장 빠른 교통수단입니다.
그것은 우리에게 더 많은 관광할 시간을 주겠지요.

16. TOPIC: OVERSEAS TRIP

나는 금년에 해외로 내 가족을 데려갈 것이다. 내 아내와 나와 두 자녀가 모두 갈 것이다. 우리는 뉴욕까지 기차로 갈 것이다. 그리고 유럽까지 배를 탈 것이다. 우리가 유럽에 도착하면 우리는 차를 빌려서 우리가 가고 싶은 어디든지 운전하고 다닐 것이다. 그런 다음 우리는 차를 돌려줄 것이다. 우리는 집에 비행기로 올 것이다. 이것이 우리의 여행계획이다.

우리가 어디 갈 것인가를 결정하는데 오랜 시간이 걸렸다. 나는 우리가 아주 흥미 있는 여행을 계획했다고 생각한다. 첫째 우리는 비행기 타기를 원했다. 그것이 더 빠르고 우리에게 관광할 더 많은 시간을 줄 것이기 때문에. 우리는 우리가 원하는 만큼의 손가방을 기차나 배에 가져갈 수 있다. 그러나 비행기에는 각자 당 44파운드만 가져갈 수 있다. 그것은 아주 많은 것이 아니다.

내 아내는 우리가 가져가야 할 것을 결정할 것이다. 그녀는 각 가방에 많은 물건을 넣을 수 있다. 그녀는 먼저 가방에 모든 무거운 물건을 넣고 가벼운 물건을 넣는다. 그녀는 모퉁이에 네모진 물건을 넣고 중앙에 둥근 물건을 넣는다. 그녀는 짐을 잘 싼다.

QUESTION

1. You are scheduled to go abroad. Who are you going to take with you?
→ I am taking my wife and two children abroad.

2. Taking a look at your itinerary, you'll go by train to New York, and then take a ship to Europe. When you get to Europe, you'll rent a car, and drive wherever you want to go. Then you return the car and fly home. Would you repeat your itinerary once again?
→ Yes. I'll tell you about my itinerary. I'll go to New York by train, and then~

3. Before you leave for your trip, there are a few things to consider. What do you think you'll have to consider?
→ I'll have to consider what to take with me, where to go see, where to stay(where I'll stay) and how much money I have to take.

4. When you go on a business trip abroad, what do you think you will have to consider?
→ I'll have to consider where to stay, how much to take, whom to see and what clothes to take etc.

5. You want to fly. If you take an airplane, what kind of advantages do you get compared with other transportation means?
→ The plane is the fastest transportation means. It would give us more time for sightseeing.

6. 우리는 배나 기차에는 우리가 원하는 만큼의 가방을 가져갈 수 있습니다.
왜 비행기에는 우리가 원하는 만큼의 가방을 가져갈 수 없나요?
→ 비행기에는 짐 허용한도가 있습니다. 그것은 각자 당 44파운드입니다. 만일 우리가 그 허용한도를 초과하면, 우리는 별도 요금을 내야 합니다.

7. 여기에 무거운 물건, 가벼운 물건, 네모 물건, 동그란 물건이 있습니다. 어떻게 당신은 옷 가방을 꾸리시겠습니까?
→ 먼저, 나는 가방에 무거운 물건을 넣고 가벼운 물건을 넣고, 모퉁이에 네모 물건을 넣고, 중앙에 둥근 물건을 넣습니다.
확실히 하기 위하여, 나는 그것들을 꺼냈다가, 다시 집어넣습니다.

8. 확실히 하기 위하여, 주머니에 지갑이 있는지 없는지 가끔 조사해 봅니까?
→ 말할 필요가 없지요. 나는 지갑이 있는지 없는지, 수시로 내 주머니를 확인해야 합니다.

6. We can take as many suitcases as we wish on the train. Why can't we take as many suitcases as we wish on the plane?
→ There is a free package allowance on the plane. It is 44 LB for each person. If we exceed that, we should pay the extra charge. It is very high.

7. Here are the heavy things, lighter things, square things and round things. How could you pack your suitcase?
→ First, I put the heavy things in the suitcase, and then put the lighter things in, and put the square things in the corners and the round things in the middle. Just to make sure, I take them out and put them in again.

8. Just to make sure, do you frequently check your pocket to see if your wallet is in there?
→ It goes without saying. Frequently I've got to confirm my pocket to see whether my wallet is in there or not.

17. 대화 주제: 저녁 외출

My wife and I go to the theater whenever we can. But before we buy tickets, we like to know if the play is good or bad. When a new play opens, we usually read the review in our newspaper to get information about it. Last week a new comedy opened at the theater. The newspaper story said it was very amusing, so we decided to go on Saturday night.

My wife took a long time to make up her mind what to wear and we left our house a little late. By the time we got to the theater, the first act had already begun. We were sorry we missed part of the play, because the rest of it was very funny.

The review in the newspaper had been right. It was an extremely entertaining comedy.

After the play was over, we met some friends we hadn't seen for a long time. They wanted to go to a night club. By the time we got home, it was about two o'clock in the morning. I'm not accustomed to staying out so late and I was extremely tired.

When I was younger, I didn't have the money to go out for an evening like this. Now that I can afford it, I don't have the energy to really enjoy it.

질문

1. 당신은 할 수 있을 때마다, 당신은 아내와 함께 극장에 갑니까?
→ 아니요, 나는 할 수 있을 때마다, 극장에 갈 수 없습니다.

2. 당신은 표를 사기전에, 그 영화가 좋은지 나쁜지 알기를 원하세요?
→ 예, 영화가 재미없으면, 나중에 후회하니까.

3. 새 영화가 개봉되면, 어디서 당신은 그 영화의 평을 얻을 수 있나요?
→ 신문에서 또는 잡지에서.

4. 요즈음 볼 만한 오락 영화가 있나요?
→ 그럼요. 즐길 만한 영화가 많이 있습니다.

5. 당신은 극장에 갈 때는, 당신은 무엇을 입을지 결정하는 데 시간이 걸립니까?
→ 나는 시간이 걸리지 않습니다. 나는 같은 옷을 수일간 입습니다.

6. 오늘, 당신은 집을 조금 늦게 나왔나요. 아니면 조금 일찍 나왔나요?
→ 나는 조금 늦게 집을 나왔습니다.

7. 당신이 여기에 도착하니, 수업이 벌써 시작했습니다. 당신은 수업 첫 부분을 놓쳐서 서운했나요?
→ 내가 여기에 도착했을 때, 수업은 시작되지 않았습니다.

17. TOPIC: GOING OUT IN THE EVENING

내 아내와 나는 우리가 할 수 있을 때는 언제든지 극장에 간다. 우리는 표를 사기 전에 그 연극이 좋은지 나쁜지 알기를 좋아한다. 새 공연이 열릴 때는, 우리는 항상 그것에 대해 정보를 얻기 위해 신문안에서 리뷰를 읽는다. 지난주, 새 코미디가 극장에서 개봉했다. 신문 기사는 그것은 아주 즐길 만하다고 쓰여있었다. 그래서 우리는 토요일 밤에 가기로 했다.

내 아내는 무엇을 입을지 결정하는데 긴 시간이 걸렸고, 우리는 조금 늦게 집을 나왔다. 우리가 극장에 도착했을 때는 첫 부분 공연은 벌써 시작했었다. 우리는 그 공연의 일부를 놓쳐서 아쉬웠다. 그것의 나머지는 아주 재미있었기 때문에.

신문안의 리뷰는 옳았었다. 그것은 매우 재미있는 코미디였다.
그 연극이 끝난 후에, 우리는 보지 못했던 몇 친구를 만났다. 그들은 나이트클럽에 가기를 원했다. 우리가 집에 도착하니, 새벽 2시였다. 나는 밤늦게 외출하는 것에 익숙하지 않다. 나는 무지하게 피곤했다. 내가 더 젊었을 때, 나는 이렇게 저녁 동안 외출할 돈이 없었다. 나는 그럴 여유가 있게 되니깐, 나는 그것을 정말 즐길 수 있는 에너지가 없다.

QUESTION

1. Whenever you can, do you go to the theater with your wife?
→ No, whenever I can, I can't go to the theater.

2. Before you buy the ticket, would you like to know if the movie is good or bad?
→ Yes, if the movie is not exciting. I'll regret.

3. When the new movie opens, where do you get the review about the movie?
→ In the newspaper or in the magazine.

4. Are there any entertaining movies these days?
→ Sure thing. There are a lot of enjoyable movies.

5. Does it take you a long time to make up your mind about what to wear, when you go to the movies?
→ Of course not. It doesn't take any time. Because I wear the same clothes a few days.

6. Today, did you leave your house a little late or a little early?
→ I left my house a little late.

7. By the time you got here, the class had already begun. Were you sorry you missed the first part of the class?
→ No, by the time I got here, the class hadn't begun.

8. 수업이 끝난 후, 당신은 오랫동안 못 보던 친구를 마주칩니다. 어디에 가서 무엇을 할겁니까?
→ 내가 오랫동안 못 보던 친구를 마주치면, 그를 식당에 데려가서, 저녁을 먹을 겁니다.

9. 지난밤에 당신이 집에 도착했을 때, 몇 시였나요?
→ 내가 집에 도착했을 때, 새벽 2시였습니다.

10. 당신은 밤늦게 외출하는 것에 익숙합니까?
→ 물론입니다. 나는 늦게 외출하는 것에 익숙합니다. 아직 젊으니까요.

11. 당신은 더 젊었을 때, 저녁에 외출할 돈이 없었습니다. 당신은 요즈음 그럴 여유가 있으니까, 당신은 즐길 에너지가 있나요?
→ 내가 더 젊었을 때는, 나는 저녁에 외출할 돈이 없었습니다. 나는 그럴 여유가 있으니까, 즐길 에너지가 없습니다.

12. 당신은 잃어버린 에너지를 어떻게 보충할 수 있을까요?
→ 나는 한약을 복용하면서 또는 쉬면서 잃어버린 에너지를 보충할 수 있습니다.

13. 당신은 오늘 집에 도착하면, 무지하게 피곤할까요?
→ 나는 오늘은 열심히 일을 안 했습니다. 집에 도착할 때, 나는 무지하게 피곤하지 않을 겁니다.

14. 당신이 집에 도착하는 순간에, 몇 시가 될까요?
→ 내가 집에 도착하는 순간에, 8시가 될 겁니다.

8. After the class is over, you run into a friend you hadn't seen for a long time. Where will you go and what will you do?
→ When I encounter a friend I hadn't seen for a long time. I'll take him to a restaurant and have dinner.

9. By the time you got home last night, what time was it?
→ By the time I got home it was 2 o'clock in the morning.

10. Are you accustomed to staying out so late?
→ Of course. I am used to staying out so late. Because I am still young.

11. When you were younger, you didn't have the money to go out for the evening. Now that you can afford it, do you have the energy to enjoy it?
→ When I was younger, I didn't have the money to go out for the evening. Now that I can afford it, I don't have the energy to enjoy it.

12. How can you compensate for your lost energy?
→ I can compensate(make up for) for my lost energy by eating the herb medicine or taking a rest.

13. By the time you get home, will you be extremely tired?
→ Because I didn't work hard today. By the time I get home, I won't be extremely tired.

14. The moment you get home, what time will it be?

18. 대화 주제: 집

There are many things to consider when you are looking for a house, whether you intend to buy or only rent. You have to decide exactly what kind of house you want, how much you can afford to pay, and the type of neighborhood you wish to live in.
Last week my wife and I arranged to see a house that was for sale. The agent told us it was a bargain.

I saw the front door. It didn't have a lock on it. I opened the door and stepped inside. The walls leaked. The window panes were borken. I switched on the light. The light didn't work.
I got in the kitchen and turned on the water faucet. But the plumbing didn't work.

There were spider's web, dust and must all over the kitchen. It needed to be repaired both inside and outside. It was in terrible condition. "What do you think?" the agent asked. "It isn't exactly what we want." We told him. "You're very difficult to please," he said. "Perhaps you'd better have your house custom built."

질문

1. 당신이 집을 임대하거나 살 때는, 고려해야 할 것이 세 가지 있습니다. 당신은 어떤 종류의 것을 고려해야 합니까?
→ 첫째, 내가 살 작정인 종류의 집. 둘째, 나는 얼마나 지불할 여유가 있는가. 셋째, 내가 살기 원하는 동네의 유형.

2. 만일 당신이 집을 산다면, 당신은 어떤 종류의 집을 사고 싶나요?
→ 나는 초원 위의 흰 집을 원합니다.
나는 방이 셋이고, 차고, 그리고 정원이 있는 집을 원합니다.

3. 당신은 현재 지불할 여유는 얼마나 있습니까?
→ 현재, 나는 여유가 없습니다. 그러나 가까운 미래에 부자가 되기로 되어있습니다. 나는 돈은 상관이 없다고 생각합니다.

4. 이 주제에 나오는 집은 그 상태가 지독합니다. 정문은 자물통이 없습니다. 당신이 문을 열고 안으로 들어갑니다. 벽이 샙니다. 창유리가 깨져있습니다.
당신 집도 같은 상태입니까? 당신 집의 상태를 말해보십시오?
→ 우리 집은 상태가 좋습니다. 우리 집 현관은 자물통이 있습니다.
문을 열고 안으로 들어갑니다. 벽이 새지 않습니다. 창문 유리는 깨지지 않았습니다.

18. TOPIC: THE HOUSE

당신이 집을 찾을 때는 고려할 여러 가지 일이 있다. 당신이 살 작정이거나 임대할 작정이거나. 당신은 무슨 종류의 집을 원하는지 얼마나 지불할 여유가 있는지, 그리고 당신이 살기를 원하는 동네의 유형을 정확히 결정해야 한다.

지난주 내 아내와 나는 팔려고 내놓은 집을 보기로 했습니다. 복덕방은 우리에게 그것은 염가라고 했다.

나는 현관을 봤다. 그것은 자물통이 없었다. 나는 문을 열고 안으로 들어갔다. 벽은 샜다. 유리창은 깨져 있었다. 나는 불 스위치를 올렸다. 불이 들어오지 않았다.

나는 부엌에 들어갔다. 수도꼭지를 틀어봤다. 그러나 수도관은 작동하지 않았다.

부엌 사방에 먼지, 곰팡이 거미집이 있었다. 그 집은 안이나 밖이나 수리를 필요로 했다. 그 집은 지독한 상태였다. "어떻습니까?" 중개업자는 물었다. "우리가 원하는 것은 정확히 아닙니다." 우리는 그에게 말했다.

"당신은 비위 맞추기가 어렵군요." 그는 말했다. "아마 당신이 원하는 집을 짓는 게 낫겠어요."

QUESTION

1. There are three things to consider when you buy or rent a house. What kind of things do you have to consider?
→ First, what kind of house I intend to buy. Second, how much I can afford to pay. Third, the type of neighborhood I wish to live in.

2. If you buy a house, what kind of house do you want to get?
→ I want a white house on the green grass.
I need a house which has 3 rooms, a garage and a garden.

3. How much can you afford to pay at this moment?
→ At present, I can't afford it. But I will have become a richman in the near future. I think the money doesn't make any difference to me.

**4. The condition of the house in this subject is terrible. The front door doesn't have a lock on it. You open the door and step inside. The walls leak, and the window panes are broken.
Does your house have the same condition? Would you tell me the condition of your house?**
→ My house is in good condition. My front door has a lock on it.
I open the door and step inside. The walls do not leak and the window panes are not broken.

5. 이번에는 당신은 불 스위치를 올려봅니다. 불이 들어오지 않습니다. 부엌에 들어가서 수도꼭지를 틀어봅니다. 수도관이 작동이 안 됩니다. 사방에 거미집, 먼지가 있습니다. 꼭 귀신 집 같습니다. 이 집과 비교하면서 당신 집의 상태를 말해보십시오?
→ 우리 집의 상태를 말해보겠습니다. 불 스위치를 올리면 불이 들어옵니다. 내가 부엌에 들어가서 수도꼭지를 틉니다. 물이 나옵니다. 사방에 먼지, 거미집이 없습니다. 우리 집은 천국과 같습니다.

6. 어느 것이 당신에게 더 낫습니까, 집을 사는 것과 짓는 것과?
→ 나는 집을 사는 것이 나에게는 더 나은 것 같습니다.

7. 실제로 당신은 비위 맞추기 어려운가요, 쉬운가요?
→ 나는 비위 맞추기 쉽습니다.

8. 만일 돈이 있으면, 당신은 부동산이나 땅에 투자하시겠습니까?
→ 집이나 땅값이 계속 오르니까, 나는 돈을 부동산에 투자할 겁니다.

9. 만일 당신이 수도꼭지를 틀면, 수돗물이 잘 나옵니까?
→ 내가 수도꼭지를 틀면, 물은 잘 나옵니다. 그러나 물을 마실 수 없습니다. 물이 오염이 되었습니다.

10. 당신은 물을 끓여서 마십니까? 아니면 정화하여 마십니까?
→ 평소에는 물을 끓여서 마십니다. 가끔 산에 가서 깨끗한 물을 가져옵니다.

The portable water= 식수. The pure water= 순수한 물. The sewage= 시궁창, 하수. sewer(쑤어)=drain = 하수구 The sewer is clogged. = 하수구가 막혔다.

5. This time, you switch on the light. The light doesn't work. You go in the kitchen and turn on the water faucet. The plumbing doesn't work. There are dust and spider's webs all over the place. It just looks like a ghost house. Would you tell me about the condition of your house compared with this house?
→ I'll tell you about my house condition. When I switch on the light, the light works. I go in the kitchen and turn on the water faucet. The water comes out. There aren't any dust and spider's webs all over the place. My house looks like a paradise.

6. Which is better for you, buying a house or having a house built?
→ I think buying a house is better for me.

7. Are you difficult to please or easy to please? →

8. If you have money, will you invest in real estate or land?
→ Because land and house prices are going up every year, I am going to invest in real estate.

9. When you turn on the water faucet(tap), does the portable water come out well?
→ When I turn on the faucet, the water comes out well but I can't drink it. The water is polluted.

(또는 contaminated = 오염이 되었다.)

10. Do you boil the water and drink it, or purify it and drink it?
→ At other times, I boil the water and drink it. At times, I go up to the mountains and bring the clean water and drink it.

19. 대화 주제: 외식

훈련횟수 ☐ ☐ ☐

My wife and I occasionally go to a nice restaurant to eat. My wife's mother lives with us and she stays with the children. This makes it very easy for us to go out for the evening. Last week we went to the restaurant in a new hotel.

We had a wonderful meal. First, we had soup and a salad. Then Helen, my wife, had lamb chops with peas and carrots, and I had a medium rare steak with mashed potatoes and plenty of gravy. For dessert, I had some ice cream and Helen had fresh fruit. We had several cups of coffee after we finished eating.

The food was delicious, the portions were generous, and it wasn't too expensive. My father is a farmer. I'm always surprised that my father doesn't weigh a lot more when I see how much he eats. But he works very hard on the farm from about 5 o'clock in the morning until it gets dark in the evening.

질문

1. 우리가 매일 먹는 음식의 품목을 생각나는 대로 말해보시겠습니까?
→ 생각나는 대로 말하겠습니다. 갑자기 생각이 안 나지만, soup, salad, well-done steak, fish, 시금치, 상추, 무, 배추, 당근, 완두콩, 노란 콩, mashed potatoes, boiled potatoes, 옥수수. 호박, 오이 등등.

2. 조미료 (양념)의 종류를 언급해 볼 수 있습니까? *물건 이름은 item임.
→ 우리는 조미료도 필요하지요. 간장, 후추, 마늘, 고춧가루, 파 등등.

3. 일류식당의 음식은 맛이 있고, 양은 적당하나, 값은 비쌉니다. 왜 값이 비싸다고 생각하십니까?
→ 그건 상식입니다. 일류 호텔은 시설과 분위기가 좋습니다. 그런 시설을 유지하고 운용하기 위해서는 당연히 많은 돈이 들어갑니다.

4. 당신은 돈을 쓰기 위해서 허세로(폼으로) 일류식당에 갑니까?
*허세로=보여주기 위하여 =for showing/장식으로=for decoration-

5. 일류식당에서 두 사람이 저녁을 먹으려면 얼마나 들까요?
→ 그건 품목에 달렸지요. 약 십만 원은 들 겁니다.

6. 농부는 하루에 몇 시간 일합니까?
→ 농부는 아침 일찍부터 해질 때까지 일합니다. 보통 12시간 이상 일합니다.

7. 농부는 하루에 몇 번 식사합니까?
→ 농부는 하루에 5회 식사합니다.

19. TOPIC: EATING OUT

내 아내와 나는 종종 식사하러 일류식당에 간다. 장모가 우리와 같이 산다. 그녀는 애들과 같이 있는다. 이것은 우리가 저녁 동안 외출하기를 아주 쉽게 해준다. 지난주 우리는 호텔에 있는 식당에 갔다. 우리는 멋있는 식사를 했다. 먼저, 우리는 수프와 샐러드를 먹었다. 그리고 내 아내, 헬렌은 콩과 당근과 함께 양고기를 먹고, 나는 많은 '그래비'를 짓이긴 감자와 함께 중간 정도 구운 스테이크를 먹었다. 디저트로 나는 아이스크림을 먹고, 헬렌은 신선한 과일을 먹었다. 우리는 식사가 끝난 후, 커피를 마셨다.

음식은 맛있었고 양은 풍부했고, 아주 비싸진 않았다. 나는 내 아버지가 몸무게가 많이 나가지 않는 것에 놀란다. 그가 얼마나 많이 먹는 것을 볼 때는. 그는 아침 5시부터 저녁 어두워질 때까지 농장에서 아주 열심히 일한다.

QUESTION

1. Could you tell me the food items that we always eat?
→ I am going to tell you the items that enter my mind. But I don't think they come(occur) to me quickly, —soup, salad, steak, spinach, lettuce, radish, cabbage, carrots, pea, bean, potatoes, com, pumpkin, cucumber etc.

2. Could you mention the items of seasonings?
→ We need seasonings. For example, soy sauce, pepper, garlic, ground-hot-pepper etc.

3. The food in a nice restaurant will be delicious, and the portions may be generous but it'll be too expensive.
Why do you think the price is expensive?
→ It is a common sense. The nice hotel has good facilities and good atmosphere(mood). In order to maintain and operate such facilities, naturally, it'll take a lot of money.

4. Do you go to a nice restaurant to spend money or for showing?

5. How much do you think it'll cost for two persons to eat dinner in a nice restaurant?
→ It depends upon the Menu. It may cost-

6. How many hours a day do farmers work?
→ Farmers work from early in the morning until it gets dark. Usually, They have to work more than 12 hours a day.

7. How many times a day do farmers eat?
→ They eat 5 times a day.

8. 농부는 식사를 많이 합니다. 왜 그들은 살이 찌지를 않나요?
→ 농사일은 노동일 입니다. 노동일은 많은 힘과 영양을 필요로 합니다. 음식은 금방 땀으로 소모됩니다. 그러니 그들은 살이 찔 수가 없습니다.

9. 당신도 농부처럼 많은 식사를 하고 노동일을 할 수 있습니까?
→ 아니요, 나는 농부처럼 많은 식사를 할 수 없고 노동일을 못 합니다.

10. 당신은 아기를 볼 수 있나요, 그리고 당신은 아무 아기나 좋아하십니까?
→

8. Farmers eat a lot. Why can't they put on weight?
→ Farming is a labor work. Labor work requires a lot of nutrition and energy. Food will be consumed quickly into sweating(perspiring).
So they can't put on weight.

9. Can you eat a lot like a farmer and can you do a labor work?
→ No, I can't eat a lot of food like a farmer and do a labor work.

10. Can you sit a baby and do you like all babies?   *baby-sitter=아기보는 사람.
→

20. 대화 주제: 결정과 결심

훈련횟수 ☐ ☐ ☐

It takes me a long time to make up my mind about something. I don't decide things quickly. Some people think this is good and some people think it is bad. I don't know. I know some people who make up their minds right away. It doesn't matter how complicated the problem is. In two minutes they say that they have considered everything and that they are positive they have made a good decision.

I'm surprised that they can be so confident. I can understand it if the problem isn't difficult or complicated. But some issues are hard to decide. Before I make a decision, I try to get all the facts I can. I read the newspaper, I talk to people, I read books, and I try to think of everything that might be important.

Sometimes my friends try to influence me. I listen to their advice, but I make my own decisions. Other people I know are changing their minds all the time.

질문

1. 당신은 현재 간단한 문제와 복잡한 문제가 있습니다. 그것을 당신이 결정하는 데 얼마나 걸립니까?
→ 그것은 문제에 달려 있습니다. 그 문제가 간단하면, 나는 그 일을 금방 결정합니다. 하지만 문제가 복잡하면, 나는 그것을 결정하는 데 오래 걸립니다.

2. 복잡한 문제를 결정하기 전에, 당신은 무엇을 고려해야 합니까? 당신이 고려해야 할 것을 나에게 말해주시겠습니까?
→ 나는 결심을 하기 전에 신문을 읽고, 책을 읽고, 사람들에게 얘기하고, 그들의 충고를 듣습니다. 중요할 것 같은 모든 것을 생각하려고 노력하고, 스스로 결정을 내립니다.

3. 일단 당신은 어떤 것에 대하여 결심하면, 당신은 실행하는 도중에 마음을 바꿉니까, 아니면, 그 일을 완성합니까?
→ 나는 어떤 일을 하기로 결심하면, 그 일을 고수하여 그 일을 완성합니다. 그 일을 하는 중도에 나는 결코 포기하지 않습니다.

4. 당신은 결심을 빨리하는 사람입니까? 문제가 얼마나 복잡한지는 상관이 있나요?
→ 그것은 문제에 달렸지요.

5. 당신은 친구에게 조언이나 충고하기를 좋아합니까?
→ 비록 내가 친구에게 충고해도, 그들은 받아들이지 않을 겁니다.

6. 만일 이번 주말에 극장에 간다면, 당신은 그것을 결정하는 데 얼마나 걸립니까?
→ 극장 가는 것은 간단한 문제입니다. 나는 그것을 금방 결정합니다.

7. 만일 당신의 부인감(남편감)을 선택한다면, 당신은 그것을 결심하는 데 얼마나 걸릴까요?
→ 결혼 문제는 중요합니다. 그것은 결정하기가 어렵습니다.

20. SUBJECT: DECISIONS

나는 무엇에 대하여 결심하는데 오랜 시간이 걸린다. 나는 금방 일을 결정하지 않는다. 어떤 이는 이것을 좋다고 생각하고, 어떤 이는 이것을 나쁘다고 생각한다. 나는 모른다. 나는 결심을 빨리하는 몇 사람을 안다. 문제가 얼마나 복잡한지는 상관이 없다. 2분 만에 그들은 모든 것을 고려했으며 좋은 결정을 내렸다고 확신한다고 말한다.

나는 그들이 그렇게 확신할 수 있다는 것에 놀랐다. 나는 그것을 이해할 수 있다. 만일 그 문제가 어렵거나 복잡한 것이 아니라면. 그러나 어떤 문제는 결정하기 어렵다. 나는 결정하기 전에, 내가 할 수 있는 모든 사실을 얻으려고 노력한다. 나는 신문을 읽고, 사람들과 얘기하고, 책을 읽고, 중요한 것 같은 모든 것을 생각하려고 노력한다.
가끔 내 친구들이 내게 영향을 주려고 한다. 나는 그들의 충고를 듣지만 내 스스로 결정을 내린다. 내가 아는 다른 사람들은 항상 그들의 마음을 바꾸고 있다.

QUESTION

1. You have a complicated problem and a simple problem at present. How long does it take you to make up your mind about them?
→ It depends upon the problem(issue,matter). If the problem is simple, I decide it quickly. But the problem is complicated, it takes me a long time to make up my mind about that.

2. Before you make a decision about a complicated issue, what do you have to consider? Would you tell me the things that you'll have to consider?
→ Before I make a decision, I read the newspapers, I read books, I talk to people, I listen to their advice, I try to think of everything that might be important and I make my own decisions.

3. Once you make up your mind about something, do you change your mind in the middle of doing it or complete it?
→ Once I make a decision to do anything, I stick to it and complete it.
I never give it up in the middle of doing it.

4. Are you a person who makes up your mind right away? Does it matter how complicated the problem is?
→ It depends on the matter.

5. Are you fond of giving an advice or suggestions to your friends?
→ Although I give my friends an advice, they won't accept it.

6. If you go to the theater this coming weekend, how long does it take you to make up your mind about that?
→ Going to the theater is a simple issue. I decide it quickly.

7. If you choose your wife to be, how long will it take you to make up your mind about that?
→ The marriage issue is important. It is hard to decide it.

21. 대화 주제: 의류

Have you noticed that men and women have very different opinions about clothing? I, for example, have probably been wearing the same clothes for several years. I'm very happy if my clothes last for a long time. I only need a couple of suits and a sports coat and slacks. Occasionally I buy a shirt, a pair of socks, some underwear, or a new tie. I am confident that I have enough clothing.

I think that my wife has plenty of clothes, too. She has several dresses, some skirts and blouses, and a few pairs of shoes. But whenever we plan to go out for the evening.
She says. "I don't know what to do. I have nothing to wear." "What about all the things in your closet?" I ask my wife. But I know what the answer will be. One dress is out of style, another is too small or too short, and the third Just doesn't appeal to her anymore. But once in a while she insists on going shopping for a new dress and new shoes. I like her to look attractive when we go to the theater or to a party.

질문

1. 남자와 여자는 일반적으로 의류에 관하여 다른 의견을 갖고 있습니다. 당신은 다른 견해를 나에게 말해보시겠습니까?
→ 남자를 예를 들면, 남자는 수년간 같은 옷을 입는다. 그 옷이 오래 지속되면, 그들은 행복합니다. 반면에, 여자를 예를 들면, 여자는 옷을 자주 바꾸어 입기를 원한다. 바꾸어 말하면, 그들은 이뻐 보이고 싶고, 세련돼 보이길 원한다. 그러기 위해서 (그러려면), 당연히 그들은 옷이 많이 필요합니다. 이것이 남자와 여자의 차이입니다.
그러기 위해서=in order to do that (do에 강세)
무슨 말인고 하니, 내 말은 =What I mean is-

2. 당신은 행복합니까, 당신의 옷이 오래가면.?
→ 마음에 드는 옷이 오래가면 행복합니다. (나는 옷을 오래 입는 것을 싫어한다)

3. 당신은 외출할 때, 당신은 옷장에 입을 옷이 많습니까? 아니면 없습니까?
→ 옷장에는 옷이 많이 있습니다. 그러나, 하나는 구형이고, 다른 것은 작고, 셋째 것은 더 이상 마음에 안 듭니다. 사실은, 나는 새 옷을 사고 싶습니다.

4. 당신은 옷을 단정히 입습니까? 아니면 단정하지 못하게 입습니까?
→ 나는 옷을 단정히 그리고 야하게 입습니다, 단정치 못하게는 아니고.
*추하게=poorly

5. 옷을 세련되게 입기 위해서는 많은 옷이 필요할 겁니다.
당신은 새로운 유행을 따라갈 여유가 있으세요?
→ 돈은 나에게 상관이 없습니다. 나는 유행을 따라잡을 여유가 있습니다.

21. TOPIC: CLOTHING

당신은 남자와 여자가 의류에 대하여 다른 의견을 갖고 있다는 것을 인지했나요? 예를 들면, 나는 아마도 수년간 같은 옷을 입고 있습니다. 나는 내 옷이 오래 지속되면, 아주 행복합니다. 나는 단지 몇 벌의 양복과 운동복, 그리고 슬랙스가 필요합니다. 때때로, 나는 셔츠, 양말 한 켤레, 속옷 또는 새 타이를 삽니다. 나는 옷을 충분히 갖고 있다고 확신합니다.

나는 내 아내 역시 옷을 충분히 갖고 있다고 생각합니다. 그녀는 드레스 몇 벌, 스커트 몇 개, 블라우스 그리고 신발 몇 켤레를 갖고 있습니다. 그러나 언제든지 우리가 저녁때 외출을 계획할 때는 그녀는 말합니다.
"나는 어떻게 할지 모르겠어요. 나는 입을 게 없어요." "당신 옷장에 있는 것은 어떻게 하고?" 나는 아내에게 묻습니다. 그러나 나는 그 대답이 어떻게 될지 압니다. 하나는 구식이고 다른 것은 너무 적거나 너무 짧고 셋째 것은 더 이상 그녀 맘에 들지 않습니다. 가끔 그녀는 새 옷과 새 신을 위해서 쇼핑가자고 주장합니다. 나는 우리가 파티나 극장에 갈 때 그녀가 매력 있게 보이는 것을 좋아합니다.

QUESTION

1. Men and women generally have different opinions about clothing. Would you tell me the different point of view?
→ Take men for example, they have been wearing the same clothes for several years. If the clothes last for a long time, they are happy. On the other hand, Take women for example, they want to change their clothes very often. In other words, they would like to look beautiful and fashionable. In order to do that, naturally they need a lot of clothes. This is the difference between men and women.
*clothes 옷 ctoth 천, 헝겊 clothing 의류

2. Are you happy? If your clothes last for a long time?
→ If the clothes which appeals to me last for a long time I am happy.

3. When you go out, do you have plenty of clothes or nothing to wear in your closet?
→ There are plenty of clothes in my closet. But one dress(suit) is out of style, another is too small and the third doesn't appeal to me any more. As a matter of fact, I would like to buy new clothes.

4. Do you wear clothes neatly or sloppily?
→ I wear clothes neatly and gorgeously, not sloppily.

5. In order to wear clothes fashionably. Plenty of clothes would be necessary. (또는 You need plenty of clothes)
Can you afford to keep up with the new fashions?
→ The money doesn't matter to me. I can afford to catch up with the new fashions.

6. 어떤 색이 당신 얼굴에 어울립니까?
→ 빨간색이 나에게 어울립니다.

7. 당신 마음에 드는 색이 무엇인가요?
→ 내 마음에 드는 색은 노랑입니다.

8. 당신은 부인(남편)이 매력 있게 보이는 것을 좋아합니까?
→ 그럼요. 자기의 부인이 매력 있게 보이길 원하지 않는 사람은 없을 겁니다.

9. 당신의 셔츠는 얼마나 지속됐나요?
→ 이것은 2년 됐습니다. 그 안경은 얼마나 됐습니까?

☞ 현재까지 입어오고 있으므로 완료형을 씀.

6. What color is becoming on you? *becoming(become)= 어울리는

→ Red color is becoming on me.

7. What is the color that appeals to you? →

8. Do you like(want) your wife to look attractive?

→ Sure. There is no one that doesn't want his wife to look attractive.

9. How long has your shirt lasted?

→ It has lasted for 2 years.

22. 대화 주제: 취직과 직업소개소

훈련횟수 ☐ ☐ ☐

Today was a very good day for me. I had been looking for a new job for quite a while. I listed my name at a few employment agencies and was given information about several positions, but I wasn't interested in any of these jobs. Last week I filled out an application form for a new company in town and arranged for a personal interview. Several men were interviewed for this job, and I didn't know if I would get it.

This morning someone from the company called up and asked to see me at two o'clock. When I came into his office, he told me that I was hired. I'll begin working on Monday. I'll be paid very well and my work will be extremely interesting. I was feeling so happy, I decided to cancel all my appointments for the rest of the day, and I went right home to tell my wife the good news.

질문

1. 오늘 아침에 당신 회사에서 어떤 사람이 전화했습니다. 급한 용무였나요. 아니면 웃기는 일이었나요?
→ 회사에서 어떤 이가 전화했고, 그것은 급한 용무였습니다.
　*"회사에서 전화 왔다"를 "회사에서 어떤 이가 전화했다"로 함.

2. 당신이 직업을 원한다면, 어떤 종류의 직업을 갖기를 원합니까?
→ 나는 내 재능에 맞고 보수를 많이 주는 직업을 원합니다.

3. 만일 당신이 고용되면, 당신이 받기를 원하는 (생각하고 있는) 급료가 얼마입니까?
→ 최소한, 나는 300만 원은 받고 싶습니다. 고점에 대해서는, 회사 규정에 따를 겁니다. 많으면 많을수록 좋겠지요.

4. 당신은 직업소개소에 이름을 올려 놓은 적이 있나요?
→ 아니요, 비록 내가 직업소개소에 이름을 올려놔도, 그들은 나에게 도움을 주지 못합니다. 그들은 내가 원하는 직업을 갖고 있지 않기 때문입니다.

5. 당신이 직업소개소에 이름을 올려놓으면, 당신은 어떤 종류의 직업을 받을까요?
→ 나는 식모, 노동자 또는 운전사의 직업을 받을 겁니다.

6. 미국에서는 직업소개소가 미사일 전문가로부터 선생까지 많은 직업을 취급합니다. 왜 그들은 이런 직업을 취급할 수 있나요?
→ 그것은 우리나라와 미국의 사회구조가 다르기 때문입니다.

7. 회사에 지원서를 제출한 적이 있나요. 그리고 인터뷰를 받아 보았나요?
→ 그럼요. 현재 회사에 입사할 때 이력서를 제출했지요. 인터뷰도 받았고요.

8. 당신이 원하는 직업을 얻으면, 당신은 제일 먼저 누구에게 알리겠습니까?

22. SUBJECT: THE EMPLOYMENT AGENCY

오늘은 나에게 매우 좋은 날이었다. 나는 아주 한참 동안 새 직업을 찾고 있었다. 나는 몇몇 직업소개소에 내 이름을 올려놨고, 몇 직업에 대해 정보를 받았다. 그러나 나는 이들 직업에는 흥미가 없었다. 지난주 나는 마을에 있는 새 회사에 지원서를 썼고, 개인 면접을 준비했다. 이 일을 위해 몇 사람이 면접을 봤고, 나는 그것을 얻을 수 있을지 몰랐다.

오늘 아침 회사로부터 전화가 왔고, 두 시에 나를 보자고 요청했다. 내가 그의 사무실에 들어갔을 때, 그는 나에게 고용됐다고 말했다. 나는 월요일에 일을 시작할 것이다. 나는 급료를 잘 받을 것이고 내 일은 매우 흥미로울 것이다. 나는 너무 행복해서 남은 하루 동안 모든 약속을 취소하기로 결심했고, 나는 바로 집에 가서 아내에게 좋은 소식을 전했다.

QUESTION

1. This morning someone from the company called up. Was it an urgent business or a funny business?
→ Someone from the company called up and it was an urgent business.

2. If you want a job, what kind of occupation do you wish to have?
→ I want a job which is suitable (right) for my talent and pays well.

3. If you are hired, what is the salary that you want to be given (you are thinking about)?
→ At least, I'd like to get 3 million won. In that respect. I'll follow the company regulation. I think the more the better.

4. Have you ever listed your name at a few employment agencies?
→ No. Although I list my name at the employment agencies. They won't help me any. Because they don't have any jobs that I wish.

5. If you list your name at an employment agency, what kinds of jobs will you be given?
→ I'll be given a job for a housemaid, a labor worker or a driver.

6. The employment agencies in the United States handle many kinds of jobs from the missile expert to the teacher. Why can they handle such jobs?
→ That's because our society structure is different from American society.

7. Have you ever submitted(handed in) an application form and ever been interviewed before?
→ When I got in this current company, I handed in my resume and I was interviewed.

8. If you get a job that you want, who are you going to advise first?

9. 당신은 어떤 방법으로 직업을 얻어야 합니까?
→ 나는 구직 광고를 본 후, 시험을 봐야 합니다.

10. 당신은 앉아서 일하는 직업을 원하세요. 아니면 나돌아다니는 직업을 원하세요?
→ 나는 앉아 있기도 하고 나돌아다니기도 하는 직업을 원합니다.

9. In which way do you have to find your job?
→ After looking at the wanted advertisement, I'll take an examination.

10. Do you want a career that lets you sit down or makes you go outside?
→ I want a career which lets me sit down and go out.

23. 대화 주제: 별난 철학자(드라큘라)와 당신의 비교

There was a very interesting story in this morning's newspaper about a man who had just received an inheritance of a million dollars. The newspaper account was quite detailed. It said the man behaves very strangely. What others like, he dislikes, and what most people enjoy, he doesn't care for.

For example, most people enjoy summer weather when they can wear lightweight clothes. No one else would think of wearing a long coat and a hat on a hot day, but he does. He says he can't stand the sun. When the sun rises, he goes into the coffin, and sleeps all day. When the sun sets, he gets out of the coffin and goes outside. When he sees a beautiful woman, he approaches and fascinates her and sucks blood from her neck.

In case it rains, he'll take long walks in the rain without a raincoat or an umbrella. It doesn't bother him if his shirt is dirty, wrinkled or worn out or if his suit isn't pressed. There are always two sides to everything. He always sees the negative side of everything. He finds fault with the best movie of the year.

Even his taste in food is peculiar. He drinks warm water and cold tea, eats raw eggs, snakes, and can't stand fresh fruit.

Last week his uncle died and left him the million dollars. Perhaps the uncle was rather odd, too.

질문

1. 오늘 아침 신문에 재미있는 얘기가 있었습니다. 신문은 그 철학자는 이상하게 행동한다고 쓰여 있었습니다. 남이 좋아하는 것은 그는 싫어하고, 대부분 사람이 즐기는 것은, 그는 관심이 없다. 당신의 경우에는, 당신은 어떻게 행동하십니까?
→ 그의 경우에는, 남이 좋아하는 것은, 그는 싫어하고, 대부분 사람이 즐기는 것은, 그는 관심이 없습니다. 나의 경우는, 나는 정상으로 행동합니다. 남이 좋아하는 것은 나도 좋아하고 대부분 사람이 즐기는 것은 나도 관심이 있습니다.

2. 내가 좋아하는 것, 내가 먹는 것을 당신도 좋아합니까?
→ 물론이죠. 당신이 좋아하는 것, 당신이 먹는 것이면 나도 좋아합니다.

3. 날씨를 예로 들면, 여름이 오면, 그는 외투와 모자를 씁니다. 겨울이 오면, 그는 속옷이 비치는 가벼운 무게의 옷을 입습니다. 자! 겨울이나 여름에, 당신은 어떤 종류의 옷을 입으며, 그는 어떤 옷을 입나요?
→ 나의 경우는, 여름이 오면 나는 가벼운 무게의 옷을 입고, 겨울이 접어들면, 외투나 모자를 씁니다. 그의 경우에는, 겨울에는 그는 속옷이 비치는 가벼운 무게의 옷을 입고, 여름엔 외투를 입고 모자를 씁니다. 이것이 다른 점입니다.

23. SUBJECT: A PHILOSOPHER(DRACULA) AND YOU

오늘 아침 신문에 백만 불의 유산을 금방 받은 한 남자에 대하여 아주 재미있는 얘기가 있었습니다. 신문 기사는 아주 자세했습니다. 그것은 그 사람이 아주 이상하게 행동한다고 쓰여 있었습니다. 남이 좋아하는 것은 그는 싫어하고, 그리고 대부분 사람이 즐기는 것은 그는 관심이 없습니다.

예를 들면, 대부분의 사람은 가벼운 옷을 입을 수 있는 여름 날씨를 즐깁니다. 아무도 더운 날씨에는 모자나 코트를 입을 생각을 안 할 겁니다. 그러나 그는 그렇게 합니다. 그는 해를 참을 수 없다고 합니다. 해가 뜨면, 그는 관속에 들어가 종일 잠을 잡니다. 해가 지면, 그는 관속에서 나와 밖으로 나갑니다. 미인을 보면 접근하여 매혹시키고 목에서 피를 뽑습니다.

비가 오면, 그는 우산이나 우비 없이 비속을 오래 걷습니다. 만일 그의 셔츠가 더럽거나, 구겨졌거나 또는 떨어졌거나 또는 그의 양복이 다리미질이 안 돼 있어도 그는 신경쓰지 않습니다. 모든 것에는 양면이 있습니다. 그는 항상 모든 것의 부정적인 면을 봅니다. 그는 그해의 최고의 영화에서 단점을 발견합니다. 음식에서 그의 기호조차도 특이합니다. 그는 더운물과 냉차를 마시고, 생달걀, 뱀을 먹고, 신선한 과일은 견디지 못합니다.
지난주 그의 삼촌은 죽었고, 그에게 백만 불을 남겼습니다. 아마도 삼촌도 상당히 이상했을 것입니다.

QUESTION

당신의 경우는 정상으로 행동하고 철학자는 드라큘라이므로 모두 반대로 행동합니다. 여기까지 23개 주제를 유창하게 구사할 수 있으면 미국에 들어가서 2년 이상 있었던 사람보다 더 잘하는 것입니다. 억지로 문장을 외우지 마시고 드라큘라의 행동을 생각하면서 완벽할 때까지 훈련하십시오.

1. There was an interesting story in this morning's newspaper. The paper said the philosopher behaves very strangely. What others like, he dislikes, and what most people enjoy, he doesn't care for. In your case. How do you behave?
→ In the case of him, what others like, he dislikes, and what most people enjoy, he doesn't care for. In my case, I behave normally. What others like, I like, what most people enjoy, I care for.

2. Do you like what I like and what I eat?
→ Of course, I like what you like and eat too.

3. Take weather for example, when summer comes, he wears a hat and an overcoat. When winter comes, he wears lightweight clothes and his underwears are seen. Well, in summer and winter, what kinds of clothes do you wear and does he wear?
→ In my case, when summer comes, I wear lightweight clothes. And when winter sets in, I wear a hat and an overcoat. In his case, in winter, he wears lightweight clothes that underwears are seen. And in summer, he wears an overcoat and a hat. This is the difference.

4. 잠자는 시간이나 근무시간에 관하여, 그는 해를 참을 수 없습니다(질색합니다). 해가 뜨면, 그는 관속에 들어가서 종일 잠을 자고, 해가 지면 관속에서 나와 밖으로 나갑니다. 그는 예쁜 여자를 보면, 그녀에게 접근하여 매혹시킵니다. 그리고 목에서 피를 뽑습니다. 자! 당신은 해가 뜨면 무엇을 하며, 해가 지면 어떻게 행동하십니까?

→ 나의 경우는, 해가 뜨면, 나는 일어나서 회사에 가서 종일 일합니다. 해가 지면, 집으로 가서 잠을 잡니다. 그의 경우는, 해가 뜨면, 그는 관속으로 들어가서 종일 잡니다. 해가 지면, 관속에서 나와서 밖으로 나갑니다. 그는 예쁜 여자를 보면, 그녀에게 접근하여 매혹 시킨 다음, 목에서 피를 뽑습니다. 이것이 나와 다른 점입니다.

5. 비가 오면, 그는 우산이나 우비 없이 빗속을 오래 걷습니다. 비가 오면 당신은 어떻게 행동합니까?

→ 비가 오면, 그는 우산이나 우비 없이 빗속을 오래 걷습니다. 나는 실내에 있습니다. 만일 밖에 나가길 원할 때는 우산을 씁니다.

6. 옷에 관하여, 그의 셔츠가 더럽거나, 구겨졌거나, 떨어졌거나 그의 양복이 다리미질이 안 되었거나 그것은 성가시게 하지 않는다. 즉, 어떤 형태의 옷이든지 입습니다. 당신은 옷을 단정히 입습니까? 아니면 더럽게 입습니까?

→ 그의 셔츠가 더럽거나 찢어졌거나 떨어졌거나, 그에게는 귀찮지 않습니다. 그러나 나는 옷을 깨끗하게, 단정히 입습니다.

7. 사고방식에 관하여, 모든 것에는 양면이 있습니다. 부정적인 면과 긍정적인 면. 그는 항상 모든 것의 부정적인 면만 봅니다. 그는 남의 단점만 찾습니다. 당신은 모든 것의 어떤 면을 보십니까?

→ 모든 것에는 양면이 있습니다. 나는 모든 것의 긍정적인 면만 보려고 노력합니다. 그러나 때때로, 부정적인 면도 봅니다. 남의 단점을 보면, 눈감아 주고, 지나쳐 버릴 수 있습니다. 남의 장점을 칭찬하려고 노력합니다. 그러나 그의 경우는, 그는 모든 것의 부정적인 면만 봅니다. 남의 단점만 찾습니다. 그는 남을 용서하고 눈감아주지를 않습니다.

8. 음식의 기호에 관하여. 음식에서 그의 기호는 특별히 합니다. 그는 더운물과 냉차를 동시에 마십니다. 그는 과일을 질색합니다. 그리고 생달걀, 뱀, 개고기, 지렁이, 피 등을 먹습니다. 당신의 음식과 무엇이 다릅니까? 당신은 그것에 대하여 설명할 수 있겠습니까?

→ 나는 더운물이나 찬물을 한 가지만 마십니다. 그리고 나는 과일을 좋아합니다. 나는 지렁이, 뱀, 개고기, 피를 먹지 않습니다. 그러나 그는 찬물과 더운물을 동시에 마십니다. 그는 개고기, 지렁이, 피, 뱀을 먹습니다. 그리고 과일을 질색합니다.

9. 당신은 피를 마셔본 적이 있나요? →

10. 사슴피(오리 피)를 마시길 희망합니까?

→ 건강에 좋다고 하니까. 마셔보고 싶습니다. (나는 마시고 싶지 않다)

4. Regarding the sleeping hour and working hour, he can't stand the sun. When the sun rises, he gets in the coffin and sleeps all day. When the sun sets, he gets out of the coffin and goes outside. When he sees a beautiful woman, he approaches her and fascinates her and sucks blood from her neck. When the sun rises, what do you do and when the sun sets, how do you behave? Would you tell me about them?

→ As for me, when the sun rises, I get up and go to the company and work all day. After the sun sets, I come home and sleep. In his case, When the sun rises, he gets in the coffin and sleeps all day. After the sun sets, he gets out of the coffin and goes outside. When he sees a pretty woman, he approaches her and fascinates her and sucks blood. This is the difference between him and me.

5. When it rains, he takes long walks in the rain without a raincoat or an umbrella. If it rains, how do you act?

→ When it rains, he takes long walks in the rain without an umbrella, but I stay indoors. If I want to go out. I'll put up an umbrella.

6. Regarding clothes, it doesn't bother him if his shirt is dirty, wrinkled or worn out or if his suit isn't pressed. In other words (That is to say), he wears any type of clothes. Do you wear clothes neatly or sloppily?

→ It doesn't bother him if his shirt is dirty, torn or worn out. But I wear clothes cleanly and neatly.

7. Concerning ways of thinking, there are two sides to everything. The positive side and the negative side. He always sees the negative side of everything. He finds fault with others. What side of everything do you see?

→ There are two sides to everything. I try to see the positive side of everything. But sometimes, I see the negative side. When I see other's fault, I can look over it and pass it up. I try to praise other's merit. But In his case, he sees the negative side of everything. He finds fault with others. He doesn't forgive and look over others.

8. Pertaining to the taste in food. Even his taste in food is peculiar. He drinks warm water and cold tea at the same time. He can't stand fresh fruits. He eats raw eggs, snakes, dog meat, earthworms and blood. What is different from your food? Could you explain about them?

→ I drink only one kind of water either warm water or cold water. And I like fruit. I don't eat earthworms, snakes and dog meat. But he drinks cold water and hot water at the same time. And he eats dog meat, earthworms and snakes. And he can't stand fruit.

9. Have you ever drunk blood?

10. Do you hope to drink deer's blood(duck's blood)?

→ They say it is good to health. I'd like to drink it.

11. TV에 좋은 영화가 있으면 밤새 뜬눈으로 지새워요?
→ 나는 좋은 영화가 있으면 밤을 지새웁니다.

12. 자식에게 재산(유산)을 남겨주고 싶습니까?
→ 나는 자식을 교육만 하고 재산은 남겨주고 싶지 않습니다.

13. 부모로부터 유산을 받을 것 같습니까?
→ 나는 받을 재산이 없습니다.

14. 만일 당신 부모님이 재산이 많으면, 유언에 재산을 남길 것 같습니까?
→ 나의 부모님은 유언을 남기지 않고, 죽기 전에 나에게 재산을 줄 겁니다.

15. 당신은 상당히 별나거나 괴짜인가요?   *even 짝, odd 홀,
→ 나는 괴짜도 아니고 별나지도 않습니다.

16. 여름에, 당신이 털옷이나 외투를 입고 시내를 돌아다니면 사람들이 뭐라고 할까요?
→ 사람들은 나를 미쳤다고 할 겁니다.

11. If there is a good movie on TV, do you stay awake all night?
→ I stay awake(up) all night when there is a good movie.

12. Do you want to leave your property(inheritance) to your children?
→ I want to educate my children. I won't give my property.

13. Do you think you'll be given some property from your parents?
→ There is no property I can get from my parents.

14. If your parents have much property, do you suppose they'll leave it in the will? → They won't leave the will. They will give me the property before death.

15. Are you rather odd or peculiar?
→ I'm not either odd or peculiar.

16. In summer, if you put on an overcoat or fur coat and go about in downtown, what do you think everybody will say?
→ Everyone will say that I am crazy.

24. 대화 주제: 병과 건강(내과)

Visitor How do you feel today?

Patient Seriously, I feel pretty bad.

Visitor You don't show it much. Your color is about normal.
How is the appetite?

Patient I'm eating all right but can't gain much strength.

Visitor Feel a bit weak when you walk around, I guess.

Patient Suppose that's because I'm having some fever.

Visitor Can't the doctor get the fever down?

Patient He wants to run a lot of tests before he starts giving me medicine.

Visitor I know about the tests in a hospital.

Patient And I'm learning fast. Yesterday they x-rayed my chest. Took eight or ten pictures. Want to know if I have any spots on my lungs, I suppose. They turned me on my back, on my stomach, on my right side, on my left side, every way except upside down. And keep saying the same thing. "Don't worry! We'll have you on your feet again soon."
Oh, Here comes the doctor again.

Visitor I'd better go. He wouldn't want a visitor around.

Patient No, don't leave. I want you to see what happens. He'll put on a stethoscope and listen to my heart and lungs. Then he will shine a light in my eyes to check my circulation, examine my nose and ears. He may put a thermometer in my mouth and take my temperature.

Visitor Have they finished all the tests?

Patient I don't think so. May have to do an electrocardiogram.
They want to be sure the heartbeat is OK. You'd think they were going to operate.

Visitor You were talking about the doctor's routine visit when I interrupted you.

Patient Yes, the next thing is the blood pressure check.
He straps a band around my arm and pumps air into an instrument.
It has a gage on it which he reads.

Visitor Do you know how to read it?

Patient No, I don't. The band feels so tight that I forgot to look at the gage.
Finally, he holds my wrist with a finger or two over a vein and checks the pulse.

Visitor Have you found out when you will be dismissed?

Patient The same old answer; in a few days.

24. SUBJECT: HEALTH AND SICKNESS

방문객 오늘은 기분이 어때요?
환자   정말로, 아주 나쁘게 느껴요.
방문객 당신은 그렇게 안 보여요. 안색이 상당히 정상이에요. 식욕은 어때요?
환자   식사는 이상 없이 하는데, 힘이 나지 않습니다.
방문객 당신이 걸으면 약간 약하게 느껴집니다.
환자   열이 있기 때문일 겁니다.
방문객 의사가 열을 내릴 수 없나요?
환자   그는 나에게 약을 투여하기 전에 많은 검사를 하기를 원합니다.

방문객 나는 병원에서의 검사에 대하여 압니다.
환자   나는 금식을 배우고 있어요. 어제 그들은 내 가슴을 X레이를 찍었고, 여덟장에서 열장의 사진을 찍었어요. 내 폐에 점이 있나 알고 싶어 합니다.
그들은 나의 등을 뒤집고, 배를 뒤집고 오른쪽, 왼쪽을 거꾸로만 빼고 뒤집었지요. 그리고 같은 말만 합니다.
"걱정 마세요. 우리는 당신을 곧 다시 일어서게 해 드립니다." 오, 저기 의사가 다시 오는군요.

방문객 나는 가는 게 좋겠어요. 그는 주위에 방문객이 있는 것을 원하지 않을 겁니다.
환자   아뇨, 떠나지 마세요. 나는 당신이 무슨 일이 일어나는지 보기를 원합니다. 그는 청진기를 쓰고 내 심장과 가슴을 들을 겁니다. 그리고 나서, 피 순환을 검사하기 위하여, 내 눈에 빛을 쏘일 겁니다. 내 귀와 코도 검사 할 겁니다. 그는 내 입에 온도계를 넣고 온도를 잴 겁니다.
방문객 그들이 모든 시험을 끝냈나요?
환자   그렇지 않은 것 같아요. 심전도 검사를 해야 할 거예요.
그들은 심장박동이 정상인지 확실히 하고 싶어 합니다. 당신은 그들이 수술할 것이라고 생각해요.
방문객 당신은 내가 당신 말을 가로채니, 의사들의 틀에 박힌 말을 하는군요.
환자   그래요. 다음은 혈압검사입니다.
그는 띠를 내 팔에 감고 계기 안에 공기를 집어넣습니다. 그것은 의사가 읽는 눈금이 있어요.
방문객 당신도 그것을 읽는 방법을 알아요?
환자   아니오, 몰라요. 그 띠가 너무 조여서 나는 눈금을 보는 것을 잊었어요.
마지막으로, 그는 한 손가락이나 두 손가락을 동맥 위에 대고 내 팔목을 잡고서 맥박을 검사합니다.
방문객 당신은 언제 퇴원하는지 알아보았나요?
환자   똑같은 대답입니다. 이삼일 있다가.

질문

1. 당신은 오늘은 살 것 같습니까? 아니면 죽을 것 같습니까?
→ 나는 오늘 살 것 같습니다.

2. 당신 안색은 정상입니까, 비정상입니까, 그리고 식욕은 있습니까?
→ 내 얼굴은 정상으로 보일 겁니다. 내 식욕은 좋습니다.

3. 당신은 이상 없이 식사합니다. 당신은 많은 힘이 납니까?
→ 나는 식사는 제대로 합니다. 그러나 이유 없이 힘이 나지를 않습니다.

4. 당신이 힘이 나지 않는 것은 채소만 먹기 때문인가요?
→ 그런 것이 아니고, 날씨와 나이 탓일 겁니다.

5. 만일 당신이 열이 있으면, 당신은 어떻게 열을 내릴 수 있습니까?
→ 나는 약을 복용하던지, 찬 수건을 이마에 올려야 합니다.

6. 단식을 해본 적이 있습니까? 단식이 무슨 효과가 있습니까?
→ 엑스레이를 찍기 위하여 단식한 적이 있습니다.

7. 왜 의사는 당신의 가슴 사진을 찍나요?
→ 그가 나의 폐에 점이 있는지 알고 싶을 때.

8. 어떻게 당신은 환자의 심장을 듣습니까?
→ 나는 청진기를 쓰고 환자의 심장을 듣습니다.

9. 왜 의사는 눈에 불을 비추어 봅니까?
→ 그는 피 순환을 조사하기 위해서 불을 눈 안에 비추어 봅니다.

10. 당신은 온도를 어떻게 잴 수 있나요?
→ 나는 체온계를 입에 집어넣은 다음 온도를 잴 수 있습니다.

11. 당신은 혈압을 어떻게 잽니까?
→ 나는 띠를 내 팔에 감고 공기를 기기안에 펌프질해서 넣습니다. 그리고 눈금을 읽습니다.

12. 당신은 맥박을 어떻게 잽니까?
→ 나는 동맥 위에 손가락 한두 개를 대고, 손목을 잡습니다. 그리고 맥박을 잽니다.

13. 만일 한 환자가 병원에 입원하면, 언제 그 환자는 퇴원하게 되나요?
→ 그 환자가 회복되고, 치료가 된 후에, 그 환자는 퇴원 할 겁니다.

14. 당신은 "나는 죽겠다." 소리를 가끔 할 겁니다. 그것이 좋은 현상인가요, 아니면 나쁜 버릇인가요?
→ 그것은 나쁜 버릇이다. 우리는 그 말을 하지 말아야 합니다.

15. 현재 순간에, 어디가 아픕니까, 목이 아픕니까?
→ 전혀 아프지 않습니다. 목도 역시 아프지 않습니다.

QUESTION

1. Do you think you are going to live or die today?
→ I think I am going to live today.

2. Is your color normal or abnormal and do you have an appetite?
→ My face shows normal, I suppose. My appetite is good.

3. You are eating all right. Can you gain much strength?
→ I'm eating all right. But I can't gain any strength without reason.

4. Does eating only vegetables mean you can't gain any strength?
→ It's not that but that's because of the weather arid my age.

5. If you have a fever, how can you get the fever down?
→ I'll have to take medicine or put the cold towel on my forehead.

6. Have you ever fasted? What effect do you get from fasting?
→ Yes, I've ever fasted to take x-rays.

7. Why does the doctor X-ray your chest?
→ When he wants to know if I have any spots on my lungs.

8. How do you listen to the patient's heart?
→ I put on a stethoscope and listen to the patient's heart.

9. Why does the doctor shine a light in your eyes?
→ He will shine a light to check my circulation.

10. How can you take your temperature?
→ I put a thermometer in my mouth and take my temperature.

11. How can you check the blood pressure?
→ I strap a band around my arm and pump the air into an instrument. I read the gage on it.

12. How do you check the pulse?
→ I hold my wrist with a finger or two over a vein and check the pulse.

13. If a patient is hospitalized, when is the patient going to be discharged?
→ After the patient is recovered and cured, the patient will be discharged.

14. You sometimes say "I think I'll die." Is it a good phenomenon or a bad habit?
→ That is a bad habit. We must not say that word.

15. At this moment, where does it hurt? Does your neck hurt?
→ It doesn't hurt at all. My neck doesn't hurt either.

25. 대화 주제: 수명과 건강

질문

👍 이 주제에서는 당신은 내과 의사, 심장 전문가입니다.

1. 환자가 당신에게 오면, 어떻게 그 환자를 검진합니까?
→ 환자가 오면, 나는 그의 심장을 듣고, 목을 보고, 혈압을 재고, 체온을 재고, 엑스레이를 찍고, 눈과 귀를 검사합니다.

2. 심장병은 가벼운 병입니까? 아니면 심각한 병입니까?
→ 심장병은 결코 가벼운 병이 아닙니다.

3. 당신은 몸무게를 줄이고, 충분한 수면을 취하고, 좋은 식사를 하고, 운동을 해야 합니까?
→ 나는 몸무게 줄일 필요가 없고, 현재 몸무게를 유지하면 됩니다.
나는 충분한 수면을 취하고, 좋은 식사를 하고 있고, 운동합니다.

4. 술과 담배는 물론 해로울 겁니다. 조심할 필요가 있습니까? 끊어야 합니까?
→ 나는 담배는 삼가야 합니다. 그러나 술은 끊을 수 없습니다. 나는 기분 전환으로 마셔야 하기 때문입니다.

5. 만일 당신이 의사라면, 훌륭한 의사가 되겠습니까 아니면 돌팔이 의사가 되겠습니까?
→ 나는 의사가 되고 싶지 않았습니다. 따라서 나는 돌팔이 의사가 될 것입니다.

6. 당신이 병에 걸리면, 금방 일어나서 돌아다닐 수 있을 것이라고 확신합니까?
→ 나는 병에 걸리면, 금방 일어나서 돌아다닐 수 있다고 확신합니다.

7. 만일 80살 먹은 사람이 몸조심하면, 그는 오래 살 수 있을 것 같습니까?
→ 글쎄요, 그가 몸조심하면 조금은 더 살 수 있을 겁니다. 인간의 수명은 하늘에 달렸다고 생각합니다.
우리는 수명을 연장할 수 없습니다.

8. 당신의 예상 수명을 생각해 본 적이 있나요?

9. 당신은 몇 살까지 살고 싶습니까?   장수하고 싶으세요?

10. 한국인의 평균수명은 몇 살입니까?
→ 통계(연구, 자료)에 의하면, 남자는 70, 여자는 75살입니다.

11. 당신은 오늘 몸이 안 좋습니다. 언제부터 아프기 시작했나요?
→ 나는 아침에 일어나니, 온몸이 쑤시고 아팠습니다.

12. 당신의 몸이 쑤시고 아프면 (몸살이 나면), 하루 쉴 수 있나요?
→ 예. 몸살이 나면, 나는 이삼일 쉴 수 있습니다.

13. 당신은 햇빛에 앉았다 일어나면 현기증이 납니까?

14. 당신은 언제 설사를 합니까?
→ 나는 찬 맥주를 마시면, 설사를 합니다.

25. SUBJECT: LIFE SPAN AND HEALTH

QUESTION

In this subject, you are a physician, a heart specialist.

1. A patient comes to you. How do you examine the patient?
→ If a patient comes, I listen to his heart, look at his throat, take his blood pressure, take his temperature, give him an X-ray and examine his ears and eyes.

2. Is heart trouble a minor illness or a serious sickness?
→ Heart trouble is never a minor illness.

3. Do you have to lose weight, get plenty of sleep, eat good meals and exercise?
→ I don't have to lose weight. I have only to maintain my current weight. I have plenty of sleep, eat good meals and exercise.

4. Drinking and smoking would be harmful, of course. Would it be necessary to be careful? Would it be stopped?
→ I have to refrain from smoking. But I can't stop drinking. Because I've got to drink for relaxing.

5. If you were a doctor, would you be an excellent doctor or a quack doctor?
→ I didn't want to be a doctor. Therefore, I'd be a quack doctor.

6. If you get sick, are you confident that you would be up and around soon?→

7. If an 80 years old man takes good care of himself, do you suppose that he'll be able to live for a long time?
→ Well! If he takes good care of himself, he can still live a little longer, not for a long time. Because human's life span depends upon the heaven. We cannot extend our life span.

8. Have you ever thought about your estimated-life span?

9. Until what age do you wish to live? Do you want a longevity? →

10. What is the average lifespan of a Korean?
→ According to the statistics(study, data), man is—

11. You don't feel well today. When did you begin to feel ill?
→ When I got up this morning, All ached and hurt.

12. If your body aches and hurts, can you take a day off?

13. If you sit down in the sun and stand up do you feel dizzy?

14. When do you get loose bowels?

The name of a disease （병명）

01. pockmarked person 곰보
02. clinic 의원
03. dispensary 진료실, 양호실
04. stroke 중풍
05. paralysis, palsy 마비
06. humpback 곱추
07. boil 종기
08. acne.pimple 여드름
09. tumor 종양
10. bump 혹
11. injury, wound 부상
12. scar 흉터
13. hurt 상처
14. bruise 타박상. （과일의) 흠
15. casualty 사상자
16. injection 주사
17. beriberi 각기
18. cancer 암
19. consumption 폐병
20. tuberculosis 결핵
21. insomnia 불면증
22. pneumonia 폐렴
23. dyspepsia 소화불량
24. decayed-tooth 충치
25. small-pox 마마
26. kidney 신장 （콩팥）
27. anaemia 빈혈
28. heartburn 속 쓰림
29. stomach ulcer 위궤양
30. diabetes 당뇨병
31. narcotic 환각제, drug 마약
32. anesthetic 마취제

질문

1. 이 근처에 성형외과 의원이 있나요?

2. 당신 회사에 양호실이 있나요?

3. 당신은 여드름이 있습니까?

4. 나에게 주사를 놓을 수 있나요?

5. 환각제를 복용하면, 당신은 부작용을 가질까요? （있을까요)

6. 성형 수술을 받고 싶으세요?

7. 당신은 튼튼한 위, 장, 폐, 심장, 간장, 신장을 갖고 있나요?

8. 배꼽, 항문, 뇌는 몸의 어느 부분에 있습니까?

9. 피부연고는 언제 바릅니까? → 피부병이 생기면.

10. 언제 당신은 소화제를 복용합니까? → 소화불량에 걸리면, 음식을 과식하면.

11. 언제 당신은 진통제를 복용합니까? → 머리가 아프면.

12. 의사 중에서 어느 의사가 가장 돈을 많이 벌까요?
→ 외과 의사. 교통사고로 팔다리 부러진 사람이 많으니까.

13. 당신은 진통제를 복용하면, 그것이 금방 효과가 납니까?

14. 당신은 얼마나 자주 건강진단을 위해 의사를 보러 갑니까?
→ 나는 신체검사를 위해서 일 년에 한 번 의사를 보러 갑니다.

Useful words

01.	faint, dizzy 현기증나는, 졸도	02.	diarrhea, loose bowels 설사
03.	apply 바르다	04.	treat, cure 치료하다
05.	heal(heal over) 낫다, 아물다	06.	fill prescription 처방하다
07.	tablet, pill 알약	08.	ointment 연고
09.	medicated cotton wool 약솜	10.	medicine for fever 해열제
11.	medicine for indigestion 소화제	12.	digestive, peptic 소화제
13.	domestic medicine 가정상비약	14.	patent medicine 특허약
15.	sedative, painkiller 진통제	16.	anus 항문
17.	nerve 신경	18.	navel 배꼽
19.	appendix 맹장	20.	brain 뇌
21.	surgeon 외과 의사	22.	physician 내과 의사
23.	pediatrician 소아과 의사	24.	gynecologist 부인과 의사
25.	pathologist 병리사	26.	urology 비뇨기학
27.	urine 소변, urinate 소변보다	28.	piss 오줌 pass the water 오줌 누다
29.	stool 변 evacuate 대변보다		

QUESTION

1. Are there any plastic surgery clinics near here?

2. Is there a dispensary in your company?

3. Do you have pimples?

4. Can you give me an injection(a shot)?

5. If you take a narcotic, do you get a side effect?

6. Do you wish to have plastic surgery?

7. Do you have strong stomach, bowel, lungs, heart, liver and kidney?

8. Where are your navel, brain and anus in your body?

9. When do you apply a skin ointment? → When I get a skin disease.

10. When do you take a digestive?   *a laxative 완화제

→ If I get an indigestion or eat a lot of food.

11. When do you take a sedative?   → When I get a headache.

12. Of all the doctors, which doctor do you think makes the most money?

→ Surgeon. Because there are a lot of people who break their arms and legs in a traffic accident.

13. If you take a sedative, does it take effect quickly?

14. How often do you go see a doctor for a checkup?

→ I go see a doctor for my physical examination once a year.

26. 대화 주제: 치과의원

Dentist   Good morning, Mr. Brown. What seems to be the trouble?

Patient   Good morning, Dr. Ford. I have a loose filling down here on the right side. And I thought I'd better let you see whether I have any new cavities, too.

Dentist   All right. Let's have a look. Open a little wider, please. Yes, there is decay all around that filling. That ought to be taken care of today. I see two other small cavities on the left side, too.

Patient   Can you fill them all today, doctor?

Dentist   I think it would be better just to replace this filling today.
You can make another appointment for next week and I'll do the other two then.

Patient   All right. Will I need novocain for this?

Dentist   Yes, I think I'd give you some. It's a pretty large cavity and it's close to the nerve.

Patient   All right.

Dentist   (preparing to inject novocain) Now open wide, please. There. All finished. Now just relax for a few minutes while that takes effect.

Patient   It's beginning to already.

Dentist   How does that feel now? Can you feel anything?

Patient   Not a thing. That side of my face is completely numb.

Dentist   Good. I can get started, then.

Patient   Drilling! That's the part I always dread.

Dentist   There's nothing to be nervous about. You won't feel a thing.
Can you open a little wider, please?

Dentist   The drilling's all done. Now I'll put in a new filling. It'll take it a few minutes to harden.

Dentist   Don't chew on that side of your mouth today. That's a pretty big filling, and you need to give it plenty of time to get firmly set.

Patient   All right, doctor. Thanks a lot, and good-bye.

26. SUBJECT: AT THE DENTISTS

치과의사: 안녕하십니까? 브라운 씨. 무엇이 문제인 것 같습니까?

환자: 안녕하십니까? 오른쪽 아래에 흔들리는 봉이 있습니다. 새로운 충치가 있는지 보여드리는 것이 낫겠다고 생각했습니다.

의사: 좋아요. 봅시다. 더 크게 벌려보세요. 예, 봉 둘레에 썩은 것이 있네요. 그것은 오늘 처리해야겠군요. 또, 왼쪽에도 작은 다른 충치가 있네요.

환자: 오늘 모두 봉을 할 수 있습니까?

의사: 오늘은 이 봉만 교체하는 게 낫고, 다음 주에 다른 약속을 하고 그때 다른 두 개를 하지요.

환자: 좋습니다. 내가 마취제를 필요로 합니까?

의사: 예, 약간 놔야 합니다. 아주 큰 충치이며, 신경에 가깝습니다.

환자: 좋습니다.

의사: (마취제 주사 준비를 하면서)크게 벌리세요. 자, 끝났습니다. 약 효과가 날 때까지 몇 분 쉬세요.

환자: 벌써 나기 시작합니다.

의사: 좋지요. (몇 분 후에)

의사: 그것이 어떻게 느끼세요? 뭘 느낍니까?

환자: 전혀 아무것도요. 그쪽의 얼굴이 완전히 마비되었습니다.

의사: 좋습니다. 그럼, 내가 시작하지요.

환자: 구멍 뚫기(갈기)! 그것이 내가 항상 두려워하는 부분입니다.

의사: 걱정할 것은 없습니다. 아무것도 안 느낄 겁니다.

의사: 구멍 뚫기가 끝났습니다. 자, 새로운 봉을 집어넣습니다. 굳으려면 몇 분이 걸릴 겁니다. 오늘은 그쪽 입으로 씹지 마세요. 그것은 아주 큰 봉입니다. 튼튼히 자리가 잡히려면 많은 시간을 줄 필요가 있습니다.

환자: 좋습니다. 감사합니다. 안녕히 계십시오.

질문

1. 당신은 흔들리는 봉이 있다. 누구에게 보여야 합니까?
→ 내가 흔들리는 봉이 있거나 충치가 있다면 치과의사에게 보이는 것이 낫지요.

2. 치과의원에 갈 때는 미리 선약해야 합니까, 아무 때나 가도 됩니까?
→ 우리는 치과의원에 어느 때고 갈 수 있습니다.

3. 치과의사가 당신 잇몸에 노바 케인(마취제 이름)을 주사하면, 그것이 어떻게 느낄까요?
→ 의사가 잇몸에 마취제를 주사하면, 나는 아무것도 못 느낄 겁니다. 얼굴 그쪽은 마비되지요.

4. 의사가 새로운 봉을 넣으면, 그것이 굳으려면 오래 걸릴까요?
→ 그것이 굳으려면 몇 분 걸립니다. 그것은 금방 효과를 냅니다.

5. 당신은 새로운 봉을 갖게 되면, 그쪽 입으로 금방 씹을 수 있나요?
→ 그날은 그쪽 입으로 씹으면 안 됩니다. 굳게 하기 위하여 시간을 줄 필요가 있지요.

6. 의사가 '갈기'를 하면 떨리고 두려운가요?
→ 그것이 내가 두려운 겁니다.

7. 왜 당신은 이빨을 닦아야 합니까?
→ 충치를 예방하고, 냄새를 제거하고, 이를 깨끗이 유지하기 위하여.

8. 하루에 10번 이상 이빨을 많이 닦으면, 당신은 튼튼한 이빨을 유지 할 수 있을까요?
→ 하루에 두세 번이면 좋지요. 10번 이상 닦으면 이빨이 닳아서 못쓰게 될 겁니다.

9. 충치(cavity)가 무엇입니까?
→ 이빨에 있는 썩은 자리. 또는, 표면에 있는 구멍.

10. '노바 케인'이 무엇입니까?
→ 잇몸에 주사하는 마취제.

11. 'dread'의 의미가 무엇입니까?
→ 떨리다. 두려워하다.

12. 당신은 충치 때문에 치과의사에게 갔었나요, 그리고 봉을 갖고 있습니까?
→

QUESTION

1. If you have a loose filling, who do you have to let it see?
→ If I have a loose filling or a decay, I'd better let the dentist see it.

2. When you go to a dental clinic, can you go there anytime or do you have to make an appointment in advance?
→ We can go to a dental clinic anytime.

3. If a dentist injects Novocain into your gum, how does that feel?
→ I can't feel anything if a dentist injects Novocain into the gum. That side of my face will be numb.

4. If a doctor puts in a new filling, will it take it a long time to harden?
→ It'll take it a few minutes to harden. It takes effect quickly.

5. If you have a new filling, can you chew on that side of your mouth?
→ On that day, I must not chew on that side of the mouth.
I need to give it plenty of time to get firmly set.

6. If a doctor does drilling, do you dread?
→ That's the part I dread.

7. Why do you have to brush your teeth?
→ In order to prevent a decayed tooth and get rid of(remove) the bad smell and keep my teeth clean.

8. If you brush your teeth more than 10 times a day, can you maintain the strong teeth?
→ Two or three times would be be good. If you brush your teeth ten times a day, your teeth will be rubbed down and can't be used.

9. What is a cavity?
→ Decayed places in teeth. Also, holes in a surface.

10. What is Novocain?
→ An anesthetic injected into the gum.

11. What is the meaning of dread?
→ The meaning is "nervous, trembling".

12. Have you been to the dentist due to a decay and do you have a filling? →

27. 대화 주제: 남에게 부탁하기

훈련횟수 ☐ ☐ ☐

There are two men in important positions in my office-me and my friend. Everyone enjoys working with me, but no one likes my friend.

I am always thoughtful and considerate. When I want something done. I'll ask, "Would you mind getting this information for me, please?" or "If it isn't too much trouble for you, could you please make these telephone calls for me?"

or "Would you be so kind as to open the window? It's quite warm in here." or "I'd appreciate it very much if you'd mail these letters for me." My friend is just the opposite. When he asks favors of other people, he usually shouts across the room, "Get me this memorandum, and Hurry up" or "Open the window." My friend surprised us this morning, though.

At first we thought he must be sick. He was kind and agreeable. Should we offer him aspirins? or had he changed his personality? The situation was soon cleared up. I've been told that the president of the company will be here soon. He's very interested in the welfare and working conditions.

질문

1. 당신은 항상 신중하고 생각이 깊습니다. 당신은 10달러를 요구하는 것과 같은 다른 사람에게 부탁을 할 때 어떤 표현을 사용할 겁니까? 4가지 표현에 대해 말해 보십시오?
   → 당신이 말한 것처럼, 나는 생각이 깊고 신중합니다. 나는 다음 표현을 사용할 겁니다. "나에게 10달러를 빌려주면 지장이 있겠습니까?" 또는 "10달러를 빌려주시면, 고맙겠습니다." 또는 "당신에게 큰 지장이 없다면, 나를 위해서 10달러만 빌려주시겠습니까?" 또는 "당신은 너무 친절하니 10달러만 빌려주시겠습니까?"

2. 반면에 당신 친구는 꼭 반대입니다. 그는 시킬 일이 있을 때, 강한 말을 사용합니다. 예를 들어 보시겠습니까?
   → 맞습니다. 내 친구는 시킬 일이 있을 때, 그는 방을 가로질러 소리를 지릅니다. 예를 들면, 김 양, 물 좀 가져와! 빨리 빨리! 조용히 해! 떠들지 마! 이것을 타이프쳐서 가져와! 이것을 내 책상 위에 놔둬!

3. 당신은 나에게 문을 열라고 부탁할 때, 어떤 말을 사용할 겁니까? 3가지 표현을 말해 보십시오?
   → 나는 배운 사람이니깐, 점잖은 표현을 사용합니다. 예를 들면, "문 좀 열어 주면 고맙겠습니다." 또는, "문 좀 열어주시겠어요?" 또는, "문을 열어주시겠습니까?" 이런 표현을 사용합니다.

4. 당신은 항상 점잖게 행동합니까? 아니면 나쁘게 행동합니까?
   → 그건 내 기분과 상황에 달렸습니다. 내 기분이 좋을 때는, 좋게 행동합니다. 나는 기분이 나쁠 때는, 나쁘게 행동합니다.

27. SUBJECT: ASKING FAVORS OF OTHER PEOPLE

내 사무실에는 중요한 직위에 있는 두 사람이 있다. 나와 나의 친구. 모두가 나하고는 일하기를 즐거워한다. 그러나 아무도 나의 친구를 좋아하지 않는다.

나는 항상 생각이 깊고 신중하다. 나는 시킬 일이 있을 때는, 나는 부탁합니다. "지장이 없으시면 이 정보를 나에게 갖다주시겠습니까?" 또는 "만일 당신에게 큰 지장이 없으시면 나를 위해서 이 전화 좀 걸어 주시겠습니까?"

또는 "당신은 너무 친절하니 문 좀 열어 주시겠습니까? 이 안이 너무 덥군요" 또는 "만일 나를 위해서 이 편지를 부쳐 주시면, 대단히 감사하겠습니다."

나의 친구는 꼭 반대이다. 그는 남에게 부탁을 요구할 때는, 그는 방을 가로질러 항상 소리를 지른다. "메모 가져와. 빨리" 또는 "문 열어". 그렇지만, 나의 친구는 오늘 아침 우리를 놀라게 했다.

처음엔 우리는 그가 아픈 게 틀림없다고 생각했었다. 그는 친절하고 동정적이었다. 우리가 그에게 아스피린을 줘야 하는가, 아니면 그가 성격을 바꿨는가? 상황은 곧 명백해졌다. 나는 회사의 사장이 곧 여기에 올 것이라는 말을 들었다. 그는 복지와 근무상태에 아주 관심이 있다.

QUESTION

1. You are always thoughtful and considerate. When you ask favors of other people, like asking for 10 dollars, what expressions will you use? Would you tell me about 4-expressions?

→ As you said, I am thoughtful and considerate. I'll use following expressions. "Would you mind lending me 10 bucks?" or "I'd appreciate it if you'd lend me 10 dollars?" or "If it is not much trouble for you, could you lend me 10 dollars?" or "Would you be so kind as to lend me 10 bucks?"

2. On the other hand, your friend is just the opposite. When he wants something done, he uses strong words. Could you give me examples?

→ You're right! When my friend wants something done, he shouts across the room. For example, Miss Kim, get me some water! Hurry up! Be quiet!
Do not make any noise! Type this and get it back to me! Put it on my desk!

3. When you ask me to open the door, what kinds of words will you use? Tell me 3 expressions, Please?

→ Because I am an educated person, I use polite expressions. "I'll appreciate it if you open the door." Would you mind opening the door? "Would you be so kind as to open the door?" These expressions will be used.

4. Do you always behave politely or badly?

→ It depends upon my feeling and circumstances. If I feel good, I behave nicely. But If I feel bad, I act badly.

5. 당신은 나에게 하고 싶은 부탁이 있나요?
→ 나는 당신에게 하고 싶은 부탁이 없습니다.

6. 당신은 마음에 들지 않는 것이 있으면, 금방 화를 내고 참을성이 없나요?
→ 마음에 들지 않는 것이 있어도, 나는 화를 내지 않으려고 노력합니다.

7. 당신은 나에게 불편을 초래하고 싶나요?   부담, 짐.
→ 아니요, 나는 당신에게 부담이나, 불편을 초래하고 싶지 않습니다.

8. 현 대통령에게 당신이 하고 싶은 부탁이 무엇입니까? →

9. 당신은 나에게 은혜를 입고(신세를 지고)싶나요?
→ 아니요. 나는 당신에게-

10. 당신은 회사의 복지나 근무상태에 아주 흥미가 있으세요?
→ 그럼요, 나는 회사의 복지나 근무상태에 아주 흥미가 있습니다.

11. 당신은 상관이 있을 때는 좋은 인상을 만들고 싶고, 부하 앞에서는 욕을 쓰고 소리를 지릅니까?
→ 나는 부하에게 욕을 쓰지 않고, 누구에게나 좋은 인상을 만들려고 합니다.

12. 우리가 일상생활에서 가장 자주 듣는 욕을 말해 보십시오?
→ 우리가 자주 듣는 욕은 "개새끼, 에이 쌍, 죽일 놈, 씨팔" 일 겁니다.

13. 당신 회사에서 마음에 안 드는 것(사람)이 무엇입니까? →

5. Is there a favor that you would like to ask of me?
→

6. If there is anything which doesn't appeal to you, do you get angry and impatient quickly?
→ Although there is something which doesn't appeal to me, I try not to get angry quickly.

7. Do you want to cause me inconveniences?   *an imposition, burden*

8. What is the favor you want to ask of the current president? →

9. Do you want to be indebted to me?
→ No, of course not. I don't—

10. Are you very interested in the welfare of your company and the working conditions?
→ Sure, no doubt about it. I am very —

11. When your superior is present, would you like to make a good impression? In front of your inferior, do you use the four-letter word(abuse) and shout?
→ I don't use the four-letter word and never shout in the presence of my superior or inferior. I make efforts to make a good impression.

12. Please tell me the abuses which we hear very frequently in our daily life.
→ The four-letter words we hear frequently would be 'Son of bitch, Bull-shit, God damn and Fucking.'

13. What is the thing(person) that doesn't appeal to you in your company? →

28. 대화 주제: 적성과 재능

Sometimes we say that someone we know is 'a square peg in a round hole'. This simply means that the person is not suited for the job he is doing. He may be a clerk who really wants to be an actor or a mechanic. Unfortunately, many people in the world are 'square pegs.' They are not doing the kind of work they should be doing, for one reason or another. As a result they probably are not doing a very good job and certainly they are not happy.

Choosing the right career is very important. Most of us spend a great part of our lives at our jobs. For that reason we should try to find out what our talents are and how we can use them. We can do this through aptitude tests, interviews with specialists, and study of books in our field of interest. There are many careers open to each of us.

질문

1. 왜 올바른 직업을 선택하는 것이 아주 중요하고 뜻깊은가요?
→ 일이 내 적성에 안 맞으면, 일도 못 하고, 일에 행복하지 않을 겁니다. 게다가 나는 항상 불평만 하고, 기회만 있으면 직업을 바꾸고자 할 겁니다.
이런 이유로, 올바른 직업을 선택하는 것이 아주 중요합니다.

2. 어떻게 우리는 우리의 적성을 알아낼 수 있나요?
→ 우리는 그것을 적성검사를 통해서, 전문가와 면담, 우리의 관심 분야의 책을 공부해서 알아낼 수 있습니다.

3. 당신의 경우는, 당신은 어떻게 적성을 알아냈습니까?
→ 나는 요, 많은 책을 읽고 나의 재능을 발견했습니다. 내 경험을 통해서 알았다.

4. 우리는 가끔 우리가 아는 어떤 이를 'a square peg in a round hole'이라고 말합니다. 이것은 무슨 뜻입니까?
→ 간단히 이 의미는 그 사람은 그가 하고 있는 직업에 대해 맞지 않는다는 뜻입니다.

5. 불행히도, 세상에는 많은 사람들이 '부적임자'입니다. 왜 그들은 원하는 직업을 못 찾았을까요?
→ 이유는 간단합니다. 취직하려는 사람은 많지만, 자기가 원하는 직업은 많지 않습니다. 생활비를 벌기 위해서, 그들은 무조건 아무 직업이나 얻어야 합니다.

6. 당신은 당신이 하는 일을 좋아하십니까?

28. SUBJECT: APTITUDE AND TALENT

가끔 우리는 우리가 아는 어떤 이를 부적임자라고 말합니다. 간단히 이 의미는 그 사람은 그가 하고 있는 직업에 맞지 않는다는 뜻입니다. 그는 정말로 기능공이나 배우가 되기를 원하고 있는 서기인지도 모릅니다.

불행히도, 세상의 많은 사람은 '부적임자'입니다. 그들은 어느 이유였던지 간에, 그들이 해야 하는 그런 종류의 일을 하는 것이 아닙니다.

결과적으로 그들은, 아마도 일을 잘하지 못하고 확실히 행복하지 않습니다.

올바른 직업을 선택하는 것은 아주 중요합니다. 우리의 대부분은 직장에서 삶의 많은 부분을 보냅니다. 그 이유로, 우리의 재능이 무엇이고, 어떻게 우리가 그것을 사용할 수 있는가를 알아내도록 노력해야 합니다.

우리는 이것을 적성 테스트를 통해서, 전문가와의 인터뷰, 그리고 우리의 관심 분야의 서적을 공부해서 알아낼 수 있습니다. 우리의 각자에게는 많은 직업이 열려 있습니다.

QUESTION

1. Why is it important and significant to choose the right career?
→ If the career is not right(suitable) for my talent, I cannot do a good job and I cannot be happy. In addition, I'll complain all the time. Whenever I get a chance, I'd like to change my job. For these reasons, choosing the right career is very important.

2. How could we find out what our talents are(our aptitude)?
→ We can do this through aptitude tests, interviews with specialists, and study of books in our field of interest.

3. In your case, how did you find out your aptitude?
→ In case of me(as for me), I read lots of books and then found out my talents. 또는 through my experiences.

4. Sometimes, we say someone we know is 'a square peg in a round hole'. What does that mean?
→ This simply means, the person is not suited for the job he is doing.

5. Unfortunately, many people in the world are 'square pegs'. Why couldn't they take a job they wanted?
→ The reason is simple. There are a lot of people who would like to find a job,
but there aren't plenty of right occupations. In order to make a living, they ought to take any jobs unconditionally.

6. Do you like the job you are doing? →

7. 당신이 하고자 하는 일이나 분야는 무엇입니까?

8. 우리에게 많은 직업이 열려 있습니다. 당신은 아는 대로 말해볼 수 있습니까?
→ 모든 분야는 우리에게 매혹적인 직업을 제공하고 있습니다. 화학자, 물리학자, 생물학자, 전기기사, 회계, 인사관리, 홍보, 교육, 의학, 공학, 공무원, 군인 등. 나는 말하면 한이 없지만, 줄이겠습니다.

9. 당신은 군인이 당신에게 맞을 것 같습니까? →

7. What is the work or Held that you want to do?
→ The field I want—

8. There are many careers open to each of us. Can you mention them as much as you know?
→ All fields offer us fascinating careers. Chemist, physicist, biologist, electrician, accounting, personnel management, public relations, teaching, medicine, engineering, government officer, soldier etc. I can talk forever but I'll make a long story short.

9. Do you suppose a soldier job is right for your talent?

29. 대화 주제: 신문과 잡지

"All I know is what I read in the newspaper." This was an exaggeration for humorous purposes, but it is true that newspapers are an important source of information. Many people begin their day by reading the paper.

In this way they learn what is going on in the world. Sometimes, however, they don't have time to read the news carefully and must be satisfied with a quick look at the front page. At other times they may be in such a hurry that they have time only to glance at the headlines.

Most newspapers have several sections, especially on Sundays when the edition is larger than usual. There are, in addition to the front page with the most important news, the sports section, the society page, the comics, the amusement section, a business page, and the editorials.

Another type of publication which helps keep the population informed (keep the people informed) is the magazine. Some magazines are published weekly, others are put out monthly. Some are primarily for men, others for women.

In the United States, there are publications for every taste and interest.

질문

1. 당신이 알고 있는 모든 것은 신문에서 읽은 것이라고 생각합니까?
→ 내가 알고 있는 모든 것은 학교에서 배운 것, 책에서 읽은 것, 신문잡지에서 읽은 것입니다.

2. 당신은 웃길 목적으로 가끔 과장을 하십니까?
→ 나는 사업목적으로 과장을 합니다.
  *재미로=for the fun of it/즐기려고= for enjoyment
  *농담으로=for joking/기분전환으로=for relaxing

3. 무엇이 정보의 중요한 재원입니까?
→ 신문이 정보의 중요한 재원입니다.

4. 당신은 신문을 읽으면서 하루를 시작합니까?
→ 나는 이빨 닦으면서 하루를 시작합니다.

5. 세상에 무슨 일이 일어나고 있는가를 당신은 어떻게 알 수 있나요?
→ 세상에 무슨 일이 일어나고 있는가를 알기 위해서 나는 신문을 봅니다.

6. 당신은 신문 전체를 읽을 시간이 없으면, 어떻게 신문을 봅니까?
→ 나는 신문 전체를 주의 깊게 읽을 시간이 없으면, 나는 단지 앞 페이지만 빨리 보거나 머리말만 훑어봅니다.

7. 신문은 언제 발행됩니까?
→ 어떤 신문은 아침에 나오고, 어떤 것은 오후에 인쇄되고, 어떤 지역에서는 신문이 주일에 발간됩니다.

29. SUBJECT: NEWSPAPER AND MEGAZINE

"내가 알고 있는 모든 것은 내가 신문에서 읽은 것이다." 이것은 웃길 목적으로 과장된 것이나, 신문이 정보의 중요한 재원이라는 것은 사실이다. 많은 사람들은 신문을 읽으면서 그들의 하루를 시작한다. 이러한 방법으로 그들은 세계에 무슨 일이 일어나고 있는가를 배운다. 그렇지만 가끔 그들은 주의 깊게 신문을 읽을 시간이 없고, 그리고 전면 쪽만 빨리 보는 데 만족함에 틀림없다. 평소에는 그들은 너무 바빠서, 그들은 머리말만 슬쩍 볼 시간밖에 없다.

대부분의 신문들은 몇 개의 섹션을 가지고 있는데, 특히 평소보다 판이 큰 일요일에는 더욱 그렇다. 가장 중요한 뉴스가 있는 앞 페이지를 포함해서 운동면, 사회면, 만화, 오락, 비즈니스 면, 사설, 증권이 있다. 사람들에게 정보를 알려주는 다른 형태의 출판물은 잡지다. 어떤 잡지는 매주 발행되고, 다른 것은 매달 나온다. 어떤 것은 주로 남자를 위한 것이고, 어떤 것은 여성용이다. 미국에는 모든 취미와 흥미를 위한 출판물이 있다.

QUESTION

1. Do you think that all you know is what you read in the newspapers?
→ All I know is what I studied in the schools, what I read in the books, what I read in the newspapers and magazines.

2. Do you make an exaggeration for humorous purposes once in a while?
→ I make an exaggeration for business purposes.

3. What is an important source of information?
→ The newspapers are an important source of information.

4. Do you begin a day by reading the paper?
→ I begin a day by brushing my teeth.

5. How can you learn what is going on in the world?
→ So as to learn what is going on in the world, I read the papers.

6. When you don't have time to read the whole paper carefully, how do you read the paper?
→ I just glance at the headlines or take a quick look at the front page.

7. When are newspapers printed(put out)?
→ Some newspapers are put out in the morning, others are printed in the afternoon. In some areas the paper is published weekly.

8. 대부분의 신문은 수 면을 갖고 있습니다. 앞 페이지와 더불어 무슨 기사가 있는지 말해보십시오?
→ 가장 중요한 뉴스가 있는 앞 페이지와 함께, 사설, 사업난, 오락 부분, 만화, 사회면, 운동 면, 광고란, 정치, 경제, 증권란 등이 있습니다.

9. 당신은 어느 면을 가장 좋아하십니까?

10. 당신은 신문을 얼마나 받아 보고 있습니까?

11. 당신이 신문을 구독 신청하면 그것이 당신 집으로 배달되나요?
→ 신문을 구독 신청하면, 집으로 배달됩니다.

12. 신문에 광고를 내면, 당신은 직업을 얻을 수 있을까요?
→ 내가 신문에 광고를 내봐야 응답을 할 사람이 없을 겁니다.

13. 선거에 관하여 오늘 신문에 기사가 있었습니까?
→ 요즘은 선거가 없으므로 기사가 없습니다.

14. 신문외에 사람들에게 정보를 제공하는 다른 출판물은 무엇입니까?
→ 사람들에게 정보를 제공하는 다른 출판물은 잡지입니다.

15. 어디서 당신은 여성 잡지의 최근호를 볼 수 있습니까?
→ 나는 은행에 가면 여성 잡지의 최근호를 볼 수 있습니다.

16. 당신의 중요한 수입원은 무엇입니까?
→ 나의 수입원은 봉급입니다.

8. Most papers have several sections. What articles are there in the paper in addition to the front page?
→ There are the sports section, the society page, the comics, the amusement section, a business page, the political page, the economical section, the stock, and the editorials.

9. What page do you like best?

10. How long have you been taking the paper?
→ How long have you been subscribing to the paper? = 구독했습니까?
(reading, getting)

11. If you subscribe to the newspaper, will it be delivered to your door?
→ If I subscribe to the paper, it'll be brought to my home.

12. If you put an advertisement in the paper, can you get a job?
→ Although I put an ad in the paper, no one answers my ad.

13. Was there an article in today's paper about the election?
→ There is no article about the election because there is no election.

14. What is another publication which keeps the people informed other than newspapers?
→ Another publication that keeps the people informed is the magazine.

15. Where can you see the latest issue of women's magazines?
→ When I go to the bank I can see the latest issue of the magazines.

16. What is the important source of your income?
→ My source of income is my salary.

30. 대화 주제: 버릇

I think the most terrible thing in life for my little brother is getting up in the morning. He is almost sick when my mother calls, "Herbert. It's 7 o'clock. Get up!" Herby answers, "I'm coming." and goes right back to sleep. I call him and say,
"Get up!" Mom and I will pull you out of bed if you don't get up immediately.

He always says, "I am going to get up in another minute." He just sleeps. It's that way every day with my little brother.

I'm not at all like my brother. I don't mind getting up in the morning. I jump out of bed and go into the bathroom to take my shower.

질문

1. 이 주제에 의하면, 당신 동생의 생활에 가장 지겨운 일은 무엇입니까?
→ 내 동생 생활의 가장 지겨운 일은 아침에 일어나는 일입니다.

2. 당신 어머니나 부인이 부릅니다. 일어나! 그러면 당신은 뭐라고 대답합니까?
→ 나는 침대에서 벌떡 일어나 욕실로 들어갑니다. (그냥 잡니다)

3. 당신 생활의 가장 지겨운 일은 무엇입니까?
→ 나의 생활의 가장 지겨운 일은 아침에 버스를 타는 일입니다.
   (나의 생활의 가장 지겨운 일은 없습니다)

4. 당신이 안 일어나면, 당신 부인(어머니)은 당신을 잠자리에서 끄집어냅니까?
→ 내 아내는 나를 침대에서 끄집어냅니다. (그런 일은 거의 없습니다)

5. 당신은 집에 늦게 가는 버릇이 있나요. 아니면 집에 일찍 가는 것에 익숙합니까?
→ 나는 집에 늦게 가는 버릇이 들어 있습니다. 그것을 조만간 고쳐야겠어요.

30. SUBJECT: HABIT

나는 내 꼬마 동생의 생활에 가장 지겨운 일이 아침에 일어나는 것이라 생각합니다. 그는 내 어머니가 부를 때는 거의 앓고 있습니다. "일곱시다. 일어나!" 허비는 대답합니다. "네, 가요." 그리고 다시 잠에 들어갑니다. 나는 그를 부르고 말합니다. "일어나!" 만일 즉시 일어나지 않으면, 엄마와 내가 너를 침대로부터 끄집어낼 것이다.

그는 항상 말합니다. "일 분만 더 있다 일어날 거야." 그러나 그는 그냥 잡니다. 이것이 내 동생이 매일 하는 짓입니다.

나는 내 동생하고 전혀 다릅니다. 나는 아침에 일어나는 것을 싫어하지 않습니다. 나는 침대에서 벌떡 일어나 샤워하려고 욕실에 들어갑니다.

QUESTION

1. According to this subject, what is the most terrible thing in life for your little brother?
→ I think the most terrible thing in life for my brother is getting up in the morning.

2. Your mother or wife calls. Get up! What do you answer?
→ I jump out of bed and go into the bathroom. (I just sleep)

3. What is the most terrible thing in life for you?
→ There is no terrible thing in my life.

4. Does your wife pull you out of bed if you don't get up?
→

5. Are you in the habit of going home late or are you used to going home early?
→ I'm in the habit of going home late. I have to cure it sooner or later.

31. 대화 주제: 내가 태어난 곳

훈련횟수 ☐ ☐ ☐

Last summer, my wife Jane and I went to visit the town where we both grew up. We hadn't been there since we were married ten years ago. First, we went to the neighborhood where my wife spent her childhood. It hadn't changed very much.

The house where she was born was still there, but it was now a different color. The same neighbors still lived next door. They were very glad to see Jane, and asked us to come in and have a cup of coffee.

Then we went to see the neighborhood where I grew up. What a disappointment! It was all changed. All the old houses I remembered were gone and in their place were some very modern ones. I didn't know any of the people who lived there.

질문

1. 이 주제에서, 당신과 부인은 당신들이 자랐던 마을을 방문하러 갔었다. 당신은 10년 전 결혼 이후 거기에 몇 번이나 가 보았나요?
→ 우리는 우리가 자랐던 마을을 방문하러 갔었습니다. 우리는 결혼 이후 한 번도 안 갔어요.

2. 당신이 어린 시절을 보냈던 마을은 어디 있습니까?
→ 내가 어린 시절을 보냈던 마을은 여기서 멀어요.

3. 당신이 태어난 집은 아직도 거기에 있습니까?
→ 예, 내가 태어난 집은 아직도 거기에 있습니다.

4. 당신이 자랐던 마을은 변했나요, 아니면 같은 이웃이 아직도 살고 있나요?
→ 내가 태어난 마을은 변했고, 나는 거기 사는 사람을 알지 못합니다.

5. 당신은 이웃을 보면, 들어와서 커피 한잔을 먹으라고 요구합니까, 아니면 당신과 옆집은 가까이 지내지 않기 때문에 얼굴도 식별하지 못합니까?
→ 나는 이웃이 찾아오면, 들어와서 커피 한잔하라고 합니다. 일부러 부탁하지는 않습니다. 옆집과 나는 가까이 지내지 않으므로.

6. 도시의 옛집은 모두 사라졌습니다. 그 자리에 무엇이 있나요? 현실을 말해보십시오?
→ 그 자리에는 현대 건물이 있습니다. 그것이 현실이지요.

7. 도시에 있었던 옛집은 바람과 함께 사라졌나요, 건설과 함께 사라졌나요?
→ '바람과 함께 사라지다'는 영화제목이고, 도시의 옛집은 건설과 현대 문명과 함께 사라졌지요.

31. SUBJECT: THE PLACE WHERE I WAS BORN

지난여름, 내 아내 제인과 나는 우리 둘이 자랐던 마을을 방문하러 갔었다. 우리는 10년 전 결혼한 이후, 거기에 가보지 못했었다. 먼저, 우리는 내 아내가 그녀의 어린 시절을 보냈던 동네로 갔었다. 그것은 많이 변하지 않았다.

그녀가 태어났던 집은 아직도 거기에 있었지만 그것은 지금은 다른 색이었다. 같은 이웃이 아직도 이웃에 살고 있었다. 그들은 제인을 보자 아주 기뻐했고, 우리에게 들어와서 커피 한잔 하자고 했다.

그런 다음, 우리는 내가 컸던 이웃을 보러 갔다. 너무나 실망했다! 그것은 모두 변했다. 내가 기억했던 모든 옛집은 사라지고 그 자리엔 아주 현대적인 것들이 있었다. 나는 거기서 살고 있는 어느 사람도 알지 못했다.

QUESTION

1. In this topic, you and your wife went to visit the town where you both grew up. How many times did you go to visit there since you were married ten years ago?
→ We went to visit the town where we both grew up. We never been there since we were married.

2. Where is the town where you spent your childhood?
→ The town where I spent my childhood is far from here.

3. Is the house where you were born still there?
→ Yes, the house where I was born is still there. (*was gone=사라졌다)

4. Has the town where you grew up changed or do the same neighbors still live there?
→ The town where I grew up has changed and I don't know any of the people who live there.

5. When you see your neighbors, do you ask them to come in and have a cup of coffee or you and your neighbors are not close. So don't you recognize their faces?
→ If my neighbors visit me, I'll ask them to come in and have a cup of coffee. But I won't do it on purpose. Because we are not close.

6. All the old houses in the cities were gone. What are there in their place? Would you tell me the reality?
→ In their place are very modern ones (buildings). These are the reality.

7. Were the old houses in the cities gone with the wind or gone with the construction?
→ 'Gone with the wind' is a movie title. The old houses in the cities were gone with the construction and modem culture.

32. 대화 주제: 학교

Life in the twenty-first demands preparation. Today, all individuals in a country must have adequate schooling to prepare them for their work as well as for their responsibilities as citizens. With this in mind, national leaders everywhere are placing more emphasis on the education of the young. - -tomorrow's decision makers.

There is no national school policy in the United States. Each of the fifty states makes its own rules and regulations for its schools, but there are many similarities among the fifty school systems. Public schools in all states are supported by taxes paid by the citizens of the individual state.

In most states the children are required to attend school until they reach the age of sixteen.

When they become six years old, children begin elementary school. After six years in elementary school, they go into junior high school and remain there for three years. The last three years of their public school education are spent in senior high school. A great number of high school graduates continue their education in one of the many colleges or universities in the country. After four years, they receive a bachelor's degree. Some continue studying for a master's degree and perhaps a doctor's degree.

질문

1. 한국 생활은 준비를 요구합니다. 당신은 면허나 졸업장 또는 기술이 있나요?
→ 예, 나는 졸업장과 면허 그리고 기술이 있습니다.

2. 왜 모든 개인은 적절한 교육을 받아야 한다고 생각합니까?
→ 모든 개인은 그들의 좋은 직업을 위해서 적절한 교육을 받아야 합니다.

3. 누가 우리나라의 학교 규정과 정책을 만듭니까?
→ 교육부가 학교 규정을 만듭니다.

4. 왜 당신은 젊은이의 교육을 강조합니까?
→ 젊은이는 장차 이 나라를 이끌어 나가야 하니까요.

5. 우리나라에는 사립학교와 공립 학교가 있습니다. 공립 학교는 어떻게 유지됩니까, 또, 사립학교는 어떻게 유지됩니까? 재정적인 출처에 대해 말씀해 주시겠습니까?
→ 공립 학교는 시민이 낸 세금과 등록금으로 유지됩니다. 사립학교는 학생이 낸 등록금에 의해서 운영됩니다.

32. SUBJECT: SCHOOL

21세기의 생활은 준비를 요구합니다. 오늘날 한 나라의 모든 개인은 시민으로서의 책임만이 아니고 직업을 위해서 자신을 준비시키기 위하여 적절한 교육을 받아야 합니다. 이것을 염두해 두고, 각국의 지도자들은 젊은이들의 교육에 더 중점을 두고 있습니다. --내일의 결정권자-

미국에는 국립 교육정책이 없습니다. 50개의 각 주는 그 학교에 대한 자신의 규칙과 규정을 만듭니다. 그러나 50개 학교 제도 간에는 많은 유사성이 있습니다. 모든 주의 공립 학교는 각 주의 시민이 낸 세금에 의해서 유지됩니다.

대부분의 주에서 어린이는 그들이 16살에 도달할 때까지 학교에 다니도록 요구합니다.

그들이 6세가 되면, 어린이들은 초등학교를 시작합니다. 초등학교에서 6년 후, 그들은 중학교에 들어갑니다. 그리고 3년간 거기에 있게 됩니다. 공립 학교 교육의 나머지 3년간은 고등학교에서 보냅니다. 대다수의 고등학교 졸업생은 국내의 많은 단과대나 종합대학의 한곳에서 그들의 교육을 계속합니다. 4년 후 그들은 학사 학위를 받습니다. 일부는 석사학위나 박사학위를 위하여 공부를 계속합니다.

QUESTION

1. Life in Korea demands preparation. Do you have a license, diploma or training?
→ Yes, I have the diploma, license and training.

2. Why do you think all individuals must have adequate schooling?
→ All individuals must have adequate schooling for their good work.

3. Who makes the school rules?
→ The Education ministry makes the school rules.

4. Why do you place emphasis on the education of the young?
☞ '강조하다'를 emphasize로 해도 됩니다. place emphasis on= 강조하다
→ They should lead this country in the years to come.

5. There are public schools and private schools in this country. How are public schools supported and how are private schools operated? Would you tell me about the financial source?
→ Public schools are supported by taxes paid by the citizens and tuitions. Private schools are operated by tuitions paid by students.

6. 한국 어린이는 7살이 되면 학교에 다녀야 합니다. 그들은 얼마나 오랫동안 공부해야 합니까? 초등학교에서 대학원까지, 한국의 학제를 말해보세요?

→ 한국 어린이는 7살이 되면, 그들은 초등학교를 시작합니다. 초등학교에서 6년 후, 그들은 중학교에 들어갑니다. 그리고 거기에 3년간 남아있습니다. 그리고 3년은 고등학교에서 보냅니다.

많은 수의 고등학교 졸업생은 대학교나 대학의 한곳에서 그들의 교육을 계속합니다. 4년 후, 그들은 학사 학위를 받습니다. 일부는 석사학위나 박사학위를 위해서 공부를 계속합니다.

7. 당신은 기회가 있다면 박사학위를 받을 때까지 공부를 계속하고 싶습니까?

→ 나는 대학교를 졸업한 후, 내가 하고자 하는 일을 할 겁니다.

☞ 본인 의사대로 대답할 것

8. 한국 어린이는 7살에 학교에 들어갑니다. 미국 어린이는 5살에 학교에 들어갑니다. 한국 어린이가 바보이고 미국 어린이는 똑똑합니까?

→ 그것은 학제가 다르기 때문입니다. 미국은 유치원이 초등학교에 포함되어 있습니다.

9. 교수진의 일원하고 고등학교 교장 중 어느 것이 더 좋습니까?

→ 우두머리가 되고 싶은 사람은 고등학교 교장이 좋고, 공부가 좋은 사람은 교수진이 좋겠죠.

10. 당신은 과외 활동을 하고 있나요?

→ 나는 과외 활동을 싫어합니다.

11. 당신은 정치 활동을 하고 있나요?

→ 정치는 나와 거리가 멉니다.

6. Korean children are required to attend school when they become seven years old. How long do they have to study? From elementary to graduate school, would you tell me the Korean school system?

→ When Korean children become 7 years old, they begin elementary school. After 6 years in elementary school, they go into middle school and remain there for 3 years. The last 3 years are spent in high school. A number of high school graduates continue their education in a college or university. After 4 years, they receive a bachelor's degree. Some continue studying for a master's degree or a doctor's degree.

7. If you get a chance, do you want to continue studying until you get a doctors degree?

→ After I graduate from university. I'll do the work that I wish.

8. Korean children enter school at the age of 7. American children enter school at the age of 5. Is that because Korean children are foolish and American children are smart?

→ That's because school systems are different. The kindergarten is included into elementary school in America.

9. Which is better, a member of the faculty or a high school principal?

→ The person who wants to be a head, a high school principal is better, and the person who likes to study, a member of the faculty would be better.

10. Do you have extracurricular activities?

→ I don't like any -

11. Do you have any political activities?

→ I am far from —

33. 대화 주제: 농업

The Jensens are a typical American farm family. Mr. and Mrs. Jensen came from Norway many years ago and settled on a dairy farm in Minnesota. Their four children grew up there. The two boys helped their father take care of the farm. They plowed and planted the fields, harvested the crops and milked the cows. The daughters helped their mother with the housework. There was always a lot to do and whole family worked very hard.

Today Mr. and Mrs. Jensen are old and cannot work as hard as they did when they were younger. The work is not as hard as it used to be. Olaf has bought several machines which do many of the things formerly done by hand. Although life on the farm has changed a great deal, farming is still a necessary and very important occupation.

However, city life attracts young people like Carl Jensen. Every year many of them leave the farms and take jobs in the many factories which are located in or near large cities.

질문

1. 이 주제에서, 당신은 농부입니다. 봄이 오고, 여름이 오면 당신은 무엇을 해야 합니까? 농부가 해야 할 일을 말해 주시겠습니까?
→ 봄이 오면, 나는 밭을 갈고 씨를 뿌려야 합니다. 여름이 오면 작물을 돌봐야 합니다.
가을이 오면 나는 작물을 추수합니다. 겨울이 접어들면 나는 휴식을 취합니다.

2. 오늘날, 농가의 일은 전처럼 힘들지 않습니다. 왜냐하면, 전에는 손으로 했던 일을 하는 기계가 있으니까요. 당신도 그렇게 생각하세요?
→ 어쩌면 그렇습니다. 전에는 손으로 했던 일을 하는 기계가 있습니다. 그러나 손으로 해야 할 일이 많습니다. 기계도 사람이 운전해야 합니다. 결과적으로 농사일은 손이 많이 필요합니다. 그리고 힘이 듭니다.

3. 집에서 기계로 할 수 있는 일이 무엇입니까?
→ 세탁기나 진공청소기를 사용하기.그러나 대부분 집안일은 손으로 해야 합니다.

4. 많은 남녀가 매년 농가를 떠나서 도시로 옵니다. 왜 그들은 농촌을 떠나고 싶어 합니까?
→ 농사일은 힘들지만, 수입이 적습니다. 그리고 도시 생활은 그들을 유혹합니다.
그들은 도시에서 쉽게 돈을 벌 수 있을 것으로 생각합니다.
특히 여자의 경우는, 그들은 얼굴을 이쁘게 화장하고 좋은 옷을 입을 수가 없기 때문입니다.

5. 농촌의 생활이 크게 변했습니다. 따라서 농사는 필요 없습니까?
→ 농사는 아직도 중요하고 필수적입니다. 비록 농사는 힘들지만.

33. SUBJECT: FARMING

젠슨은 전형적인 미국인 농장 가족입니다. 젠슨씨 부부는 수년 전 노르웨이로부터 왔고, 미네소타에 정착하고 있습니다.

그들의 자녀는 거기서 자랐습니다. 두 소년은 그들의 아버지가 농장을 돌보는 것을 도왔습니다. 그들은 밭을 갈고, 씨를 뿌리고, 작물을 수확하고, 소의 젖을 짭니다. 딸들은 집안일로 그들의 어머니를 도왔습니다. 항상 할 일이 많았고 전 가족이 열심히 일했습니다.

오늘날 젠슨씨 부부는 늙어서 그들이 젊을 때 했던 것처럼, 열심히 일할 수 없습니다. 일은 전처럼 아주 힘들지 않습니다. 올라프는 전에는 손으로 했던 많은 일을 할 수 있는 여러 기계를 샀습니다. 비록, 농장에서의 생활이 아주 크게 변했다 해도 농사는 아직도 필요하며, 아주 중요한 직업입니다.
어쨌든, 도시 생활은 젠슨씨 자녀처럼 젊은이에게 매력이 있습니다. 매년 많은 젊은이가 농가를 떠나고 대도시나 근처에 있는 많은 공장에서 직업을 잡습니다.

QUESTION

1. In this topic, you are a farmer. When spring comes and summer comes, what do you have to do? Would you tell me the work that farmers ought to do?
→ When spring comes, I have to plow and plant the fields. When summer comes, I should take care of crops.
When fall comes, I harvest crops. When winter sets in I'll take a rest.

2. Today, the work on the farm is not as hard as it used to be. Because there are several machines which do many of the things formerly done by hand. Do you think so?
→ In a way, yes. There are several machines which do many of the things formerly done by hand. But there are many things that ought to be done by hand. Also, machines should be operated by man. As a result, farming requires lots of hands and is very hard.

3. What are the work that can be done by machines in the house?
→ Using a washing machine and a vacuum cleaner. But most of the housework should be done by hand.

4. A lot of young boys and girls leave the farm and come to cities. Why do they want to leave the farm?
→ Farming is hard but income is small. And city life attracts them.
They think that they'll be able to make money easily in a city.
Especially, in the case of women, they can't make up their face beautifully and can't wear pretty clothes.

5. Life on the farm has changed a great deal. So, is farming not necessary?
→ Farming is still important and significant. Although it is hard.

6. 당신이 낙농업을 경영한다면, 왜 당신은 일찍 일어나야 합니까?
→ 만일 내가 우유를 안 짜면, 우유가 상합니다. (bad, 나쁘게 된다고 함) 또한, 가축을 기르고, 소와 닭에게 모이를 주기 위하여.

7. 따뜻하고 햇빛 나는 날씨 때문에, 곡식은 아주 잘 자랍니다. 한국의 주요 농산물이 무엇입니까?
→ 주 농산물은 쌀과 보리입니다.

8. 당신이 농림부 장관이라면, 농산물을 비싸게 사주고, 농기구를 무료로 농부에게 줄 수 있습니까?
→ 비록 내가 농림부 장관이라도 나는 농기구를 무료로 농부에게 줄 수 없습니다.
그리고 농산물을 무조건(unconditionally) 비싸게 구매할 수는 없습니다.
이것은 국가의 예산에 달렸습니다. It depends on the national budget.

6. If you run a dairy farm, why do you have to get up early?
→ If I don't milk the cows, the milk will be bad. Also, in order to raise cattle and feed cows and chickens.

7. Because of the warm and sunny weather, crops grow very well. What are the principal farm products in Korea?
→ The principal farm products are rice and barley.

8. If you were an agriculture minister, could you purchase the farm products highly and give the farmers farming machines free of charge?

34. 대화 주제: 오락과 운동

"All work and no play makes Jack a dull boy." is a popular saying in the United States. Other countries have similar sayings. We cannot work all the time if we are going to maintain good health and enjoy life. Perhaps the most popular way is to participate in sports.

There are team sports, such as baseball, basketball, and football. There are individual sports, also, such as golf and swimming. In addition, hiking, fishing, skiing and mountain climbing have a great attraction for people who like to be outdoors.

Not everyone who enjoys sporting events likes to participate in them. Many people prefer to be spectators, either by attending the games in person, watching them on television, or listening to them on the radio.

When there is an important baseball game or boxing match it is almost impossible to get tickets; everybody wants to attend. It doesn't matter whether we play a fast game of ping-pong, concentrate over the bridge table, or go walking through the woods on a brisk autumn afternoon. It is important for everyone to relax from time to time and enjoy some form of recreation.

질문

1. 우리 모두는 오락이나 운동을 필요로 합니다. 그 이유가 무엇입니까?
→ 우리는 인생을 즐기고 싶거나, 건강을 유지하려면 항상 일만 할 수는 없습니다. 우리 몸은 기계가 아니기 때문입니다.

2. 당신은 오락으로 무엇을 하십니까?
→ 내 오락은 텔레비전 보는 것, 영화를 보는 것, 술, 담배, 카드놀이입니다.

3. 누구든지 자신의 기분 전환하는 방법을 갖고 있습니다. 당신은 피곤할 때, 화가 날 때, 어떻게 기분전환 하십니까?
→ 기분 전환하는 방법은 많습니다. 나는 피곤하면, 잠을 잡니다. 화가 날 때는, 밖에 나가서 시원한 바람을 쐽니다. 또는 친구와 같이 술을 먹습니다.

4. 술 먹는 것이 기분전환이라고 생각하십니까?
→ 술을 많이 먹으면 건강에 해가 되지만, 조금 먹으면 기분이 좋아집니다.

5. 당신은 나가 있기를 좋아하는 사람입니까, 아니면 집 안에 있기를 좋아하는 사람입니까?
→ 그것은 모두 기분이나 날씨에 달렸습니다. 날씨가 좋으면 나가고 싶은 마음이 나고, 비가 오면 실내에 있고 싶습니다.

6. 혼자 있기를 좋아하는 사람과 남과 어울리기를 좋아하는 사람이 있습니다. 그들은 어떤 오락이나 운동을 해야 합니까?
→ 야구, 축구, 테니스 같은 단체경기가 있습니다. 남과 어울리기를 좋아하는 사람은 단체경기나 단체오락을 하면 됩니다. 반면에, 혼자 있기를 좋아하는 사람은 개인경기를 하면 됩니다. 수영, 낚시, 독서 등.

34. SUBJECT: RECREATION AND SPORTS

"일만하고 놀지 않으면 바보가 된다."라는 말은 미국에서 유행하는 말입니다. 다른 나라도 비슷한 말을 갖고 있습니다. 만일 우리가 인생을 즐기거나 좋은 건강을 유지하려면 우리는 항상 일만 할 수는 없습니다. 아마도 가장 보편적인 방법은 스포츠에 참가하는 것입니다. 야구, 농구 그리고 축구 같은 단체경기가 있습니다. 골프와 수영 같은 개인 운동도 있습니다. 게다가 하이킹, 낚시, 스키 그리고 등산은 나가 있기를 좋아하는 사람들에게 큰 매력을 갖고 있습니다.

스포츠 경기를 즐기는 모든 사람이 경기에 참여하는 것을 좋아하는 것은 아닙니다.

많은 사람은 개인적으로 경기에 참여하거나, 텔레비전으로 그것을 보거나 라디오로 들으면서 구경꾼이 되는 것을 더 좋아합니다.

중요한 야구 경기나 권투 시합이 있을 때는, 표를 구하기가 거의 불가능합니다. 모든 이가 참석하기를 원합니다. 우리가 빠른 탁구 경기를 하든 마작 책상에 정신을 집중하든, 숲속을 걸어가든 상관없었습니다. 모든 사람은 때때로 휴식을 하거나 어떤 형태의 오락을 즐기는 것이 중요합니다.

QUESTIONS

1. All of us need recreation and sports. What is the reason?
→ We cannot work all the time if we are going to maintain good health and enjoy life.
   Because our body is not a machine.

2. What do you do for your recreation?
→ My recreation has been(is) watching TV, going to the movies, drinking, smoking and playing cards.

3. Everyone has his own way of relaxing. When you get tired and upset, how do you relax?
→ There are many ways of relaxing. When I get tired, I get some sleep. When I get angry, I go out and get fresh air. Sometimes I have a drink with my friends.

4. Do you think drinking is relaxing?
→ If I have a drink a lot, it is harmful to my health. But If I drink a little, I feel good.

5. Are you a person who likes to be outdoors or indoors?
→ It all depends on my mood and the weather.
When the weather is fine, I feel like being outdoors. When it rains, I would like to be indoors.

6. There is a person who likes to be alone and there is a person who likes to join with other people. What kinds of sports or recreation do they have to do?
→ There are team sports, such as baseball, football, and tennis. A person who likes to join with others can do team sports. On the other hand, a person who likes to be alone can do individual sports such as swimming, fishing and reading etc.

7. 기분 전환을 위해서 우리는 화투를 치든, 술을 마시든, 빗속을 걷든, 소리를 지르든 상관이 없다고 생각합니까?
→ 물론입니다. 그것이 남에게 해가 되지 않는다면 우리가 화투를 치든, 술을 마시든, 소리를 지르든, 무슨 상관이 있겠습니까? 때때로 기분 전환하는 것이 중요하지요.

8. 중요한 야구 경기가 있을 때, 당신은 거기에 참석합니까? 아니면 TV의 관중이 되는 것에 만족합니까?
→ 나는 TV의 관중이 되는 것에 만족합니다. 경기장에 가 보고 싶은 마음이 있지만, 어렵군요.

9. 당신은 어떤 형태의 실내오락을 즐기십니까?
→ 술 마시기, TV보기, 카드놀이.

10. 당신은 매일 운동을 합니까?
→ 나는 jogging, walking, running, 맨손체조(physical exercise) dumbbell(아령), 역기(weight lifting), 줄넘기(rope skipping), 평행봉(parallel bar)을 합니다.

11. 체육관에는 안 다니세요?
→ 체육관에는 안 다닙니다.

12. 왜 골프가 대중 스포츠가 아니라고 생각하십니까? 논리적으로 대답해 보세요.
→ 골프는 비용이 많이 들고, 시간을 많이 요구하고, 땅을 많이 차지합니다. 그래서 대중 스포츠가 될 수 없습니다.

13. 모두가 당신을 좋아하는 것은 아닙니다. 누가 당신을 좋아합니까?
→ 모두가 나를 좋아하는 것은 아니지요. 내 가족이 나를 좋아합니다.

7. Do you think it doesn't matter whether we play cards, drink, go walking in the rain or shout for relaxation?
→ Of course. If it doesn't cause harm to other people, what difference does it make? Whether we play cards, drink or go walking in the rain. It is important for everyone to relax from time to time.

8. When there is an important baseball game, do you attend it or are you satisfied with becoming a spectator on TV?
→ I am satisfied with being a spectator on TV. I feel like going to the stadium but it is hard.

9. What forms of indoor recreation do you enjoy?
→ Playing cards—

10. Do you exercise everyday?
→ I take jogging and physical exercise each day. Walking is a good exercise.

11. Don't you go to the gymnasium?   *줄여서 'gym'이라고 함
→

12. Why do you think golf is not a public sport? Tell me, logically.
→ Golf costs a lot of money and it requires much time and it occupies a lot of land. Therefore, it cannot be a public sport in Korea.

13. Not everybody likes you. Who likes you?
→ Not everybody likes me. My children and wife like me.

35. 대화 주제: 여행과 출국 준비

Everyone told me to make travel preparations early, but I thought I had plenty of time. I had no idea how much there was to do. First, I had to apply for a passport and visa because I was going to visit a foreign country. I had to get several inoculations at the doctor's office. Then I needed to drop by the bank and get some traveler's checks.

At the same time, there were many things to be taken care of at home. I had the phone disconnected, but I almost forgot to have the milk and newspaper deliveries stopped.

The postman had to remind me to leave my forwarding address at the post office. I know it would have slipped my mind if he hadn't mentioned it. The day I was supposed to leave, I realized I still hadn't received my passport and visa. I simply couldn't believe the time had passed so quickly.

I was really afraid I would be left behind. Fortunately, the mail was delivered early and my passport arrived.

By the time I got to the airport, they were already calling my flight. I just barely had time to make it. As soon as I sat down inside the plane, I remembered that I hadn't taken my camera.

질문

1. 여행 준비를 하려면, 제일 먼저 당신은 무엇을 해야 합니까?
→ 나는 비자와 여권을 신청해야 합니다.

2. 그다음에, 당신은 여행사와 은행에서 무엇을 해야 합니까?
→ 나는 은행에 들러서 돈을 바꾸고, 그런 다음 비행기표를 사야 합니다.

3. 동시에 집에서 처리해야 할 일들이 있습니다. 당신은 전화를 끊으라고 시키고, 우유나 신문 배달을 중지시켜야 합니까?
→ 집에서 해야 할 일들이 있습니다. 나는 전화를 끊으라고 시킬 것이고, 우유나 신문 배달을 중지시킬 겁니다.

4. 여권과 비자를 받은 후. 당신이 떠나기로 되어 있는 날. 당신은 옷 가방을 꾸린 후, 공항에 갈 겁니다. 공항에 도착하자마자, 어떤 조치를 취해야 합니까?
→ 공항에 도착하면, 나는 항공사 직원에게 들르겠습니다. 여권과 비행기표를 보여주고 좌석번호를 확인하고 짐을 부칩니다. 그리고 대합실로 들어갑니다. 그리고 비행기의 탑승을 기다립니다.

5. 당신은 대합실에 있는 동안, 어떤 안내방송을 들을까요?
→ 나는 다음과 같은 안내방송을 듣습니다.

   a. 신사 숙녀 여러분! 주목해 주시기 바랍니다. 도쿄행 007기가 지금 2번 문에서 개찰 중입니다. 전원 탑승해 주십시오.
   b. KAL은 도쿄행 007기의 출발을 안내해 드립니다. 2번 문 입니다. 전원 탑승해 주십시오.

35. SUBJECT: TRAVEL PREPARATIONS

모든 사람은 나에게 일찍 여행 준비를 하라고 말했지만, 나는 많은 시간이 있는 것으로 생각했다. 나는 할 것이 얼마나 많이 있었는지 몰랐다. 먼저, 나는 외국을 방문할 예정이었기 때문에 비자와 여권을 신청해야 했다. 나는 병원에서 몇 가지 접종을 받아야 했다. 그리고 나는 은행에 들릴 필요가 있었고, 여행자 수표를 받아야 했다.

동시에 집에서 돌봐야 할 많은 일이 있었다. 나는 전화를 끊었지만, 우유와 신문 배달을 정지시키는 것을 깜박 잊을 뻔했다.

집배원은 우체국에 발송주소를 남기기를 나에게 상기시켰었다. 그가 만약 언급을 안 했더라면, 그것도 깜박 잊었을 것이다. 내가 떠나기로 되어 있던 날, 나는 아직도 여권과 비자를 받지 못했다는 것을 깨달았다. 나는 시간이 그렇게 빨리 가는 것을 믿을 수 없었다. 나는 정말 못 가는 줄 두려웠다. 다행히도 우편은 일찍 배달됐고 여권도 도착했다.

내가 공항에 도착하니, 그들은 벌써 내 비행기를 호출하고 있었다. 나는 가까스로 도착할 시간이 있었다. 나는 자리에 앉자마자, 사진기를 가져오지 않은 것이 기억났다.

QUESTION

1. To make travel preparations, first of all, what do you have to do?
→ I have to apply for a passport and visa.

2. After that, what have you got to do with the travel agent and the bank?
→ I've got to drop by the bank and exchange money, and then I must buy the plane tickets.

3. At the same time, there are things that should be taken care of at home. Do you have to have the phone disconnected and have the milk and newspaper deliveries stopped?
→ There are things that must be done at home. I will have the phone disconnected and have the milk and newspaper deliveries stopped.

4. After getting a passport and visa. The day you are supposed to leave. You pack your suitcase and go to the airport. As soon as you arrive there, what action(procedure) do you have to take?
→ On arriving at the airport. I'll drop by the clerk of the airlines. And I'll show my passport and air tickets, get my seat confirmed, send my packages. And I'll go into the waiting room. Then I am going to wait for my boarding.

5. While you are in the waiting room, what announcement can you hear?
→ I am going to hear the announcement like this.
    a. May I have your attention, please? KAL 007 to Tokyo now boarding at gate number 2, All aboard, Please.
    b. KAL announces the departure of its flight 007 to Tokyo, gate No 2. All aboard, Please.

6. 출발시간이 되면, 당신은 문으로 들어갑니다. 왜 세관원에게 당신의 개인 소지품을 보여주어야 합니까?
→ 개인 소지품을 세관원에게 보여주는 것이 통관절차입니다.

7. 당신이 여행 준비를 하면, 시간이 빨리 갈 것 같습니까, 아니면 시간이 천천히 갈 것 같습니까?
→ 여행을 준비하는 것은 기쁜 일입니다. 시간이 빨리 갈 겁니다.

8. 오늘은 시간이 너무 빨리 갔습니다. 당신은 그것을 믿을 수 있나요?
→ 오늘은 시간이 너무 빨리 갔습니다. 나는 믿을 수가 없군요.

9. 당신은 비행기에 탑승합니다. 왜 승무원이 당신을 기다릴까요?
→ 내 비행기표를 받고, 좌석을 안내하기 위해서.

10. 오늘 당신은 여기에 도착할 시간이 간신히 있었나요, 아니면 많이 있었나요?
→ 나는 여기에 올 시간이 간신히 있었습니다.

11. 당신이 해외에 갈 때, 당신이 세관에 신고해야 할 금지 품목이 무엇입니까?
→ 금지 품목은 마약, 고가품, 총, 보석입니다.

12. 당신은 사용한 물건에 대해서도 관세를 물어야 합니까?
→ 아니요, 나는 사용한 물건은 관세를 낼 필요가 없습니다.

13. 비행기가 이륙하려고 합니다. 당신은 담배를 피우고, 복도를 돌아 다닐 수 있나요?
→ 비행기가 이륙할 때나 착륙할 때는, 우리는 담배를 삼가하고, 안전벨트를 매야 합니다.

6. When the departure time comes, you get in the gate. Why do you have to show your personal belongings to the customs officer?
→ Showing the personal belongings is the customs formalities.

7. When you make travel preparations, do you suppose the time will go quickly or slowly?
→ Making travel preparations is a happy thing. The time will go fast.

8. Time has gone quickly today. Can you believe that?
→ Today has passed so quickly. I can't believe it.

9. You get on the plane. How come the crew waits for you?
→ In order to get my tickets and show my seat.

10. Do you barely have time to make it here or do you have a lot of time to make it here?
☞ make는 arrive 뜻으로 쓴 것임.

11. When you go abroad, what are the prohibited articles that you should declare for customs?
→ The prohibited articles are the narcotic(drug), high-value goods, guns and jewels etc.

12. Do you have to pay any duty on used goods?
→ No, I don't have to pay any duty on used articles.

13. The plane is about to take off. Can you smoke and move in the hall way?
☞ hall way를 영국은 corridor이라고 함.
→ When the plane is taking off and landing, we must refrain from smoking and fasten the safety belt.

36. 대화주제: 과거경험

An odd thing happened to me last Sunday. It was such a beautiful day that I decided to go for a leisurely drive in the country. On the way back home, my motor stopped. I was out of gasoline on a lonely road far from a town.

I decided to walk until I found someone who could sell me a gallon or two of gasoline. I had walked almost a mile before I finally found a big house near the road. I was glad to see it because it was starting to get dark.

I knocked on the door and a little old lady with long white hair answered.
She said. "I've been waiting for you for a long time. Come in. Tea is almost ready." "I only came for some gasoline," I answered. I couldn't imagine what she was talking about. "Oh, Alfred. Gasoline? You used to prefer tea." I quickly explained that my car was out of gasoline, but she didn't seem to hear me.

As soon as she went to get the tea I went out of the house as fast as I could. Fortunately, there was another house down the road. When I told the man about my experience, he said, "Oh, that's Miss Emily. She lives by herself in that big house. She's peculiar, but she wouldn't hurt anyone. She's still waiting for the man she was supposed to many thirty years ago. The day before their wedding he went away and never came back."

질문

1. 오늘 당신에게 괴상한 일이 있었습니까?
→ 아무 일도 없었습니다.

2. 이상한 일이나 놀랄 일이 당신에게 일어날 것 같습니까?
→ 웃기는 일이 나에게 일어날 것 같습니다.

3. 이 주제에서, 어제는 너무나 아름다운 날이어서 당신은 시골로 한가한 드라이브를 가기로 결심했습니다. 집에 오는 길에, 왜 차가 섰나요?
→ 집에 돌아오는 길에, 나는 한적한 길에서 휘발유가 떨어졌다.

4. 오늘은 너무나 화창한 날이어서 나는 바닷가에 가고 싶군요. 당신은 나와 같이 갈 수 있나요?
→ 오늘은 너무나 화창한 날이어서 나도 바닷가에 가고 싶군요. 그러나 나는 할 일이 있어서 집에 있어야 합니다.

5. 당신은 한적한 길에서 휘발유가 떨어졌습니다. 어떤 행동을 취하시겠습니까?
→ 나는 주유소까지 걸어가서 휘발유를 사서 택시를 타고 내 차에 와서 차에 휘발유를 넣고 출발할 것입니다.

36. SUBJECT: PAST EXPERIENCES

지난 일요일 나에게 괴상한 일이 발생했다. 너무나 아름다운 날이어서 나는 시골로 한가한 드라이브를 가기로 결심했었다. 집으로 돌아오는 길에, 내 차가 섰다. 나는 마을로부터 떨어진 한적한 길에서 휘발유가 떨어졌다.

나는 휘발유 일가론이나 2가론을 팔 수 있는 사람을 찾을 때까지 걷기로 작정했다. 나는 내가 길 근처 큰 집을 발견하기 전까지 거의 1마일을 걸었다. 어두워지고 있었기 때문에, 나는 그것을 보고 기뻤다.

나는 문을 두드렸고 길고 흰 머리를 가진 작은 노파가 대답했다.

그녀는 말했다. "나는 오랫동안 당신을 기다리고 있었습니다. 들어오세요. 차는 벌써 준비되어 있어요." "나는 단지 휘발유 때문에 왔습니다." 나는 대답했다. 나는 그녀가 무슨 말을 하는지 상상할 수가 없었다. "알프레드, 휘발유? 당신은 차를 더 좋아했지요." 나는 재빨리 내 차가 휘발유가 떨어졌다는 것을 설명했지만, 그녀는 내 말을 듣는 것 같지 않았다.

그녀가 차를 가지러 가자마자, 나는 내가 할 수 있는 한 빨리 집에서 밖으로 나왔다. 다행히, 도로 밑에는 다른 집이 있었다. 내가 내 경험에 대하여 그 남자에게 말했을 때, 그는 말했다. "오, 그것은 에밀리 양입니다. 그녀는 저 큰 집에서 혼자 삽니다. 그녀는 별나지만 아무도 해치지 않습니다. 그녀는 아직도 30년 전에 결혼하려 했던 그 남자를 기다리고 있습니다. 그들의 결혼 전날, 그는 나간 후 다시는 돌아오지 않았어요."

QUESTION

1. Did an odd thing happened to you today?
→ No, nothing happened to me today.

2. Will a strange thing or an amazing thing happen to you?
→ I think a funny thing will happen to me.

3. In this subject, yesterday was such a beautiful day that you decided to go for a leisurely drive in the country. On the way back home, why did your motor stop?
→ On the way back home, I was out of gasoline on a lonely road.

4. Today is such a glorious day that I would like to go to the seashore. Could you go with me?
→ Today is such a glorious day I'd like to go to the seashore. But I have something to do and I've got to stay home.

5. You are out of gasoline on a lonely road. What action will you take?
→ I am going to walk to the gas station, get some gasoline, take a taxi to my car, fill my car with gasoline and make a start.

6. 당신은 큰집에서 홀로 30년을 살 수 있습니까?
→ 나는 큰집에서 혼자서 30년을 못살 것 같군요. 나는 쓸쓸할 것이고, 병이 날 것입니다.

7. 당신은 결혼하기로 되어 있는 남자(여자)가 있습니다. 결혼 전날 그는(그녀는) 멀리 가버렸습니다. 그리고 돌아오지 않습니다. 당신은 그를(그녀를) 죽을 때까지 기다릴 겁니까?
→ 내가 미쳤습니까? 나는 그를(그녀를)기다리지 않을 겁니다. 결혼 전날 도망갔다면, 그는 다른 여자(남자)가 있을 겁니다. 얼마 후 나는 다른 남자(여자)와 결혼할 겁니다.

8. 당신은 현재 결혼하고 싶은 남자(여자)가 있습니까?
→

9. TV를 보면, 마음에 드는 남자(여자)가 있나요?
→ 마음에 드는 남자(여자)가 많습니다. 어쩔 수가 없습니다. 그건 그림이니까요.

10. 귀신이나 유령이 존재한다고 믿습니까?
→ 당연합니다. 내가 못 보았다고 해서, 그들이 존재하지 않는다고는 할 수 없습니다.

11. 당신이 시골에 캠핑을 갑니다. 길을 잃습니다. 어두워지고 있습니다. 숲속에서 큰 기와집을 발견합니다. 그것을 보니 기쁩니다. 당신은 문을 두드립니다. 그때, 흰옷 입은 긴검은 머리의 아름다운 여자가 대답합니다. 그녀가 당신에게 들어와서 머물라고 합니다.
당신은 기분이 어떨까요? 이 이야기를 처음부터 끝까지 해 주시겠습니까?
→ 나는 시골에 캠핑을 갑니다. 길을 잃습니다. 어두워지고 있습니다. 나는 숲속에서 큰 기와집을 발견합니다. 나는 문을 두드립니다. 그때, 흰옷 입은 긴 검은 머리의 아름다운 여자가 대답합니다. 그녀가 나에게 들어 오라고 합니다. 나는 겁이 나고 두려울 겁니다.
그러나 나는 도망가지 않을 것입니다. 도망갈 곳이 없으니까요. 나는 그녀가 사람인지 귀신인지 확인해 볼 겁니다.

12. 한국 처녀는 왜 귀신이 되나요? 그녀가 결혼을 못 하고 죽으면. 생각해 본 적이 있어요?
→ 이것은 우리나라의 전설에서 온 것입니다. 조선 왕조 동안 여자는 집안일만 해야 했습니다. 그들의 최고의 목표는 결혼하고 집안일을 돌보는 것이었습니다. 그 결과, "만일 처녀가 결혼을 못 하고 죽으면, 그녀는 원한을 품고 귀신이 된다."고 했습니다.

13. 당신은 누구에게 원한(한)이 있나요? →

6. Are you able to live in a big house alone for 30 years?
→ I am not able to live in a big house by myself for 30 years. I may feel lonely and get sick.

7. You have a man you are supposed to marry. The day before your wedding he goes away and never comes back. Will you wait for him as long as you can?
→ Am I crazy? I'll not wait for him. The day before the wedding, he runs away. He must have another woman. After a while, I'll many another man.

8. At this moment, is there any man that you'd like to marry?
→

9. When you watch TV, is there any man who appeals to you?
→ There are a lot of men who appeal to me. I have no choice. It is only a picture.

10. Do you believe that the ghost and phantom exist?
→ Naturally. Just because I didn't see them, I can't say they don't exist.

11. You go camping in the country. You are lost. It is starting to get dark. You find a big-roof-tile-house in the forest. You are glad to see it. You knock on the door. At that moment, a beautiful woman with a long black hair in white clothes answers. She asks you to come in and have a stay. How do you feel? Would you tell me this story from beginning to end?
→ I go camping in the country. I am lost. It is starting to get dark. I find a big tile-roof house in the forest. I knock on the door. At that moment, a beautiful woman with a long black hair in white clothes answers. She asks me to come in. I'll be scared and afraid, but I will not run away. Because there is no place to run away. I'll confirm whether she is a human or a ghost.

12. Why does a Korean virgin become a ghost, if she dies without getting married? Have you ever thought about that matter?
→ This comes from our legend. During the Chosun Dynasty, women had to do the housework only. Their best goal was to get married and to take care of the house. Therefore, they said "If a virgin died without marriage, she'd bear a grudge and become a ghost."

*원한을 품다=bear(have, keep) a grudge

13. Do you have a grudge against anyone? →

37. 대화 주제: 국기와 국화

1. The Korean national flag.

The Korean national flag symbolizes the cosmos. The basic color is white and there is a circle in the middle. The circle is divided into two parts. The upper part is red and the lower is blue. The upper red portion represents the positive and the lower blue section indicates the negative. Two opposites express the dualism of the cosmos.

There are black bars at each corner. The bars at each corner carry the balance, longevity, everlasting and four directions. This flag has been used as the national flag since the 19th century.

2. The national flower of Korea.

The rose of Sharon is our national flower. The plant is beautiful, lasts long. The tree is so strong that it can grow even by a cutting. It is a symbol of everlasting and prosperity and development of our nation. It blooms light violet, white, and red flowers between leaves and trunks.

3. The national bird.

Magpies are considered as a symbol of pleasure and delight among Korean from ancient times. It is our national bird.

4. The language

Our country has our own language, we call it 'Han-Gul'. The Korean phonetic system consists of 24 letters, 14 consonants and 10 vowels. It is one of the simplest, efficient means of writing in the world. In 1443, King, SeJong, the 4th monarch of the Chosun Dynasty ordered a group of scholar to devise a phonetic alphabet. This language has been used since that time.

질문

1. 우리나라의 국기는 우주를 상징합니다. 바탕색은 흰색이며 가운데 둥근 원이 있고, 각 모서리에는 검정 막대기가 있습니다. 이러한 것들은 무엇을 상징합니까?

→ 우리의 국기는 우주를 상징합니다. 바탕색은 흰색이며, 가운데는 원이 있습니다. 그 원은 두 조각으로 나뉘었습니다. 윗부분은 빨강이고, 양을 나타내며, 아랫부분은 파랗고 음을 나타냅니다. 이 두 반대는 우주의 양립성을 나타냅니다. 각 모서리에는 검은 막대가 있습니다. 검은 막대는 평형, 장수 그리고 4방향을 나타냅니다. 이 국기는 19세기부터 사용해 왔습니다.

2. 왜 우주가 우리 국기의 상징으로 채택되었는지 아십니까? 그것의 숨은 얘기를 말해보십시오?

→ 조선 왕조의 박영효 대신이 일본에 사절로 갔을 때, 우리나라는 국기가 없었습니다. 그는 일본국기를 보았습니다. 일본국기는 태양을 상징한다고, 그는 들었습니다. 그는 미국 국기를 보았다. 그것은 별이 있었습니다. 그는 그의 일행과 심사숙고했습니다. 그래서 그는 우주를 국기의 상징으로 채택했습니다. 왜냐하면, 우주는 태양보다 더 크고, 태양은 우주의 한 점에 불과하니까. 의미상으로 우리나라가 세계에서 제일 큽니다.

37. SUBJECT:NATIONAL FLAG

1. 국기
우리나라의 국기는 우주를 상징한다. 바탕색은 흰색이고, 가운데 둥근원이 있다. 그 원은 두 조각으로 나뉘어 있다. 윗부분은 빨갛고, 아래는 파랗다. 위의 빨강은 양을 나타내고 아래 파랑은 음을 상징한다. 이것은 우주의 양립성을 나타낸다. 각 모서리에 검정 막대기가 있다. 막대기들은 평형, 장수, 영원 그리고 4방향을 나타낸다. 이 국기는 19세기부터 사용해 왔다.

2. 국화
꽃은 아름답고 오래 지속된다. 나무는 강해서 꺾꽂이로도 자란다. 이것은 이 나라의 영원과 번영과 발전의 상징이다. 자주, 빨강, 흰색 꽃은 가지와 잎 사이에서 핀다.

3. 나라새
까치는 고대로부터 한국인들 사이에서 기쁨과 환희의 상징으로 여겨졌다. 그것은 우리의 국조이다.

4. 언어
우리나라는 우리의 언어가 있다. 우리는 그것을 '한글'이라고 부른다. 한글 음성은 24자로 구성되어있고, 자음 14, 모음 10자이다. 이것은 세상에서 가장 간단하고 효과적으로 쓸 수 있는 수단의 하나이다. 1443년에 조선 왕조의 4대 왕인 세종 임금이 학자단체에 음성체계를 연구하라고 지시했다. 그때부터 사용해 왔다.

QUESTION

1. Our national flag symbolizes the cosmos. The basic color is white and there is a circle in the center. There are black bars at each corner. What do they symbolize?

→ Our flag symbolizes the cosmos. The basic color is white. There is a circle in the middle. The circle is divided into two parts.

The upper part is red, representing the positive, and the lower is blue, indicating the negative. Two opposites express the dualism of the cosmos. There are black bars at each corner. The bars express the balance, longevity and 4 directions. This flag has been used since the 19th century.

2. Do you know why the cosmos was chosen as the symbol of our national flag? Please, tell me the hidden story?

→ When the Minister Park Young Hyo of the Chosun Dynasty went to Japan, our nation didn't possess a national flag. He saw the Japanese national flag, and heard that the flag would symbolize the sun. He saw the American flag and it had stars on it. He and his company thought it over and chose the cosmos as the symbol of our national flag. Because the cosmos is bigger than the sun, and the sun is nothing but a spot in the cosmos. In the meaning, our nation is the biggest in the world.

*~에 불과하다=nothing but

3. 일본국기는 어떻게 생겼으며 무엇을 상징합니까?
→ 바탕색은 흰색이고 가운데 원이 있다. 원은 빨강이고, 떠오르는 해를 상징합니다.

4. 미국 국기는 어떻게 생겼으며, 무엇을 나타냅니까?
→ 왼쪽 윗부분에 50개의 별이 있다. 그 별은 현재의 50주를 나타낸다. 오른쪽에 13개의 줄이 있고, 13개의 줄은 최초의 독립 13주를 나타낸다. 이것을 별과 줄의 기(성조기)라고 부릅니다.

5. 우리나라의 꽃은 무엇이며, 그 꽃은 무엇을 표현합니까?
→ 우리나라의 꽃은 무궁화입니다. 그 꽃은 영원, 번영, 발전을 나타냅니다.

6. 우리나라의 언어는 몇 자로 구성되어 있습니까? 그것은 언제 발명했나요?
→ 우리나라의 언어는 24자로 구성되어 있습니다. 그것은 약 600년 전에 조선 왕조의 4대 왕인 세종대왕이 발명했습니다.

7. 까치는 무엇을 상징합니까?
→ 까치는 환희와 기쁨을 상징합니다.

8. 당신이 아침에 까치를 보면, 좋은 일이 일어날 것이라고 생각합니까?
→ 글쎄요, 까치는 기쁨을 상징한다지만, 좋은 일은 일어날 것 같지 않습니다.

3. What does the Japanese flag look like and what does it symbolize?
→ There is a circle in the center. The circle is red. It symbolizes the sun.

4. What does the American flag look like? What does it represent?
→ There are 50 stars on the left upper side. They represent the current 50 states. There are 13 stripes on the right side and they express the first 13 independent states. It is called 'The stars and stripes'.

5. What is our national flower and What does it express?
→ The rose of Sharon is our national flower. It is a symbol of everlasting, prosperity and development of our nation.

6. How many letters does our language invented?
→ Our language consists of 24 letters. It was invented approximately 600 years ago by the King Sejong of the Chosun Dynasty.

7. What does the magpie symbolize?
→ It symbolizes the pleasure and delight.

8. If you see the magpies in the morning, do you think a good thing will happen to you?
→ Well, although the magpies symbolize the pleasure, good things won't happen to me.

38. 대화주제: 충고와 제안

Dear Liz,

I just received your letter and I want to let you know my opinion of your plans for the future. I hope you won't take offense, but will accept what I say here as some fatherly advice. I was quite surprised when I read in your letter that you had decided not to finish your studies at the university.

I realize that Peter wants you to marry him this summer. But with only one more year to go, you would be well advised to finish. A year is really a short time, and later you will be glad you postponed getting married.

As you know, my reaction to Peter was extremely favorable when I met him. He's an exceptionally fine young man and should be a good husband. But I suggest you complete your education first.

You are twenty-one, a grown-up young lady old enough to make up your own mind. This is something you'll have to work out yourself.

As your uncle, I have always tried not to interfere in your affairs and I don't intend to begin now. But, my dear niece, please do consider my words very carefully before you decide. Whatever you do, though, Liz. you know I only want one thing for you, and that is your happiness.

Affectionately, Uncle Tom

질문

1. 누가 당신에게 아버지다운 조언을 주면 당신은 성질을 낼 겁니까 아니면 그것을 받아 드리겠습니까?
→ 내가 조언이 필요한 경우에는, 그것을 받을 수도 있다. 그러나 내가 필요하지 않으면, 나는 그것을 결코 받지 않을 것입니다.

2. 대학에서 당신 남자친구가 결혼하자고 요청합니다. 당신은 일 년 남았습니다. 어떻게 하시겠습니까?
→ 나의 남자친구가 결혼하자고 요청합니다. 나는 결혼을 연기할 것입니다.

3. 나에 대한 당신의 반응은 무엇입니까?
→ 당신에 대한 나의 반응은 호의적입니다. 당신은 훌륭한 남자(여자)입니다.

4. 당신은 자신의 마음을 결정하기에 충분히 다 큰 숙녀(어른) 입니까?
→ 나는 자신의 마음을 결정하기에 다 큰 성인입니다.

5. 결혼하는 것은 스스로 해결해야 할 어떤 일 입니까 아니면 당신은 남의 의견을 따라야 하는 일인가요?
→ 결혼하는 것은 내가 해결해야 할 어떤 일 입니다.

38. SUBJECT: ADVICE AND SUGGESTION

사랑하는 리즈에게,

나는 금방 너의 편지를 받았고, 나는 너의 향후 계획에 대한 나의 의견을 너에게 알려주고 싶다. 나는 네가 기분이 상하지 않기를 바라지만, 내가 여기서 하는 말을 아버지같은 충고로서 받아들이기를 바란다. 나는 네가 대학에서 공부를 마치지 않기로 결정했다는 너의 편지를 읽었을 때 아주 놀랐었다.

나는 피터가 올해 여름에 네가 그와 결혼하기를 원한다는 것을 알고 있다. 하지만 이제 1년밖에 남지 않았으니 마무리하는 것이 좋을 것이다. 일 년은 정말 짧은 기간이고, 나중에 너의 결혼을 연기한 것을 기뻐할 것이다.

너도 알다시피, 피터에 대한 나의 반응은 아주 호의적이다. 내가 그를 만났을 때 그는 훌륭한 젊은이고, 좋은 남편이 될 것이다. 그러나 나는 너의 교육을 먼저 끝마치라고 제안한다.
너는 21살이고, 자신의 마음을 결정하기에는 충분한 젊은 숙녀이다. 이것은 네 스스로 해결해야 할 것이다. 너의 삼촌으로서, 나는 항상 너의 문제에 간섭하지 않으려고 노력했고, 나는 지금도 시작할 작정은 아니다. 그러나 나의 사랑하는 조카야, 네가 결정하기 전에 아주 신중히 내 말을 고려해다오.
비록 네가 무엇을 하든지, 리즈. 나는 단지 너를 위해서 한 가지를 원하며 그것은 너의 행복이다.

애정으로, 삼촌 탐

QUESTION

1. If anyone gives you fatherly advice, will you take offense or will you accept it?
→ In case I need an advice, I may take it. But when I do not need any advice, I will never accept it.

**2. Your boyfriend asks you to marry him in the university.
You have only one more year to go. What would you do?**
→ My boyfriends wants me to marry him. I am going to postpone it.

3. What is your reaction to me?
→ My reaction to you is favorable. You are a fine man(woman).

4. Are you a grown-up lady old enough to make up your own mind?
→ Of course, I am a grown-up lady. Don't you see that by looking at?

5. Is getting married(marriage) something you'll have to work out yourself or have you got to follow other's opinion?
→ Getting married is something I'll have to work out myself.

6. 오늘 당신 자신이 구상해야 할 어떤 일이 있나요?

→ 나 자신이 오늘 구상해야 할 일은 없습니다.

7. 내일은 집에서 무엇을 구상해야 할 것 같습니까?

→ 내가 구상해야 할 것은 없습니다.

8. 당신은 부인(남편)문제에 간섭합니까? 아니면 간섭 안 하려고 노력합니까?

→ 나는 부인 문제에 간섭합니다. 내가 간섭을 안 하면, 우리는 부부가 아닙니다.

9. 당신은 당신이 하고 싶은 대로 할 수 있습니까?

→ 비록 내가 하고 싶다고 해서, 내 마음대로 할 수가 없습니다. 그것이 남에게 해를 줄 수도 있으니까.

10. 당신은 어떤 일을 결정하기 전에, 부모의 말을 주의 깊게 고려합니까?

→ 비록 나중에 후회할지라도, 나는 어떤 일을 결정하기 전에 부모의 말을 주의 깊게 고려하지 않습니다.

11. 내가 참견할 일이 아니지만, 당신은 돈을 낭비해서는 안 됩니다. 내 말을 명심하시겠습니까?

→ 나는 돈을 낭비하지 않습니다. 당신 말대로, 그것은 당신이 참견할 일이 아닙니다.

12. 당신이 무엇을 하든지, 당신 부모는 당신을 위해서 한 가지만을 원합니다. 그것은 무엇이지요?

→ 내가 무엇을 하든, 나의 부모는 나를 위하여 한 가지만을 원합니다. 그것은 나의 행복과 성공입니다.

13. 당신은 외국어에 관심을 둡니까? 당신은 헛수고하고 있습니까?

→ 나는 외국어에 관심을 둡니다. 나는 헛수고 하지 않습니다.

14. 당신은 여자(남자)에게는 관심을 두지 않으세요?

→ 아니요, 나는 여자에게 관심을 둘 여유가 없군요.

6. Is there anything that you have to figure out yourself?
→ There is nothing that I have to figure out myself today.

7. What do you have to figure out at home tomorrow?
→ There is nothing I have to figure out myself.

8. Do you interfere in your wife's affairs or try not to interfere?
→ I interfere in my wife's affairs. If I don't do it. We are not a wife and husband.

9. Can you do what you want?
→ Although I want to do something, I can't do it as I want. Because it may harm others.

10. Before you make up your mind about something, do you consider your parents words carefully?
→ Although I regret later, I don't consider my parents words before I make up my mind about something.

11. It's none of my business, but you must not waste money.
Will you keep my words in your mind?
→ I don't waste money. As you said, it's none of your business.

12. Whatever you do, your parents want one thing for you. What is it?
→ Whatever I do, my parents want one thing for me. That is my happiness and success.

13. Do you pay attention to a foreign language? Do you waste your breath?
→ I pay attention to a foreign language but I don't waste my breath.

14. Don't you pay attention to women?
→ No, I can't afford to pay attention to women.

39. 대화 주제: 음악

A: I went to a concert last night to hear the Symphony Orchestra.
   They played beautifully. Do you like classical music?

B: No, I don't care for classical music very much. I like folk songs.
   I find that listening to one man playing a guitar and singing folk ballads is an exciting experience. You don't care for folk songs, do you?

A: Yes, I do enjoy folk music. Just because I like classical music doesn't
   mean I don't enjoy other kinds. I like jazz and popular songs, too. Do you play a musical instrument?

B: Yes, I play the trumpet. At one time I ever thought of becoming a
   professional musician and playing in a dance band. You play the piano, don't you?

A: Yes, I've played the piano for even fifteen years. I've given several
   recitals and have had my compositions performed by some well-known orchestras. Have you ever done any composing?

B: I've composed a few melodies-nothing very professional.
   It takes imagination and artistry to write even a short piece of music. Its thrilling to hear your music performed by famous artists, isn't it?

질문

1. 당신은 교향악을 들으러 어젯밤에 음악회에 갔었습니다.
   당신은 고전음악을 좋아하십니까?
→ 예, 나는 어젯밤에 음악회에 갔었습니다. 나는 고전음악을 좋아합니다.

2. 어떤 사람이 기타를 치며 민요를 부르는 것을 듣는 것은 흥미 있는 경험이라고 생각합니까?
→ 어떤 이가 기타를 치며 민요를 부르는 것을 듣는 것은 흥미 있는 경험이지요.

3. 당신이 여기 와서 나하고 영어로 말하는 것은 좋은 경험인가요?
→ 그럼요, 내가 여기 와서 당신하고 영어로 말하는 것은 좋은 경험입니다.

4. 당신은 직업적인 음악가가 되는 것을 생각해 본 적이 있으세요?
→ 아니요, 나는 음악가가 되는 것에 대해 생각해 본 적이 없습니다.

5. 어떤 악기를 연주합니까?
→ 나는 기타를 칩니다.

6. 당신은 작곡을 해본 적이 있나요?
→ 예, 나는 전문적이 아닌 멜로디를 몇 곡 작곡해 본 적이 있습니다.

39. SUBJECT: MUSIC

A: 나는 어젯밤 교향악을 들으러 음악회에 갔었습니다. 아름답게 연주했지요.
당신은 고전음악을 좋아하십니까?

B: 아니오, 나는 고전음악을 별로 좋아하지 않습니다. 난 민요를 좋아합니다.
어떤 사람이 기타를 치며 민요를 부르는 것을 듣기란 흥미 있는 경험이라고 생각합니다. 당신은 민요를 좋아 안 하세요?

A: 예, 좋아합니다. 나는 민속음악을 즐깁니다. 내가 고전음악을 좋아한다고 해서
그것이 반드시 다른 음악을 즐기지 않는다는 뜻은 아닙니다. 나는 재즈와 팝송도 역시 좋아합니다. 당신은 악기를 연주합니까?

B: 예, 나는 트럼펫을 연주합니다. 한때는 직업적인 음악가가 되어서 무대 연주단에
서 연주해 볼까 하는 생각도 한 적이 있습니다. 당신은 피아노를 치지요, 그렇지요?

A: 예, 나는 15년 이상 피아노를 쳤습니다. 나는 리사이틀을 여러 번 열었고,
내 작곡이 유명한 오케스트라에 의해서 연주되기도 했습니다. 당신은 작곡을 해본 적이 있어요?

B: 나는 전문적이라고 할 수 없는 멜로디 몇 개를 작곡해 보았습니다.
짧은 곡일지라도 음악을 작곡하려면, 상상력과 예술적인 기교가 필요한 거죠. 당신 음악이 유명한 예술가에 의해 연주되는 것을 듣는 것은 감동적일 겁니다.

QUESTION

**1. You went to a concert last night to hear the symphony orchestra.
Do you like classical music?**
→ Yes, I went to a concert last night. I care for classical music.

2. Do you think that listening to one man playing a guitar and singing folk ballards is an exciting experience?
→ Yes, Listening to one man playing a guitar and singing folk ballads is an exciting experience.

3. Is your coming here and talking with me in English a good experience?
→ Certainly, my coming here and talking with you in English is a good experience.

4. Have you ever thought of becoming a professional musician?
→ No, I never given a thought about being a musician.

5. What musical instrument do you play?
→ I play the guitar.

6. Have you ever done any composing?
→ Yes, I've composed a few melodies-nothing professional.

7. 짧은 곡 일지라도 음악을 작곡하려면 상상력과 기교가 필요하다고 생각합니까?
→ 말할 필요가 없지요. 음악을 작곡하려면, 상상력과 기교가 필요합니다.

8. 당신은 이쁘다고(잘생겼다)해서 남자가 많습니까?
→ 꼭 그런 것은 아닙니다. 내가 잘생겼다고 해서, 남자가 많지는 않습니다.

9. 당신은 지금 돈이 없다고 해서, 당신은 돈을 못 번다는 뜻입니까?
→ 아니요, 지금 내가 돈이 없다고 해서 돈을 못 번다는 뜻은 아닙니다.

10. 창가에 앉아서 기타를 치며 노래를 부르는 것은 좋은 일이라고 생각합니까?
→ 시간 보내기에는 좋겠지요. 그러한 것을 싫어하는 사람도 있을 겁니다.

11. 음악이 없이는 당신은 하루도 지낼 수 없나요?
→ 꼭 그렇지는 않습니다. 나는 음악이 없어도 매일을 지낼 수 있습니다.

12. 음악을 얼마나 자주 감상하십니까?
→ 나는 시간이 있을 때마다, 음악을 감상합니다.

13. 당신은 회사에서 완전히 인정을 받고 있나요?
→ 물론, 나는 회사에서 완전히 인정을 받고 있습니다.

7. Do you think it takes imagination and artistry to write even a short piece of music?

→ Sure, it goes without saying. It takes imagination and artistry to write a piece of music.

8. Just because you are goodlooking, do you have many boy-friends?

→ It's not exactly. Just because I am goodlooking doesn't mean that I have a lot of boy-friends.

9. Just because you don't have money, does it mean you can't make money?

→ No, Just because I don't have money doesn't mean I can't earn money.

10. Do you think that sitting beside the window, playing the guitar and singing a song is a good thing?

→ It would be nice to spend time. But there are people who dislike such a thing.

11. Can't you spend even a day without music?

→ Not exactly, I can spend everyday without music.

12. How often do you appreciate music?

→ Whenever I have time, I appreciate music.

13. Are you appreciated fully in your company?

→ Of course, I am fully appreciated in my company.

*appreciate는 인정하다, 감상하다, 감사하다. 3가지로 가장 많이 씀.

40. 대화 주제: 부자와 가난한 자

Every morning at eleven o'clock, a shiny Rolls Royce drove through Central Park in New York City. Inside the car sat a chauffeur and his employer, a well-known millionaire. Each morning the millionaire noticed a poorly-dressed man sitting on a park bench. The man always sat staring at the luxurious hotel in which the millionaire lived.

One day, the millionaire was so curious about the man that he ordered his chauffeur to stop the car. He walked to the bench and said to the poor man.
"Excuse me, but I just have to know why you sit staring at my hotel every morning." "Sir," said the man, "I'm a failure. I have no money, no family, no home. I sleep on this bench, and every night I dream that one day I will sleep in that hotel."
The millionaire had an idea. He felt very pleased with himself as he said, "Tonight your dream will come true. I'll pay for the best room in that hotel for you for a whole month." And that is exactly what happened-except for one strange thing.

A few days later, the millionaire went by the man's room to ask him how he was enjoying himself. To his surprise, he found that the man had moved out of the hotel, back to his park bench.

질문

1. 만일 당신이 유명한 백만장자가 된다면, 당신은 운전사를 고용할 겁니까?
→ 물론, 좀 더 편하고 편리하기 위해서.

2. 당신은 공원 의자에 앉아 있는 누추한 복장의 남자를 목격한다면, 당신은 그에게 돈을 제공할 겁니까?
→ 만일 그 거지가 기형인 사람이거나, 불구인 사람이라면, 나는 그에게 약간의 돈을 줄 것입니다. 그러나 그가 정상인이라면, 나는 지나칠 것입니다.

3. 불구자가 기어 다니면서, 그의 수레를 밀며 돈을 구걸할 때, 당신은 어떻게 합니까?
→ 나는 주머니에서 동전을 꺼내서 그에게 던져줍니다.

4. 때때로, 당신은 먼 산을 응시하며 앉아 있으면, 피로가 풀립니까?
→ 내가 먼 산을 응시하면서 앉아있으면, 그것이 기분전환이 될 수 있습니다.

5. 당신은 무엇에 대해 호기심이 있습니까?
→ 나는 내 미래에 대해서 호기심이 있습니다.

6. 만일 당신이 운전사가 있다면, 당신이 거지를 목격할 때, 운전사에게 차를 세우라고 명령하고, 그에게 걸어가서 그의 소원을 물어볼 겁니까?
→ 내가 미쳤습니까? 왜 내가 거지에게 걸어가서 그의 꿈과 소원을 알아야 합니까? 그것은 나와 아무런 상관이 없습니다.

40. SUBJECT: RICHMAN AND POORMAN

매일 아침 11시, 번쩍번쩍 빛나는 롤스로이스 한대가 뉴욕에 있는 중앙공원을 지나갔다. 차 안에는 운전사와 그의 고용주, 유명한 백만장자가 앉아 있었다. 매일 아침 그 백만장자는 공원 벤치에 앉아있는 초라한 옷차림의 남자를 목격했다. 그 남자는 백만장자가 살고 있는 호화로운 호텔을 노려보면서 앉아 있었다.

어느 날, 그 백만장자는 그 남자에게 너무나 호기심이 생겨서 그는 그의 운전사에게 차를 세우라고 명령했다. 그는 벤치에 걸어가서 가난한 남자에게 말했다.
"실례합니다만. 나는 당신이 왜 매일 아침 나의 호텔을 노려보면서 앉아 있는지 알아야겠습니다." "예", 그 남자는 대답했습니다. "나는 실업자입니다. 돈도 없고, 가족도 없고, 집도 없습니다. 나는 이 벤치 위에서 잡니다. 그리고 매일 밤 나는 언젠가 그 호텔 안에서 잠잘 것이라는 꿈을 꿉니다."
그 백만장자는 생각이 떠올랐다. 그는 그가 말할 것이 기분이 좋게 느껴졌다. "오늘 밤, 당신의 꿈이 현실로 이루어질 것입니다." 내가 한 달간 당신을 위해서 호텔에 가장 좋은 방을 지불해주겠습니다." 그것은 그대로 이루어졌다- 한 가지 이상한 일을 제외하고.

며칠 후에 그 백만장자는 그가 어떻게 즐기는지 물어보려고 그 남자의 방을 들렸다. 놀랍게도, 그는 그 남자가 호텔을 나와서 그의 벤치로 돌아간 것을 알았다.

QUESTIONS

1. If you become a well-known millionaire, will you hire a chauffeur?
→ Of course, in order to be more convenient and comfortable.

2. If you notice a poorly dressed man sitting on a park bench, are you going to offer him some money?
→ If the beggar is a disabled person or a deformed man, I'll give him some money but if he is a normal person, I'll pass by him.

3. When a disabled man is creeping and pushing his cart and begging for money, what do you do?
→ I take coins out of my pocket and throw them to him.

4. From time to time, if you sit staring at the far mountains, can you relax?
→ If I sit staring at the far mountains, it could be a good relaxation.

5. What are you so curious about?
→ I am curious about my future.

6. If you have a chauffeur, when you notice a poorly dressed man, will you order him to stop the car and walk to the bench and ask his wish?
→ Am I crazy? Why do I have to walk to the beggar and know his dream and wish? It doesn't make any difference to me.

7. 언제 당신의 꿈이 실현될 것이라고 생각합니까?
→ 나의 소원은 가장 빨리 이루어질 겁니다.

8. 당신은 몇 번이나 이사했나요?
→

9. 이 주제에서, 이 거지는 왜 호텔에서 나와 공원 벤치로 돌아갔습니까? 당신은 이유를 알아맞힐 수 있습니까?
→ 벤치에서 자는 것이 호화로운 호텔에서 자는 것보다 더 편하니까요. "한번 거지는 항상 거지다."라는 속담처럼.

10. 만일 거지가 열심히 일하면, 당신은 그가 부자가 될 것이라고 생각합니까?
→ 아니요, 거지는 자기의 천성이나 성격을 바꿀 수 없습니다. 그 결과 그는 절대 열심히 일하지 않을 것이며, 부자가 될 수 없습니다.

7. When do you suppose your dream will come true?
→ My wish will come true soonest.

8. How many times have you moved your house?
→

9. In this subject, why did the beggar move out of the hotel and back to his park bench? Can you guess why?
→ Sleeping on the bench is more comfortable than sleeping in the luxurious hotel. "Once a beggar is always a beggar."

10. If a beggar works hard, do you think he'll be rich?
→ No, the beggar cannot change his character and nature. Therefore, he will never work hard and never be rich.

41. 대화 주제: 별난 여자

Liz Taylor was a very ambitious and energetic person. She didn't have much in common with other girls in her school, however. She played football better than most boys, and unfortunately, she made a rather bad impression on many of her teachers. Liz just didn't act the way they thought a girl should.

She studied at a university and later took a job as a typist. Although she was enthusiastic and did her best, she made many mistakes and was poorly paid. She didn't want to be a typist anyway, she dreamed of becoming a pilot! Liz moved to London, borrowed some money, and learned to fly. Nobody, however, wanted to hire a female pilot.

She decided to fly alone to Australia to prove that she could fly as well as any man. Her parents lent her money to buy an airplane.

Liz set off on May 5, 1930. Her route took her over Vienna, Constantinople, and Baghdad. She was caught in a sandstorm and had to make an emergency landing in the desert. But she landed in India six days later.

She had broken the record to India by two days. Over Burma she ran into a monsoon, and was able to save herself only by landing on a football field. She finally reached Australia. The plane propeller had been broken during her last landing, and she had to crash-land. But Liz had proven that she could fly and that a woman could do most anything she really put her mind to.

질문

1. 당신은 매우 정력적이고 야심적인 사람입니까?
→ 나는 야심적인 사람이 아니고 정력적인 사람입니다.

2. 당신은 나와 공통점이 있습니까? 당신의 관점에서?
→ 예, 나는 당신과 많은 공통점을 가지고 있습니다. 우리는 같은 처지에 있으니까요.

3. 당신은 남보다 더 축구를 잘 할 수 있습니까?
→ 천만에요, 나는 축구를 하지 않습니다.

4. 당신은 회사에서 상사에게 좋은 인상을 주나요, 아니면 나쁜 인상을 주나요?
→ 나는 상사에게 좋은 인상을 주려고 노력하지만, 그것이 어렵습니다.

5. 당신은 아기가 하는 그런 짓을 합니까, 아니면 어른이 해야 하는 짓을 합니까?
→ 나는 어른이므로, 어른답게 행동합니다.

6. 당신은 비록 열중하고 최선을 다해도 당신은 항상 실수합니까, 아니면 당신은 정확합니까?
→ 만일 내가 열중하고 최선을 다하면, 실수를 안 할 겁니다.

41. SUBJECT: AN UNUSUAL WOMAN

리즈 테일러는 아주 야심적이고 정력적인 사람이었습니다. 그렇지만 그녀는 학교에서 다른 소녀들과 공통점이 많지 않았습니다. 그녀는 대부분의 소년보다 더 축구를 잘했고, 불행히도, 그녀는 그녀의 많은 선생님들에게 꽤 나쁜 인상을 남겼습니다.
리즈는 그저 그들이 생각하는 소녀처럼 행동하지 않았습니다.

그녀는 대학에서 공부했고 나중에 타이피스트로 직업을 얻었습니다. 비록 그녀는 열심히 했고 최선을 다했지만, 그녀는 많은 실수를 했고, 급료는 조금 받았습니다. 그녀는 어쨌든 타이피스트가 되기를 원치 않았습니다. 그녀는 파일럿이 되는 꿈을 꾸었습니다. 리즈는 런던으로 이사 갔고, 약간의 돈을 빌려서 비행술을 배웠습니다. 그러나 아무도 여성 비행사를 채용하기를 원하지 않았습니다.

그녀는 남자들처럼 비행할 수 있다는 것을 입증하기 위해서 호주까지 단독 비행하기로 결심했습니다. 그녀의 부모님은 그녀에게 비행기를 살 돈을 빌려주었습니다.
리즈는 1930년 5월 5일에 출발했습니다. 그녀의 항로는 비엔나, 콘스탄티노플, 바그다드 상공이었습니다. 그녀는 모래폭풍에 걸려 사막에 비상착륙을 해야 했습니다. 그러나 6일 후에 인도에 착륙했습니다.

그녀는 이틀만에 인도까지 기록을 깼습니다. 버마상공에서 그녀는 몬순에 마주쳤고, 축구장에 착륙하여 목숨을 구할 수 있었습니다. 그녀는 마침내 호주에 도착했습니다. 비행기 프로펠러는 마지막 착륙 동안 망가졌습니다. 그녀는 충돌하며 착륙해야 했습니다. 그러나 리즈는 그녀도 비행할 수 있다는 것과 여성이 그녀의 마음에 갖고 있는 대부분 모든 것을 할 수 있다는 것을 증명했습니다.

QUESTION

1. Are you an energetic and ambitious person?
→ I am not an ambitious person but an energetic person.

2. Do you have something in common with me? From your point of view?
→ Exactly, I have much in common with you. Because we are in the same boat.

3. Can you play football better than other people?
→ No, negative. I don't play football.

4. Do you make a good impression or a bad impression on your superiors in your company?
→ I try to make a good impression on my superiors but it is hard.

5. Do you act(do) the way that a baby does or act the way that a grown-up should?
*adult= 성인, grown-up= 어른

→ Because I am a grown-up, I act the way that an adult should do.

6. Although you are enthusiastic and do your best, do you always make mistakes or are you correct?
→ If I am enthusiastic and do my best, I will not make mistakes.

7. 당신은 회사에서 열중하고 최선을 다한다면, 당신은 급료를 많이 받을까요?
→ 천만의 말씀입니다. 비록 내가 열중하고 최선을 다해도 내 급료는 똑같습니다.

8. 당신은 무엇이 되고자 하는 꿈을 꿉니까?
→ 나는 꿈을 안 꿉니다. 비록 부자가 되는 꿈을 꾸고 싶어도.

**9. 아무도 여성 파일럿이나, 여성 운전사를 채용하지 않습니다.
당신은 나에게 이유를 말씀해 주시겠습니까?**
→ 그것은 어려운 질문입니다. 우리가 알기로는, 여성은 겁을 쉽게 먹습니다.
그래서 아무도 여성 운전사나 여성 파일럿을 채용하기를 원하지 않습니다. 아마도 여자는 남자보다 약하기 때문입니다.

10. 여기에 오는 길에 당신은 교통 체증에 걸렸나요, 아니면 모래폭풍에 걸렸나요?
→ 여기에 오는 도중에, 나는 교통 체증에 걸렸지요. 모래폭풍은 시내에 없습니다.

11. 당신은 물에 빠졌습니다. 어떤 이가 당신을 구해 줍니다. 당신은 그 사람과 결혼하겠습니까?
→ 나는 그 질문에 대답할 수가 없습니다. 만일 내가 미혼이라면, 결혼할지도 모르겠습니다.

12. 어느 면에서, 우리는 일본인과 공통점이 있습니까?
→ 우리는 일본인과 공통점이 많습니다. 음식, 식사하는 방법, 한자, 사고방식 그리고 잠자는 방법 등.

13. 이번에는, 우리는 미국인과 공통점이 있나요?
→ 아니요, 우리는 그들과 공통점이 없습니다. 사고방식, 먹는 방식, 음식. 모두가 다릅니다.

14. 당신은 다른 사람처럼 능력이 있다는 것을 어떻게 입증할 수 있나요?
→ 나는 다른 사람처럼 능력 있는 사람이라는 것을 입증할 수 있습니다.
예를 들면, 나는 직업을 얻고 돈을 벌 수 있습니다.

15. 수업이 끝난 후에, 당신은 집으로 출발할 겁니까 아니면 약속 장소로 가실 건가요?
→ 수업이 끝난 후에, 나는 집을 향해서 떠날겁니다.
　*출발하다=be off, take off, depart, start, leave

7. If you are enthusiastic and do your best in your company, do you suppose you'll get much paid?
→ On the contrary, even though I am enthusiastic and do my best, my salary is the same.

8. What do you dream of becoming?
→ I don't dream. Even though I want to dream of becoming rich.

9. Nobody wants to hire a female pilot or a female chauffeur?
Could you tell me why?
→ It is a difficult question. To our knowledge, women get scared easily. So nobody wants to hire a female pilot or a female chauffeur. That is probably because women are weaker than men.

10. On the way here, were you caught in a traffic jam, were you caught in a sandstorm?
→ On my way here, I was caught in a traffic jam. There is no sandstorm in downtown.

11. You are drowned. Someone rescues you. Are you going to marry him(her)?
→ I cannot answer to the question. If I am a single, I might marry.

12. In which ways, do we have something in common with Japanese?
→ We have much in common with Japanese. Food, the way of eating, Chinese Character, the way of thinking and the way of sleeping.

13. This time, do we have something in common with American?
→ No, we don't have anything in common with them. The way of thinking, the way of eating and food. All are different.

14. How can you prove that you have an ability like others?
→ I can prove that I am a capable man as well as any man.
    For example, I can get a job and make money.

15. After the class, will you be off for your home or take off for the appointed spot?
→ After the class, I am going to be off for my home.

42. 대화 주제: 감자 깍기

Mr. Bush, a retired farmer, was surprised one day by a knock on the door of his lonely farmhouse. A salesman from the 'Lazypeel' Potato Peeler Company stood outside.
"Whatever You're selling, I'm not buying." growled Mr. Bush. "Let me give you a demonstration of this fantastic potato peeler, free of charge." said the salesman. "I'm convinced you'll find it so useful that you won't be able to do without it."

Mr. Bush didn't want any demonstration, and intended to peel his potatoes with a knife as he had always done. The salesman, however, would not give in.
He had a whole sack of potatoes with him, and promised he could peel every one in five minutes with the 'Lazypeeler'.
The salesman carried the potato sack into the kitchen and emptied it into the sink. Then he turned to Mr. Bush and said, "Now, if I don't feel all these in five minutes. I'll eat my hat. Where's the best place to plug in the peeler?"
Mr. Bush smiled slowly as he replied, "I hope you will enjoy eating your hat."
Why was Mr. Bush so sure that the salesman wouldn't be able to peel the potatoes in five minutes?

질문

1. 당신은 어떻게 감자를 깎습니까?
→ 나는 항상 해왔던 것처럼 칼로 감자를 깎습니다.

2. 감자 깎기 회사의 판매원이 당신의 집을 방문했습니다. 당신은 전기깎기를 살 겁니까?
→ 아뇨, 나는 어떤 깎기도 필요하지 않습니다. 왜냐하면, 나는 많은 감자를 먹지 않습니다.

3. 만일 당신이 지금 칼로 사과를 못 깎는다면, 당신은 손에 장을 지질수 있습니까?
→ 분명히, 만일 내가 칼로 사과를 못 깎는다면, 내 손에 장을 지지겠습니다.
   (모자를 먹을 겁니다) 사과를 깎는 것은 쉬운 일입니다.

4. 당신은 집에 도착해서, 만일 열쇠로 문을 못 연다면, 당신은 손에 장을 지질수 있나요?
→ 의심할 여지가 없지요. 문을 여는 것은 쉬운 일 입니다. 만일 내가 열쇠로 문을 못 연다면, 나는 손에 장을 지져야 합니다.

5. 당신은 어디에 깎기를 꽂지요?
→ 나는 벽에 있는 콘센트에 꽂습니다.

42. SUBJECT: THE LAZYPEEL PEELER

은퇴한 농부인 부시는 어느 날, 그의 쓸쓸한 농가의 문을 두드리는 소리에 깜짝 놀랐습니다. 래이지필 감자 깎기 회사의 판매원이 밖에 서 있었습니다.
"당신이 무엇을 팔고 있던지, 나는 사지 않을 거요."
부시는 으르렁댔습니다. "무료로 이 기가막힌 감자 깎기의 시범을 보여드리지요." 판매원은 말했습니다. "나는 당신이 이것이 너무 유용해서, 없으면 지낼 수가 없을 것을 확신합니다."

부시는 어떤 시범도 원하지 않았고, 그가 언제나 해왔던 것처럼 칼로 감자를 깎을 작정이었습니다. 그러나 판매원은 굴복하지 않았습니다.
그는 한 자루의 감자를 갖고 있었고, 레이지필러로 5분 안에 모든 것을 깎을 수 있다고 약속했습니다. 판매원은 부엌으로 감자 자루를 운반하여, 그것을 싱크대에 부었습니다. 그리고나서, 그는 부시에게 고개를 돌려서 말했습니다.
"자! 만일 내가 이 모든 것을 5분 만에 못 깎으면, *나는 모자를 먹을 겁니다.
이 깎기를 어디에 꽂는 것이 가장 좋습니까?"   *'내 손에 장을 지지겠다.' 는 의미임.

부시는 서서히 웃으면서 응답했습니다. "나는 당신이 모자 먹기를 즐기기를 희망합니다." 부시는 왜 판매원이 5분 안에 감자 껍질을 벗길 수 없으리라는 것을 확신했나요?

QUESTION

1. How do you peel your potatoes?
→ I peel potatoes with a knife as I have always done.

2. If a salesman from the potato peeler company visits your house, Are you going to buy the electric peeler?
→ Of course not, I don't need any electric peeler. Because I do not eat much potatoes.

3. If you can't peel apples with a knife right now, can you eat your hat?
→ Definitely, If I can't peel apples with a knife, I will eat my hat. Peeling apples is an easy thing.

4. The moment you get home, if you cannot open the door with the key, can you eat your hat?
→ No doubt about it. Opening the door is an easy thing.
If I can't open the door with the key, I should eat my hat.

5. Where do you plug in the peeler?
→ I plug in the outlet on the wall.   * outlet=콘센트

6. 판매원이 파는 물건을 당신은 신뢰합니까, 아니면 의심합니까?
→ 나는 그런 물건을 안 삽니다. 그것을 신뢰할 수 있거나 의심이 가거나.

7. 당신은 돈이 없이는 살 수 없을 정도로 유용하다고 생각합니까?
→ 맞습니다. 돈이 너무 유용해서 그것이 없으면 못 살 것 같아요.

8. 당신은 집이 너무나 중요해서 그것이 없이는 지낼 수 없을 것이라고 생각합니까?
→ 당연합니다. 집은 너무나 중요해서 그것이 없이는 지낼 수 없을 거라고 생각합니다.

9. 당신은 현재 이 기막힌 감자 깎기의 시범을 내게 보여줄 수 있습니까?
→ 아니요, 나는 감자 깎기의 시범을 보여줄 수 없습니다. 왜냐하면, 나는 어떤 감자 깎기도 가지고 있지 않습니다.

10. 만일 당신이 현금을 많이 가지고 다니면, 편리할까요? 아니면 위험할까요?
→ 만일 내가 현금을 많이 가지고 다니면, 그것은 위험할 것입니다.
물론, 현금은 편리하겠지요.

11. 왜 당신은 집에서 점심을 가지고 회사에 가서 먹지 않습니까?
→ 아침에 점심을 준비하는 것은 성가십니다. 또, 점심을 집에서 가져오는 사람이 없습니다.

12. 만일 당신이 집에서 점심을 안 가져오면, 당신의 생활 수준이 향상되었다는 뜻입니까?
→ 그런 것은 아닙니다. 집에서 점심을 가져오는 것은 나의 생활 수준과는 관계가 없습니다.

13. 당신은 내 앞에서 춤 시범을 보여줄 수 있습니까?
→ 미안합니다. 나는 사교춤을 배운 적이 없습니다.

6. Do you trust or doubt the goods that the salesmen sell?
→ I won't buy such goods. Either it is reliable or doubtful.

7. Do you think money is so useful that you won't be able to do without it?
→ Right, I think money is so useful that I won't be able to do without it.

8. Do you think the house is so important that you won't be able to do without it?
→ Naturally, I think the house is so important that I won't be able to do without it.

9. Can you give me a demonstration of this fantastic potato peeler?
→ No, I can't give you a demonstration of the potato peeler because I don't have any potato peeler.

10. If you carry much cash with you, will it be convenient or dangerous?
→ If I carry much cash with me, it'll be dangerous. Of course, cash would be convenient.

11. Why don't you carry your lunch from your house to the company and eat it?
→ Preparing lunch in the morning is a nuisance.
Also, there is no one who brings lunch from the house.

12. If you don't carry lunch from the house, does it mean that your living standard is enhanced?
→ It is not exactly. Bringing lunch from the house has nothing to do with my living standard.

13. Can you give me a demonstration of dancing in front me?
→ I am sorry. I never learned the ballroom dance.

43. 대화 주제: 불청객

Not long ago, a cousin of mine invited ten guests for lunch. To save herself some time and work, she ordered the food in advance- cold meat and salad from a nearby restaurant, bread and cake from the bakery, and wine from the local winery.

She set the table and put out all the food just before her guests were due. Then she waited for them on the front porch. When everybody had arrived, they went into the dining room, where my cousin found she had an uninvited guest. Her cat was sitting on the table, happily eating one of the portions of meat.

My cousin was very embarrassed but fortunately, her friends just laughed and told her not to worry. My cousin put the cat out, and they all shared the remaining portions of food. As coffee was being served, my cousin happened to glance out the window. Her cat was lying motionless in the yard. My cousin and her friends all jumped up from the table and rushed to the hospital. This was obviously a case of food poisoning. The doctor in the emergency room couldn't find anything wrong with them, however.

질문

1. 당신이 점심에 손님을 초대할 때, 시간을 아끼려고 근처 식당에서 음식을 주문할 겁니까, 아니면 직접 음식을 만들 겁니까?
→ 나는 직접 음식을 만듭니다. 나는 손님을 초대할 때, 음식을 식당에 주문하지 않습니다.

2. 당신은 어디에서 빵을 주문할 수 있나요?
→ 나는 빵집에서 빵을 주문할 겁니다.

3. 가끔, 당신은 근처 식당에 전화해서 피자를 배달시킵니까?
→ 물론입니다. 나는 일요일에 근처 식당에 전화해서 피자를 배달시킵니다.

4. 지금, 내가 커피숍에 전화해서 커피를 갖고 오라고 시켜도 됩니까? 그리고 당신이 커피값을 기꺼이 내실 수 있습니까? 어때요?
→ 기꺼이 하세요. 여기 있는 사람을 위해, 커피를 가져오도록 당신이 커피숍에 전화하세요. 나는 커피값을 기꺼이 지불하겠습니다.

5. 당신은 손님을 초청합니다. 손님이 오기 전에 미리 음식을 차리고, 모든 음식을 꺼내 놓을 겁니까?
→ 아니요, 일반적으로, 나는 손님이 도착한 후에 상을 차립니다. 만일 내가 미리 음식을 내놓으면, 음식이 식을 겁니다.

43. SUBJECT: AN UNINVITED GUEST

얼마 전에 나의 사촌은 점심에 10명의 손님을 초대했다. 일과 시간을 좀 아끼려고 그녀는 미리 음식을 주문했다. 고기와 샐러드는 근처 식당에서, 빵과 케이크는 빵집에서, 포도주는 현지 양조장에서.

그녀는 식탁을 차리고 그녀 손님이 도착하기 직전에 모든 음식을 내놓았다. 그러고 나서, 그녀는 현관에서 그들을 기다렸다. 모든 사람들이 도착했을 때, 그들은 식당으로 들어갔고, 제 사촌은 그녀가 초대받지 않은 손님이 있다는 것을 발견했다. 그녀의 고양이는 식탁에 앉아 있었고, 행복하게 고기 일 인분을 먹고 있었다.

내 사촌은 아주 당황했다. 다행히, 그녀 친구들은 웃기만 했고, 걱정하지 말라고 했다. 내 사촌은 고양이를 밖에 내어놓았다. 그리고 그들은 나머지 분의 음식을 나누어 먹었다. 커피를 따라주면서, 내 사촌은 우연히 창밖을 응시했다. 그녀의 고양이가 마당에 꼼짝않고 누워 있었다. 내 사촌과 그녀 친구들은 모두 테이블에서 뛰어나와 병원으로 돌진했다. 이것은 분명히 식중독의 한 사례였다. 그렇지만, 구급실에 있는 의사는 그들에게서 아무 문제도 찾지 못했다.

QUESTION

1. When you invite guests for lunch, to save yourself some time, will you order the food from a nearby restaurant or make the food yourself?
→ I make the food myself. When I invite guests, I don't order the food from a restaurant.

2. Where can you order bread and cake?
→ From the bakery.

3. Do you sometimes call the restaurant around the corner and have them deliver a pizza?
→ Of course, on Sundays, I sometimes call the restaurant around the corner and have them deliver a pizza.

4. At present, may I call the coffee shop and have them deliver several cups of coffee and then could you willingly pay for them? How is that?
→ Gladly, Why not- Go ahead!
Please, call the coffee shop to bring some coffee for everybody here. I'd be greatly happy to pay for them.

5. You invite guests. Before the guests are due, will you set the table in advance and put out all the food?
→ No. Generally, after the guests arrive. I'll set the table. If I set the table in advance, the food will be cold.

6. 당신은 친한 친구를 저녁에 초청합니다. 그때 불청객이 오면, 당신은 어떻게 처신하겠습니까?
→ a) 친한 친구를 내가 초청했는데, 그때 불청객이 오면, 나는 당황할 것입니다.
그러나 나는 그를 기쁘게 맞이하고, 그를 대접할 것입니다.
→ b) 나는 정중히 그에게 가라고 청할 것이다. 그리고 다시 오라고 할 것입니다.
왜냐하면, 상호 간에 그것은 불편하니까요.
→ c) 만일 그 사람이 눈치 있고 재치 있는 사람이라면, 내가 어떤 말을 하기 전에
그는 내 집을 떠날 것이고 다시 놀러 오겠다고 할 것입니다.

7. 당신은 커피를 따르면서, 상대를 쳐다볼 겁니까, 아니면 컵을 바라볼 겁니까?
→ 나는 커피를 따르면서, 나는 잔을 쳐다봐야 합니다. 만일 잔을 보지 않으면, 나는 커피를 엎지를 겁니다.

8. 당신은 식중독에 걸려 본 적이 있습니까? 본적이 있습니까? →

9. 만일 당신이 식중독에 걸린다면, 병원으로 돌진할 겁니까, 약국으로 갈 겁니까?
→ 만일 그 증상이 간단하면 나는 약국에 갈 것이고, 그 증상이 심각하면 나는 병원으로 돌진할 겁니다.

10. 식중독의 증상이 무엇입니까? 당신이 아는 대로 말해주세요.
그 증상은 구토, 설사, 붉은 점, 열 그리고 통증일 겁니다.

11. 당신은 방을 누구와 같이 씁니까(공유합니까)? *share= 같이쓰다, 공유하다.
→ 나는 방을 아내와 같이 씁니다.

12. 당신은 집에 도착하면, 당신은 아침에 먹었던 남은 음식을 먹습니까?
→ 예, 나는 아침에 먹던 음식을 먹어야 합니다. 음식은 귀중하니까요.

13. 당신은 많은 양의 고기를 먹습니까? 고기를 먹으면 힘이 납니까?
→ 나는 많은 양의 고기를 먹지 않습니다. 나는 채소로부터 힘을 얻을 수 있습니다.

6. You invite your intimate friends for dinner. At that time, an uninvited guest comes. How will you react? →
    a) When I invite my intimate friends for dinner, at that moment, an uninvited guest comes, I'll be embarrassed.
       But I'll be glad to have him and treat him nicely.
    b) I'll ask him to go cordially and come again later.
       Because it's inconvenient mutually.
    c) If the one is sensible and tactful, he may leave my house before I mention any words and he'll say "I am going to come again."

7. As you pour coffee, will you glance at your party or look at the glass?
   *pour= 따르다, party=상대방, (partner는 공동자, 짝, 과 구별)
→ As I pour coffee, I'll have to watch the glass. If I don't see the glass, I may spill water.　　*spill= 엎지르다

8. Have you ever had food poisoning?
→

9. If you get food poisoning, will you rush to the hospital or go to the drugstore?
→ If the symptom is minor. I'll go to the drugstore but the symptom is serious I will have to rush to the hospital.

10. What are the symptoms of food poisoning? Please, tell me as much as you know.
→ The symptoms may be vomiting, loose bowels, red spots, a fever and a pain.

11. With whom do you share your room?
→ I share my room with my wife.

12. When you get home, do you eat the remaining food (that was) eaten from the morning?
→ Yes, I have got to eat the remaining food eaten from the morning. Because food is valuable.

13. Do you eat many portions of meat? If you eat meat, can you gain strength?
→ I don't eat many portions of meat. But I can gain strength from vegetables.

44. 대화 주제: 교통사고

훈련횟수 ☐ ☐ ☐

The car was obviously traveling too fast when it overtook the truck on a curve. It skidded, collided with a telephone pole, and crashed into the waves of the Pacific below. The truck driver was able to pull the two passengers- a man and a boy- from the car onto the beach. The police and an ambulance arrived quickly on the scene, but for the driver of the car, it was too late. The man was dead, and the boy unconscious.

The ambulance sped the boy to the nearest hospital. There the police officers who were investigating the accident went through the papers they had found in the dead man's pockets. It looks as though they were on their way to the airport. There are two tickets here for Flight 561 to Singapore. Mr. Paul Cavendish... and James Cavendish.

Must have been father and son. The flight was at 7:15. There were probably afraid of arriving late. Some people never learn, do they? 'Better too late in this world than too early in the next.' A nurse came into the waiting room. "How's the boy, nurse?" "It's too early to tell. They'll have to operate." They've called in the best surgeon available. Meanwhile, in the operating room, the famous surgeon was ready. But the surgeon took one look at the boy and said, "I can't operate on this boy- he's my son!" How could this be?

질문

1. 당신이 버스를 타면, 그 버스는 과속합니까? 아니면 속도를 지킵니까?
→ 내가 버스를 타면, 그 버스는 속도를 지킵니다. 그러나 길에 차가 없으면 과속합니다.

2 당신은 차를 운전할 때 앞차가 천천히 가면, 그 차를 앞지를 겁니까?.
→ 나는 앞차를 앞지르지 않을 겁니다. 그 차를 따라갈 겁니다. 천천히 가는 것이 안전 제일 입니다.

3. 비 오는 날에, 한 버스가 과속했고, 미끄러지면서, 한강 다리와 충돌했고, 한강 속으로 곤두박질했습니다. 만일 그 현장에 당신이 있다면, 기꺼이 강으로 들어가서 물에 빠진 사람들을 구하시겠습니까?

4. 동아일보에 의하면, 충주호에서, 승용차 한 대가 택시를 앞지를 때 과속했습니다. 그 차는 미끄러지면서 장애물과 충돌했고, 호수 속으로 곤두박질했습니다. 택시 운전사는 승객들을 구할 수 없었습니다. 날이 어두웠고, 호수가 깊었기 때문이었습니다.
그는 경찰에 그것을 보고 했습니다. 경찰은 다음날 특별한 장비를 가져왔고, 차를 호수에서 꺼냈습니다.
거기에는 한 남자와 한 여자가 있었습니다. 그들은 부부가 아니었습니다. 그들은 하늘로부터 벌을 받았습니다.
처음부터 끝까지 이 사건을 얘기해 줄 수 있겠습니까?
→ 동아일보에 의하면, 충주호에서 승용차 한 대가 택시를 앞지를 때 과속했습니다. 그 차는 미끄러졌습니다. 장애물과 충돌하고, 호수 속으로 곤두박질했습니다. 택시 운전사는 승객을 구할 수 없었습니다. 어두웠고, 물이 깊었으므로. 그는 경찰에 신고했습니다. 다음날 경찰은 장비를 가져왔습니다. 그 차를 호수에서 꺼냈습니다. 그 차 안에는 한 남자와 한 여자가 있었습니다. 그들은 부부가 아니었습니다. 그들은 죄를 지었으므로, 하늘로부터 벌을 받았습니다.

44. SUBJECT: TRAFFIC ACCIDENT

그 차는 커브에서 트럭을 앞지를 때, 명백히 과속하고 있었습니다. 그 차는 미끄러지면서, 전봇대와 충돌했고, 태평양의 물결 속으로 곤두박질했습니다. 트럭 운전사는 두 명의 승객 -한 소년과 한 남자- 을 차에서 해변으로 끌어낼 수 있었습니다. 경찰과 구급차는 현장에 즉시 도착했지만, 그 차의 운전사를 위해서는 그것은 너무 늦었습니다. 그 남자는 죽었고 그 소년은 의식 불명이었습니다.

구급차는 가장 가까운 병원에 그 소년을 급송했습니다. 그 사건을 수사하던 경찰은 죽은 남자의 주머니에서 찾은 종이를 보았습니다. 이들은 공항에 가는 도중이었던 것처럼 보입니다. 싱가포르행 561번기의 비행기표가 2장 있었다. 폴 캐빈디쉬 와 제임스 캐빈디쉬.

부자지간임이 틀림없습니다. 그 비행기는 7:15분이었고, 늦게 도착할까 두려웠던 것 같습니다. 어떤 사람들은 배우질 않죠, 그렇죠? '이 세상에서 조금 늦는 것이 다음 세상에 조금 일찍 가는 것보다 났다는 것'을.

한 간호사가 대기실에 들어왔습니다. "소년은 어때요, 간호사?" "그것은 너무 일러서 말할 수가 없군요. 수술을 해야 한답니다." 그들은 가능한 좋은 외과 의사를 불렀습니다. 한편, 수술실에서 유명한 외과 의사는 준비돼 있었습니다. 그 외과 의사는 소년을 한번 보자 말했습니다. "나는 이 소년을 수술 못 하겠군요. 이 애는 내 아들입니다." 이것이 어떻게 된 일 입니까?

QUESTION

1. When you ride a bus, does the bus travel too fast or keep the speed?
→ When I ride a bus, the bus keeps the speed. But If there is no traffic on the road, the bus travels too fast.

2. When you drive a car, if your front car goes slow, will you overtake the car?
→ I won't overtake the front car. I'll follow the car. Going slow is the safety first.

3. On a rainy day, a bus travels too fast, skids and collides with a Han-river bridge and crashes into the river. If you are at the scene, can you willingly dive into the river and rescue the drowned people?
→ No, that's negative. It's impossible to go into the water and save the passengers. Because the water is deep and the special equipment is necessary in order to rescue the people. So, All I have to do is just watch the accident.

4. According to the Dong-A Newspaper, on the lake of Chungju, a passenger car travelled too fast when it overtook a taxi. It skidded, collided with the guard fence, and crashed into the lake. The taxi driver wasn't able to save the passengers, because it was dark and the lake is deep. He reported it to the police. The next day, the police brought the special equipment and took the car out of the lake. There were a man and a woman there. They were not a husband and wife. They were punished by the sky. Could you describe this accident from beginning to end?
→ On the Choong Ju lake, a passenger car travelled too fast, when it overtook a taxi. It skidded, collided with the obstacle, and crashed into the Lake.
☞ (이 이하는 위의 질문을 보면서 계속 묘사할 것)

5. 고속도로에서 아니면 시내 중 어디서 교통사고가 더 많이 발생합니까,
→ 교통사고는 어디서든지 일어납니다.

6. 당신은 교통사고를 본 적이 있습니까? 그 장면을 묘사해 볼 수 있겠습니까?

7. 당신은 교통사고로 정신을 잃어 본 적이 있나요?

8. 당신의 뒤차가 당신을 앞지르거나 당신 앞으로 끼어들기를 원한다면 당신은 기꺼이 기회를 줄 겁니까(양보합니까)?
→ 그럼요, 그 점에 있어서는 의심할 여지가 없지요. 기분 좋게 가도록 하지요.

9. 당신은 차를 운전할 때, 방어 운전을 할겁니까 아니면 거칠게 할 겁니까?
→ 나는 방어하고, 안전하게 운전할 겁니다.

10. 당신은 운전할 때, 술을 마시면, 무슨 일이 당신에게 발생할 것이라고 생각하십니까?
→ 내가 술 먹고 운전하면, 나는 경찰에 잡힐 것입니다. 나의 운전면허가 취소 될 것입니다. 나는 감옥에 갈 것입니다. 나는 벌금을 낼 것입니다.

11. 당신은 교통사고를 봅니다. 피를 흘리는 환자가 있습니다. 그를 당신 차로 가장 가까운 병원으로 급송할 것입니까?
→ 만일 거기에 경찰이 없다면, 나는 그를 나의 차로 가까운 병원으로 급송할 겁니다. 그러나 거기에 어떤 이가 있으면, 나는 하지 않을 겁니다.

12. 만일 당신이 죄를 범하면, 당신은 하늘로부터 벌을 받을까요?
→ 내가 죄를 짓는다고 해서 만일 내가 하늘로부터 벌을 받는다면, 이 세상에는 전쟁도, 죄인도, 나쁜 사람도 없을 겁니다.

5. Where do the traffic accidents take place more, on the express way or in downtown?
→ The traffic accidents take place in any places.

6. Have you ever seen a traffic accident? Can you describe the scene?

7. Have you ever been unconscious in an accident?

8. If your rear car wants to overtake you or cut in your front, are you willing to give him a chance(yield)?
→ Sure, there is no doubt about it in that respect. I'll be glad to let him go.

9. When you drive your car, do you drive defensively or roughly? drive defensively and safely.

10. When you drink, if you drive, what do you think will happen to you?
→ If I drink and drive. I'll be caught by the police. My license will be lost. I'll go to a jail. I'll be fined.

11. You see a traffic accident. There is a patient who is bleeding. Will you speed him to the nearest hospital in your car?
→ If there is no policeman, I am going to speed him to the nearest hospital. But if there is someone there, I won't do it.

12. If you commit a crime, will you be punished by the sky?
→ Just because I commit a crime, If I get punished by the sky, There is no war, no criminal, no bad man in this world.

45. 대화 주제: 취미

From Monday until Friday most people are busy working or studying, but in the evenings and on weekends they are free to relax and enjoy themselves. Some watch television or go to the movies; others participate in sports. It depends on individual interests. There are many different ways to spend our spare time.

Almost everyone has some kind of hobby. It may be anything from collecting stamps to making model airplanes. Some hobbies are very expensive, but others don't cost anything at all. Some collections are worth a lot of money; others are valuable only to their owners.

On the other hand, my youngest brother collects matchboxes. He has almost 600 of them but I doubt if they are worth any money. However, to my brother they are extremely valuable. Nothing makes him happier than to find a new matchbox for his collection. That's what a hobby means, I guess. It is something we like to do in our spare time simply for the fun of it. The value in dollars is not important, but the pleasure it gives us is.

질문

1. 월요일부터 금요일까지, 당신은 일하는데 바쁩니까, 아니면 자신을 즐기는데 바쁩니까?
→ 월요일부터 금요일까지, 나는 일하고 공부하느라 매우 바쁩니다.

2. 당신은 언제 휴식을 취하고 즐기실 수 있습니까?
→ 나는 일과 후나 일요일에 휴식을 취하고 즐길 수 있습니다.

3. 어떤 사람들은 TV 보거나 영화를 보러 가거나 운동에 참여합니다. 당신은 어떻게 한가한 시간을 보냅니까?
→ 나도 남들처럼 TV를 봅니다. 일요일이면, 나는 여행을 합니다.

4. 대부분 모든 이는 어떤 종류의 취미를 갖고 있습니다. 당신의 취미는 무엇입니까?
→ 솔직히, 나는 특별한 취미가 없어요.

5. 어떤 취미는 아주 비싸고, 어떤 취미는 전혀 비용이 들지 않습니다. 그것들이 어떤 것입니까? 당신은 나에게 말해 볼 수 있습니까?
→ 성냥갑 수집, 병뚜껑 수집, 곤충 수집은 비용이 안 들겠지요. 그러나 동전 수집, 보석 수집은 비용이 많이 듭니다.

6. 가장 기분전환이 되고 즐길만한 취미가 무엇일까요? 한번 생각해 보세요. 물론, 비용이 안 드는 것.
→ 기분전환이 되고 즐길만한 취미! 낚시와 명상은 비용이 안 들 것입니다.

45. SUBJECT: HOBBIES

월요일부터 금요일까지 대부분 사람들은 업무나 공부에 바쁘지만, 저녁이나 주말이면 그들은 자신을 즐기거나 휴식하는데 자유롭다. 어떤 이는 텔레비전을 보거나 극장에 가고, 다른 이는 운동에 참여한다. 그것은 각자의 흥미에 달렸다. 우리의 여가를 보내는데 많은 다른 방법이 있다.

대부분 모든 이는 어떤 종류의 취미를 갖고 있다. 그것은 우표수집에서부터 모형 비행기를 만드는 것까지 무엇이든 될 수 있다. 어떤 취미는 아주 비싸고, 어떤 취미는 전혀 비용이 안 든다. 어떤 수집품은 많은 돈의 가치가 있고, 어떤 것은 그들 소유자에게만 가치가 있다.

한편, 나의 막내 동생은 성냥갑을 수집한다. 그는 거의 600개를 갖고 있지만, 나는 그것들이 어떤 돈의 가치가 있는지 의심스럽다. 그렇지만, 내 동생에게는 그것들은 상당히 귀중하다. 그의 수집을 위해서 새로운 성냥갑을 찾는 것보다 그를 더 행복하게 하는 것은 없다. 취미란 그런 것 같다. 그것은 단순히 재미로, 우리의 한가한 시간에 우리가 하고 싶은 것이다. 돈의 가치가 중요한 것이 아니고, 그것이 우리에게 주는 즐거움이 중요한 것이다.

QUESTION

1. From Monday until(to) Friday, are you busy working, or are you busy enjoying yourself?
→ From Monday to Friday, I am very busy working and studying.

2. When are you free to relax and enjoy yourself?
→ I am free to relax and enjoy myself after working and on Sundays.

3. Some watch television or go to the movies or participate in sports. How do you spend your free time?
→ I watch television like others. On Sundays, I make a trip.

4. Almost everyone has some kind of hobby. What is your hobby?
→ Frankly, I do not have any special hobby.

5. Some hobbies are very expensive, but others don't cost anything at all. What are they? Can you tell me about them?
→ Collecting matchboxes, bottle caps do not cost anything. But collecting coins and jewels cost a lot.

6. What is the hobby that is the most relaxing and enjoyable? Just think of it! Of course, the one which doesn't cost anything.
→ The avocation which is relaxing and enjoyable. Meditation and fishing do not cost anything.

7. 당신은 사진술이 재미있는 취미가 될 것으로 생각합니까?
→ 사진찍기는 재미있는 취미가 될 수 있지요. 흥미 있는 사람에게는.

8. 나는 우산 수집이나 빈 술병을 모아 보고 싶습니다. 그것들이 돈의 가치가 있을까요?
→ 말이 됩니다. 우산 수집도 돈의 가치가 있지요.

9. 단순히 재미로 당신의 한가한 시간에 당신은 어떤 가치 있는 것을 하고 싶나요?
→ 나는 단순히 재미로 어떤 가치 있거나 재미있는 것을 하고 싶습니다.

10. 당신은 일로부터 마음을 내려놓을 수 있는 (일을 잊을 수 있는), 어떤 흥밋거리가 필요하세요?
→ 나는 일을 잊을 수 있는 어떤 흥미 거리가 필요하지만, 하고 싶은 것이 없군요.

11. 당신은 어떻게 일로부터 마음을 내려놓을 수 있나요? (잊을 수 있나요?)
→ 나는 텔레비전을 보면서 일을 잊을 수 있습니다.

12. 외국어 배우는 것이 당신에게 취미인가요. 아니면 직업인가요?
→ 외국어 배우는 것은 나에게는 단순한 취미입니다.

13. 당신은 즐기려고, 아니면 재미로 노래를 부릅니까?
→ 나는 재미로 노래를 부릅니다.   기분전환으로.

14. 직업 말고 당신은 특별한 흥밋거리가 있나요?
→ 아니요, 나는 직업 말고 다른 흥밋거리는 없습니다.

7. Do you think that photography would be an interesting hobby?

→ Photography could be an interesting hobby. To the people who are interested in that.

**8. I'd like to collect umbrellas or empty liquor bottles.
Are they worth any money?**

→ It makes sense. Collecting umbrellas would be worth money.

9. Do you want to do anything valuable in your spare time simply for the fun of it?

→ I like to do anything valuable or funny simply for the fun of it.

10. Do you need any interest to get your mind off your work?

→ I need any interest to get my mind off my work. But there is nothing I want to do.

11. How can you get your mind off your work?

→ I can get my mind off my work by watching television.

12. Is learning foreign languages just an avocation with you or your profession?

→ Learning foreign languages is just my avocation.

13. Do you sing a song for your enjoyment or for the fun of it?

→ I sing a song for fun. *for relaxation.*

4. Do you have any special interests other than your job?

→ No, I don't have any special interests other than my job.

46. 대화 주제: 지리와 지형

The geographical location of a country and its physical characteristics are very important to its development and progress. The United States is very fortunate in this respect. First of all, It has a good climate. In almost all sections of the country it is possible to live comfortably during the whole year. It is true that in the south it sometimes gets very hot, and in the north very cold.

But the people who live in these regions become accustomed to the climate and never suffer very much when the weather is either very hot or very cold. In a large country there is usually a great variety of different physical characteristics. In the United States, there are wide plains and high mountains thousands of lakes and rivers of all sizes, cool forests and hot deserts, and a coastline several thousand miles long.

The many lakes and rivers, as well as the long coastline, have been of great importance to the development of the country, since they made it possible the easy transportation of people and all the things people need. Transportation by water is still necessary and important. In modern times, however, trains, automobiles, trucks and airplanes are doing much of the work which was formerly done by ships and boats.

질문

1. 왜 한 나라의 지리적인 위치는 그 나라의 발전에 중요하다고 생각합니까?
→ 한 나라의 지리적인 위치는 그 나라의 발전에 아주 중요합니다. 왜냐하면, 천연자원과 기후가 중요하기 때문입니다.

2. 한 사람의 가정환경은 왜 그 사람의 성장에 중요하다고 생각합니까?
→ 가정환경이 좋으면 그 사람은 잘 성장할 수 있고, 그가 원하는 것을 배울 수 있고, 그는 성공할 수 있습니다.

3. 한국의 지리를 설명해 주시겠습니까?
→ 한국은 아시아 대륙의 동쪽에 위치해 있습니다. 그것은 섬과 조그만 반도로 구성돼 있습니다.

4. 지리적인 면에서, 한국은 행운인가요 아니면 불운인가요?
→ 한국은 불운입니다. 이 나라는 천연자원이 빈약합니다.

5. 지리적인 면에서, 왜 미국은 행운인가요?
→ 그 나라는 천연자원이 풍부합니다. 기후도 좋습니다.

6. 한국의 기후는 무엇입니까?
→ 한국은 뚜렷한 4계절을 갖고 있습니다. 여름은 아주 덥고, 겨울은 아주 춥습니다. 봄과 가을은 살기에 좋습니다.

7. 날씨가 덥거나 추울 때, 당신은 대단히 고통을 받습니까?
→ 나는 한국 기후에 익숙합니다. 그러나 날씨가 더워지면, 나는 아주 고통을 받습니다.

46. SUBJECT: GEORGRAPHY

한나라의 지리적인 위치와 물리적 특성은 그 나라의 발달과 진보에 아주 중요하다. 이 점에 있어서 미국은 아주 행운이다. 무엇보다도 미국은 아주 좋은 기후를 갖고 있다. 국가의 모든 곳의 대부분은 한 해 동안 편안하게 사는 것이 가능하다. 남쪽에는 가끔 아주 덥거나, 북쪽은 아주 추운 것은 사실이다.

그러나 이 지역에 살고 있는 사람들은 기후에 익숙해지고, 날씨가 아주 덥거나 추울 때는 결코 크게 고통을 받지 않는다. 큰 나라에서는 보통 매우 다양한 물리적 특성이 있다. 미국에는 수천 마일 길이의 해안선과 뜨거운 사막, 시원한 숲과 모든 크기의 강, 수천 개의 호수, 높은 산과 넓은 평야가 있다.

긴 해안선뿐만 아니라 많은 호수와 강은 사람들과 사람들이 필요로 하는 모든 것들을 쉽게 운송할 수 있게 해주었기 때문에 나라의 발전에 매우 중요했다.
물에 의한 수송은 아직도 필요하고 중요하다. 하지만 현대에는 기차, 자동차, 트럭 그리고 비행기가 배와 선박에 의해서 행해졌던 많은 일을 하고 있다.

QUESTION

1. Why do you think the geographical location of a country is very important to its development?
→ The geographical location of a country is very important to its development. Because natural resources and climate are important.

2. Why do you think the house environment(surroundings) of a person is important to his progress?
→ If the house environment is good, the person can grow well and he can learn what he wants and he can make a success.

3. Could you describe the geography of Korea?
→ Korea is located to the east of Asia-continent. It's made up of small Peninsula and islands.

4. In respect to geography, is Korea fortunate or unfortunate?
→ Korea is unfortunate. The country is poor in natural resources.

5. In respect to geography, why is America fortunate?
→ The country is rich in natural resources. The climate is good.

6. What is the climate of Korea?
→ There are distinctive 4 seasons. It gets very hot in summer and very cold in winter. Spring and fall are good for living.

7. When the weather is hot or cold, do you suffer very much?
→ I am used to the Korean weather. But when the weather gets hot, I suffer very much.

8. 한국에도 다양한 외형 특성이 있습니까, 예를 들면 넓은 평야, 큰 호수, 숲, 사막, 긴 해안선 등?
→ 우리나라에는 사막, 넓은 평야, 큰 호수는 없습니다. 땅이 작습니다.

9. 우리나라는 산이 많습니다. 일본도 산이 많아요?   *mountainous=산이 많은
→ 우리나라는 산이 많지만, 나는 일본에 대해서는 잘 모르겠습니다.

10. 수상 운송 중요합니다. 무슨 물건을 배로 수송합니까?
→ 나무, 원유, 자동차, 가구 많은 양의 물건, 시멘트 등은 배로 수송합니다.

11. 비행기에 의한 수송도 중요합니다. 무슨 물건을 비행기로 수송합니까?
→ 사람, 귀중품, 우편물, 전자제품 급한 물건은 비행기로 공수합니다.

12. 비행기는 전에는 배, 기차가 했던 일을 합니까?
→ 그렇습니다. 비행기는 전에는 배, 기차가 했던 일을 하고 있습니다.

13. 지리적으로, 이 나라는 남반구에 위치해 있습니까?
→ 지리적으로, 이 나라는 북반구에 위치해 있습니다.

14. 이 지역의 땅은 언덕이고 돌투성인가요?
→ 그 반대입니다. 이 지역의 땅은 평평하고 포장이 되어있습니다.

15. 어디에 가면, 당신은 비포장도로나 벌판을 볼 수 있나요?
→ 내가 시외로 나가면, 나는 비포장도로나 벌판을 볼 수 있습니다.

16. 우리 주위에는 숲이나 나무가 우거진 장소가 있습니다. 숲은 생물이나 인간에게 필수적인 것을 제공합니다. 그 것이 무엇입니까?
→ 숲은 우리에게 산소를 제공합니다. 산소가 없으면 생물은 죽습니다.

17. 목재는 중요합니다. 나무로 무슨 물건을 만드나요?
→ 가구, 집, 종이를 나무로 만듭니다.

8. Is there a variety of physical characteristics in Korea? For instance; wide plains, large lakes, forests, deserts and long coastlines.
→ There aren't deserts, large plains and lakes. The land is small.

9. Our country is mountainous. Is Japan mountainous?
→ Our country is mountainous but I have no idea about Japan.

10. Transportation by water is important. What articles are transported by ships?
→ Wood, crude oil(petroleum), automobiles, furniture, large goods and cement are transported by ships.

11. Transportation by plane is important. What are flown by plane?
→ Humans, valuable goods, mail, electronic goods and urgent goods are flown by plane.

12. Airplanes are doing the work which was formerly done by ships and trains, aren't they?
→ That's right. Airplanes are doing the work which was formerly done by ships and trains.

13. Geographically, is this country located in the southern hemisphere?
→ Geographically, this country is located in the northern hemisphere.

14. Is the land in this region(area) hilly and rocky?
→ On the contrary, the ground in this area is plain and paved.

15. Where do you go and can you see the unpaved road and field?
→ If I go out to the suburbs, I can find the unpaved road and field.

16. There are forests and wooded sections around us. The forests offer essentials to living things and humans. What are they?
→ The forests offer us Oxygen. Living things die without Oxygen.

17. Lumbering(Timbering) is important. What things are made of wood?
→ Furniture, house and paper are made of wood.

47. 대화주제: 통신기기

There are few homes in the United States today that do not have either a radio or television set. Both of them have become an essential part of our daily life, keeping us informed of the news of the day. Marconi, the Italian inventor who gave us the radio, probably didn't realize what effects his great invention would have on the world in the years to come.

Radio has, perhaps, had as much influence on the world as any other communications device. Events of universal interest can be reported to the entire globe a few seconds after they happen. Explorers in remote areas, ships at sea, even astronauts circling the earth are able to keep in touch with civilization by means of radio.

Television is another major instrument of communication, permitting us to see as well as to hear the performer. Since its appearance, TV has had a tremendous effect on the daily life of people everywhere. Perhaps the most recent advancement of significance has been 'Telstar'. This specially-equipped space capsule, orbiting the globe, makes it possible for the entire world to be closer than ever before.

질문

1. 당신은 TV나 라디오가 없는 집이 있다고 생각합니까?
→ TV나 라디오가 없는 집은 없습니다.

2. 왜, TV는 일상생활의 필수적인 부분이 되었나요?
→ 우리는 TV를 매일 보고, 그것은 우리 일상생활에 많은 영향을 줍니다.

3. 당신은 라디오가 세상에 많은 영향을 주었다고 생각합니까?
→ 물론, 라디오는 출연 이후 세상에 막대한 영향을 주었습니다. 의심할 여지가 없습니다.

4. 당신은 우주인이 되어 지구를 돌고 싶나요?
→ 나는 우주인이 되는 것은 생각을 해본 적이 없습니다.

5. 공연자의 말을 들을 수 있을 뿐만 아니라 볼 수 있게 해주는 의사소통 수단은 무엇입니까?
→ 우리에게 공연자를 보고 들을 수 있게 해주는 통신기기는 텔레비전입니다.

6. 인공위성이 우리를 가능하게 만드는 것은 무엇입니까?
→ 텔스타는 전 세계를 더 가깝게 하는 것을 가능하게 합니다. 흥미로운 사건은 전 세계로 그것이 발생한 지 몇 초 후에 보고될 수 있습니다.

7. 우리나라에도 통신위성이 있습니까?
→ 우리나라는 위성을 쏘아 올렸습니다. 그것이 작동하고 있습니다. 그것은 앞으로 사용될 것입니다.

47. SUBJECT: THE INSTRUMENT OF COMMUNICATION

미국에서는 라디오나 TV를 갖고 있지 않은 집은 거의 없다. 그 둘 다 우리 일상생활의 필수적인 부분이 되어 그날의 소식을 우리에게 알려 준다.

우리에게 라디오를 주었던 이탈리아 발명가 마르코니는, 아마도 그의 위대한 발명이 앞으로 몇 년 동안 세상에 어떤 영향을 미칠지 깨닫지 못했을 것이다.

라디오는 아마도 다른 어떤 통신기구보다도, 세계에 많은 영향을 주었다. 보편적인 관심을 일으키는 사건은 그것이 발생 후, 몇 초 후에 전 지구에 보고될 수 있다. 먼 지역에 있는 탐험가, 바다에 있는 배, 지구를 선회하고 있는 우주선조차도, 라디오를 통해 문명과 접촉할 수 있다.

TV는 우리가 연기자를 보고 들을 수 있게 해주는 또 다른 주요 의사소통 수단입니다.
그것의 출현 이후, 텔레비전은 모든 곳에서 사람의 일상생활에 막대한 영향을 주었다. 아마도 가장 최근의 의미 있는 발전은 '텔스타(통신위성)'였다. 이것은 특별히 장치된 우주 캡슐이고, 지구를 비행하고, 전 세계가 전 보다 더 가까워지는 것을 가능하게 한다.

QUESTION

1. Do you suppose that there are homes that do not have either a radio or television set?
→ There are no homes that do not have either a radio or TV set.

2. Why has the television become an essential part of our daily life?
→ We watch TV everyday and TV has had much influence on our daily life.

3. Do you think that radio has had much influence on the world?
→ Sure, It has had a tremendous effect on the world since its appearance. There is no doubt about it.

4. Do you want to be an astronaut and circle the earth?
→ I never given a thought about being an astronaut.

5. What is the instrument of communication which permits us to see as well as to hear the performer?
→ The instrument of communication which permits us to see as well as to hear the performer is the television.

6. What is it that the satellite makes us possible?
→ The Telstar makes it possible for the entire world to be closer. Events of interest can be reported to the entire globe a few seconds after they happen.

7. Does our country have a communication satellite?
→ Our country shot the satellite. It is working now. It will be used in the years to come.

48. 대화 주제: 공휴일 계획

There's a holiday next week and I can't decide what to do. I have a lot of work to do at home, and this would be a good chance to do it. But I'd rather not spend the holiday that way. I can work at home all the rest of the year. Last year I went north to the mountains. Everything was beautiful, but it is too cold this time of year. And it's really too far to go for a short holiday.

I have decided that this is not a good time to go to the mountains. But I do want to go someplace. Perhaps this would be a good chance to go to the beach. I like to go for walks along the seashore in the warm sunshine and watch the water. It's only about eighty miles and I could get there in about two hours. After thinking it over, I'm sure that this is a better time for the seashore than the mountains. After giving it some more thought, I guess it wasn't really too cold last year, and perhaps it might rain at the seashore and I wouldn't enjoy it at all.

질문

1. 다음 주에 연휴가 있습니다. 당신은 집에서 할 일이 많습니다. 당신은 집에서 그것을 할 겁니까, 아니면 당신은 그런 식으로 공휴일을 안 보낼 겁니까?
→ 다음 주에 연휴가 있습니다. 비록 나는 집에서 할 일이 있어도 나는 그런 식으로 휴일을 안 보내는 것이 낫겠습니다.

2. 가을이 오면, 당신은 단풍을 구경하러 산에 갈 겁니까, 그리고 경치는 호화롭고 장관일 것이라고 당신은 생각합니까?
→ 예, 산은 단풍으로 덮일 겁니다. 그리고 경치는 장관일 겁니다.

3. 이번 연휴 동안에 나는 당신에게 따뜻한 햇빛 아래서 해변을 따라 산책하라고 권하고 싶습니다. 어때요?
→ 괜찮을 것 같아요. 나는 따뜻한 햇빛 아래서 해변을 따라서 산책하고 싶습니다. 또, 나는 물을 구경하고 싶어요.

4. 좀 더 생각해봅시다. 이 계절이 산보다는 해변이 더 나은 시기인가요?
→ 곰곰이 생각해 보니, 나는 지금이 해변보다는 산이 더 좋은 계절이라고 확신합니다.

48. SUBJECT: MAKING PLANS FOR A HOLIDAY

다음 주에 휴가가 있는데, 나는 무엇을 할지 결정할 수 없다. 나는 집에서 할 일이 많이 있고, 이것은 그것을 하기에 좋은 기회일 것이다. 그러나 나는 그런 식으로 휴일을 보내지 않는 것이 나을 것이다. 나는 나머지 올해 내내 집에서 일할 수 있다. 작년에 나는 북쪽 산에 갔었다. 모든 것은 아름다웠다. 그러나 올해의 지금은 춥다. 그리고 너무 멀어서 짧은 휴일 동안에 갈 수가 없다.

나는 지금은 산에 가는 좋은 시기가 아니라고 결정했다. 그러나 나는 어딘가에 가고 싶다. 아마 이것은 해변에 가기는 좋은 기회가 될 것 같다. 나는 따뜻한 햇볕이 있는 해변을 따라 산책하고 싶다. 그리고 물을 보고 싶다. 단지 80마일이며, 나는 약 2시간이면 거기에 도착할 수 있다. 곰곰이 생각한 후에 나는 지금이 산보다는 해변이 더 좋은 시기라고 확정했다. 좀 더 생각해보니 작년에는 정말 많이 춥지 않았고, 어쩌면 바닷가에 비가 올지도 모르고, 전혀 즐기지 않을 것 같다.

QUESTION

1. There is a consecutive holiday next week. You have a lot to do at home. Will you do it at home or will you not spend the holiday that way?
→ There is a consecutive holiday next week. Although I have a lot to do at home. I'd rather not spend the holiday that way.

2. When autumn comes, will you go to the mountains to see the colored leaves and do you think the scenery will be gorgeous and spectacular?
→ Yes, the mountains will be covered with the colored leaves and the scenery will be spectacular.

3. I recommend you to go for walks along the seashore in the warm sunshine during this consecutive holiday. How is that?
→ It sounds great! I'd like to take walks along the seashore in the warm sunshine. Also, I want to watch the water.

4. Let's give it some more thought, Is this season a better time for the seashore than the mountains?
→ After giving it more thought, I am sure this is a better time for the mountains than the seashore.

49. 대화 주제: 잘못 걸린 전화

훈련횟수 ☐ ☐ ☐

When I answered the telephone this morning, I knew right away the lady had the wrong number. She said her name was Mrs. Mills and asked if I was Dr. Cooper's secretary. I told her that she had an incorrect number, but I don't think she listened to me.

Finally, she heard what I said. She wanted to know why I didn't tell her right away that she had the wrong number. Before I could answer her, she hung up.

I wanted to call up my sister and tell her about it. I guess I dialed the wrong number and I happened to get Mrs. Mills. You can imagine how astonished I was. I tried to explain that I had made a mistake, but she wouldn't listen. She just wanted to know how I got her telephone number.

She said she couldn't understand why I was bothering her. I tried to explain again, but she talked so much and so fast that I couldn't interrupt her to say that I was sorry.

I finally hung up the receiver. I still wanted to call my sister, but I was afraid I might get that lady's number again. I didn't use the telephone for the rest of the day.

질문

1. 당신은 전화를 받습니다. 한 숙녀가 전화를 잘못 걸은 것을 즉시 알았습니다. 당신은 뭐라고 말할 겁니까?
→ 나는 "당신은 전화를 잘못 걸었습니다."라고 말할 것입니다.

2. 그녀는 당신 말을 안 듣습니다. 그녀는 계속 말을 합니다. 당신은 끝까지 그녀가 말하는 것을 듣고 있을 겁니까, 아니면 당신은 소리를 지르고 전화를 끊어 버릴 겁니까?
→ 만일 그녀가 내 말을 안 듣고 계속 말을 한다면, 나는 끊어 버릴 것입니다.

3. 당신은 남의 말을 주의깊게 듣습니까, 아니면 당신은 당신 것에 대하여 얘기하기를 좋아합니까?
→ 나는 남의 말을 주의하여 듣습니다. 나는 나의 것에 대해 말하는 것을 싫어합니다.

4. 당신은 자기 것에 대하여 말하기를 좋아하는 친구가 있나요?
→ 예, ~

5. 당신 친구는 말이 너무 많고 너무 빨라서 당신은 말을 하기 위해서 끼어들 수가 없다. 그래도 당신은 끼어들 겁니까, 아니면 그냥 듣고 있을 겁니까?
→ 만일 내 친구가 말이 너무 많고 너무 빠르면, 나는 그냥 듣고만 있을 겁니다. 나는 끼어들지 않을 겁니다.

49. SUBJECT: THE WRONG NUMBER

내가 오늘 아침 전화를 받았을 때, 나는 그 여자가 전화를 잘못 걸었다는 것을 곧바로 알았다. 그녀는 이름이 밀스라고 했고, 내가 쿠퍼 의사의 비서인지 물어봤다. 나는 그녀에게 번호가 틀렸다고 했으나, 그녀는 내 말을 듣고 있지 않은 것 같았다.

마침내, 그녀는 내가 한 말을 들었다. 그녀는 왜 자기에게 전화를 잘못 걸은 것을 바로 말 안 했는지 알고 싶어 했다. 내가 그녀에게 대답하기도 전에, 그녀는 끊어 버렸다.
나는 내 누이에게 전화해서 그것을 얘기하고 싶었다. 나는 전화를 잘못 건 것 같았고 우연히 밀스 부인을 찾았던 것 같다. 당신은 내가 얼마나 당황했는지 상상할 수 있을 것이다. 나는 내가 실수했다고 설명하려고 했으나, 그녀는 들으려고 하지 않았다. 그녀는 단지 내가 어떻게 자기 번호를 알았는지 알고 싶어 했다.

그녀는 내가 왜 자기를 괴롭히는지 이해할 수 없다고 했다. 나는 다시 설명하려고 했으나, 그녀는 너무 말이 많고, 빨라서 나는 내가 미안했다는 말을 하기 위해 가로챌 수가 없었다.
나는 결국 수화기를 놓았다. 나는 누이에게 전화를 걸고 싶었으나, 그 여자의 번호가 걸릴까 봐 두려웠다. 나는 종일 전화를 사용하지 않았다.

QUESTION

1. You answer the phone. You know right away a lady has the wrong number. What are you going to say?
→ I am going to say, "You have the wrong number."

2. She doesn't listen to you. She keeps talking. Will you listen to what she says all the way or will you shout and hang up the receiver?
→ If she doesn't listen to me and she keeps talking. I am going to hang up.

3. Do you listen to others with attention or do you like to talk about your things?
→ I pay attention to others. I hate to talk about my things.

4. Have you got a friend who likes to talk about his things?
→ Yes, I've got a friend who loves to talk about his things.

5. Your friend talks so much and so fast that you cannot interrupt her to say. Anyway, will you interrupt her or will you just listen?
→ If my friend talks so much and so fast. I will just listen. I will not cut in.

50. 대화 주제: 결혼기념일

I have been married for 10 years. A golden wedding anniversary is a celebration of fifty years of marriage. Usually there is a big party for all the friends and relatives of the married couple. Just think what a lot of people this can be! There are sons and daughters, brothers and sisters, cousins, grandchildren-even great-grandchildren. Of course many old friends come, too. Frequently, members of the family from different towns don't see each other very often. They are glad to come to an anniversary party. But it can be a time of confusion for the children. It's hard for them to remember the names of all their relatives.

"Albert," one mother will say, "this is your cousin George. He's really your second cousin because he's Dorothy's son. Dorothy is my first cousin. Her mother is Aunt Helen, my father's sister." At times there are stepsisters, half-brothers and nieces-in-law. There are 'aunts' and 'uncles' who aren't relatives at all, but good friends of the family! It can be very confusing, but everyone has a good time.

질문

1. 이 주제에 의하면, 당신은 결혼한 지 얼마나 되었나요?
→ 이 주제에 의하면, 나는 결혼한 지 10년이 되었습니다.

2. 금혼식이란 무엇입니까?
→ 금혼식이란 결혼 50주년 기념식입니다.

3. 만일 당신이 금혼식을 연다면, 당신의 모든 친척이 모일 것입니다. 당신은 당신의 친척들을 말해보시겠습니까?
→ 정말 많은 사람이 될 겁니다. 아들과 딸, 질녀, 조카, 형제, 자매, 손자, 증손자, 아저씨 아주머니, 그리고 오랜 친구들.

4. 다른 도시에 있는 친척들은 서로 자주 보지 못합니다. 언제 당신은 당신의 친척들을 봅니까?
→ 다른 도시에 사는 친척들은 서로 자주 보지 못합니다. 우리는 결혼식이나 큰 공휴일이나 제사에 서로 모입니다. 따라서 결혼식은 친척을 서로 보게 해주는 좋은 기회가 될 겁니다.

5. 당신은 모든 친척의 이름을 기억하는 것이 어렵습니까?
→ 예, 모든 친척의 이름을 기억하는 것이 어렵습니다. 그것은 혼동의 시간이 될 수 있습니다.

6. 당신은 이복형제나 자매가 있나요? 어떤 이유로 당신은 이복형제가 있나요?

7. 당신의 자녀는 크고 있나요, 아니면 그들은 다 컸습니까?
→ 내 아이들은 다 컸습니다.

8. 결혼기념일이 올 때마다 당신은 어떻게 그것을 기념합니까?
→ 매 결혼기념일마다 여행합니다. (나는 미혼이므로 나중에 결정할 것이다.)

50. SUBJECT: WEDDING ANNIVERSARY

나는 결혼한 지 10년이 되었습니다. 금혼식이란 결혼 50주년을 축하하는 의식입니다. 보통 그 부부의 친구와 친척들의 큰 파티가 열립니다. 금혼식에는 얼마나 많은 사람이 모일까 생각해 보십시오. 아들, 딸, 형제자매, 사촌, 손자 때로는 증손자까지도 있습니다. 물론, 옛 친구들도 옵니다.

흔히 각기 다른 고장에서 사는 일가들은 그리 자주 만나지를 못합니다. 그래서 그들은 기념 파티에 기꺼이 옵니다. 그러나 아이들에게는 혼란의 시간이 될 수도 있습니다. 아이들이 모든 친척들의 이름을 기억하기는 어려울 테니까요.

"앨버트야." 어떤 어머니는 이렇게 말하기도 할 겁니다. "얘가 네 사촌 조지다. 이 애는 도로시 아줌마의 아들이니까, 실제로는 네 육촌형제. 도로시 아줌마는 나하고 사촌 간이야. 그 아줌마의 엄마는 네 외할아버지의 누이인 헬렌 할머니이시다." 때로는, 이복 자매들과 이복형제들 그리고 처조카들도 있습니다. 그리고 친척은 결코 아니지만, 가족과 아주 친분 있는 '이모'나 '삼촌'도 있습니다. 그것은 매우 혼란스러울 수 있지만, 모두들 재미있는 시간을 보냅니다.

QUESTION

1. According to this topic, how long have you been married?
→ In this topic, I have been married for 10 years.

2. What is a golden wedding anniversary?
→ A golden wedding anniversary is a celebration of fifty years of marriage.

3. If you have a golden wedding anniversary, all your relatives will gather. Would you tell me the relatives?
→ What a lot of people this can be! There are sons and daughters, nieces and nephews, brothers and sisters, cousins, grandchildren, great-grandchildren, uncles and aunts and old friends.

4. The relatives from different towns don't see each other very often. When do you see your relatives?
→ The relatives who live in different towns don't see each other often. We gather on a wedding ceremony or on a big holiday or on a memorial service day for our ancestors. Therefore, a wedding would be a good chance for relatives to see each other.

5. Is it hard for you to remember the names of all your relatives?
→ It is hard to remember the names of all relatives. It can be a time of confusion.

6. Do you have a stepbrother or a half-sister? For what reason, do you have a stepbrother?

7. Are your children growing or are they grown-up?
→ All my children are grown up.

8. Every year your wedding anniversary comes, how do you celebrate it?
→ On every my wedding anniversary, I make a trip.   (Because I am a single, I'll make a decision later)

51. 대화 주제: 편지

I am a student at Washington University. I am very busy with my studies. I was quite disappointed this morning. The postman delivered the mail and I received five letters, a package, and two postcards. But I didn't get the letter I was waiting for.
Later in the day, the mailman delivered a special delivery letter. I was very happy to receive it, and I think you will understand why when I let you read the letter. This is the letter.

Dear Jim,
This is your first year at the university and the first time you have been away from home on your birthday. Your mother and I miss you very much. We often talk about how quickly you have grown up. We know You're very busy at the university, but we're glad you are able to write to us so frequently. Both your mother and I are fine, and your younger brothers are in good health, too. They asked me to wish you a happy birthday for them, I am enclosing some money as a gift for your birthday. You can buy whatever you wish with it. Write to us whenever you can.
We would enjoy seeing some photographs of you and the university.

Love, Dad.

질문

1. 당신은 공부와 함께 아주 바쁩니까, 아니면 당신은 편지를 쓸 시간을 낼 수 있나요?
→ 나는 공부와 함께 아주 바쁩니다.

2. 당신이 해외로 유학을 간다면, 당신은 당신 부모에게 매주 편지를 쓸까요, 아니면 전화를 할까요?
→ 나는 가끔 부모에게 편지를 쓸 겁니다. 전화 거는 것이 더 쉬우니까요.

3. 당신은 영어로 편지를 써본 적이 있나요?

4. 당신은 생일날 당신 집에서 멀리 나와 있습니다. 당신은 생일을 쇨 겁니까, 아니면 무시할 겁니까?
→ 만일 내가 집에서 멀리 나와 있다면, 나는 생일을 무시할 것입니다.

5. 당신은 무엇이든지 살 수 있는 돈이 있나요?
→ 아니요, 나는 무엇이든지 살 수 있는 돈이 없습니다. 그것은 나의 꿈입니다.

6. 당신은 편지를 쓰는 사람인가요, 아니면 전화를 이용하는 사람인가요?
→ 요즈음은, 편지를 쓰는 사람이 거의 없습니다.

7. 만일 당신이 부모에게 편지를 안 쓴다면, 당신은 죄의식이 들까요?
→ 아니요, 나는 죄의식을 느끼지 않을 겁니다.

51. SUBJECT: LETTER

나는 워싱턴 대학의 학생이다. 나는 내 공부로 아주 바쁘다. 나는 오늘 아침 아주 실망했다. 배달부는 우편물을 배달했고, 나는 편지 5통, 소포, 엽서 2장을 받았다. 그러나 내가 기다리던 편지를 받지 못했다. 그날 늦게, 우편부는 특별 배달 편지를 배달했다. 나는 그것을 받고 아주 기뻤고, 내가 이 편지를 당신께 읽게 해주면, 당신은 이유를 이해할 것이다. 이것이 그 편지이다.

짐에게,
이번이 대학에서의 너의 첫 해이고 처음으로 네가 너의 생일날 집으로 부터 나가 있는 것이다.
너의 어머니와 나는 너를 대단히 보고 싶어 한다. 우리는 가끔 네가 얼마나 빨리 컸나에 대해 얘기한다. 우리는 네가 대학에서 얼마나 바쁜지 안다. 그러나 우리는 네가 이렇게 자주 우리에게 편지할 수 있어서 기쁘다. 너의 어머니와 나는 잘 있다. 그리고 너의 남동생들도 역시 건강하게 있다. 그들은 나에게 너의 기쁜 생일이 되길 원한다고 부탁했다. 나는 너의 생일선물로 돈 좀 동봉한다. 너는 그것으로 네가 원하는 것을 무엇이든지 살 수 있다. 네가 가능하면 언제든지 우리에게 편지해라.
우리는 너와 대학 사진 좀 봤으면 좋겠다.

아빠.

QUESTION

1. Are you very busy with your studies or can you find time to write letters?
→ I am busy with my studies.

2. If you go abroad for your study, will you write to your parents every week or will you make a phone call?
→ I'll sometimes write to my parents. Because making a phone call is easier.

3. Have you ever written a letter in English?

4. You are away from your home on your birthday. Will you observe your birthday or ignore it?
→ If I am away from my house, I'll ignore my birthday.

5. Is there money that you can buy everything?
→ No, there is no money that I can buy everything. That is my dream.

6. Are you a person who writes a letter or uses a phone?
→ These days, there is few person who writes a letter.

7. If you don't write to your parents, do you feel guilty?
→ No, I will not feel guilty.

8. 당신은 편지를 부치기 전에 우표를 편지 위에 붙여야 합니까?

→ 당연히, 나는 우표를 편지 위에 붙여야 합니다.

9. 만일 당신이 등기우편이 있으면, 그것을 모퉁이의 우체통에 넣어야 합니까, 아니면 당신은 우체국에 가서 부쳐야 합니까?

→ 만일 그 편지가 등기이면 나는 우체국에 가야하고, 만일 그 편지가 보통우편이면 나는 그것을 우체통에 떨어뜨릴 겁니다.

10. 우편물은 언제 수거해 가고 배달됩니까?

→ 우편물은 근무시간에 수거해가고 배달됩니다.

8. Do you have to put stamps on the letter before you mail it?
→ Naturally, I've got to put stamps on the letter.

9. If you have a registered, have you got to put(drop) it in the mailbox on the corner or do you have to go to the post office and mail it?
→ If the letter is a registered, I've got to go to the post office.
But if the letter is an ordinary mail, I'll drop it in the mailbox.

10. When is the mail picked up and delivered?
→ The mail is delivered and picked up during the working hour.

52. 대화 주제: 견해

Some people are always starting an argument. They often have very little information on the subject, but this doesn't matter. They have strong beliefs, anyway. There's no point in debating with people like this because you can never resolve anything.

But with other people a difference of opinion can start an extremely interesting discussion. Each person tries to explain this point of view, but he listens to other arguments, too.
This type of conflict becomes an exchange of ideas instead of a quarrel. Whether or not their differences are reconciled, each person learns something from the experience.

질문

1. 모든 것에는 항상 양면이 있습니다. 부정적인 면과 긍정적인 면, 당신은 모든 것의 어느 면을 보십니까?
→ 나는 모든 것의 긍정적인 면을 보려고 노력하고 있습니다. 그러나 때로는 나는 부정적인 면도 봅니다.

2. 당신은 사람들과 문제를 토의함에 있어서 요점을 금방 알아차립니까?
→ 예, 나는 문제를 토의함에 있어서 요점을 금방 알아차립니다. 나는 눈치가 빠르니까요.

3. 우리는 서로 다른 견해를 갖고 있습니다. 당신은 우리의 다른 점을 해결할 수 있어야 한다고 생각합니까?
→ 만일 우리가 서로 다른 견해를 갖고 있다면, 우리는 다른 점을 해결할 수 있어야 한다고 생각합니다.

4. 정치와 군사 중, 어느 쪽에 당신은 더 많은 정보를 갖고 있나요?
→ 나는 군사에 관하여 더 많은 정보를 갖고 있습니다.

5. 문화와 역사에 관하여 토의한다면, 당신은 강한 신념을 갖고 있나요?
→ 나는 역사와 문화에 관하여 큰 지식이 없습니다. 따라서, 나는 그 주제에 강한 신념을 갖고 있지 않습니다.

6. 당신의 친구가 싸움을 하고 있습니다. 당신은 그 싸움을 화해시킬 수 있나요?
→ 당연히, 나는 그들을 화해시킬 수 있습니다.

7. 우리의 전 대통령은 정치를 잘했습니다. 당신은 나와 같은 견해를 갖고 있나요?
→ 나는 당신과 반대의 견해를 갖고 있습니다. 정치를 잘한 대통령도 있었고, 직무를 제대로 수행하지 못한 대통령도 있었습니다.

8. 당신은 직업을 못 얻는다면, 당신은 무슨 대안이 있나요?
→ 나는 노력을 하는 수밖에 다른 방도가 없습니다.

PART 1-2: For more fluent English

52. TOPIC: OPINION

어떤 사람들은 항상 논쟁을 시작하곤 합니다. 그들은 흔히 그 주제에 대한 지식을 갖고 있지 못하지만, 이것은 중요하지 않습니다. 여하튼 그들은 강력한 신념을 지니고 있습니다. 이와 같은 사람들과는 토론을 해봤자 별 소용이 없습니다. 어떤 결론에 도달할 수 없기 때문입니다.

하지만, 다른 사람들과의 의견 차이는 매우 흥미로운 토론을 시작할 수 있습니다. 각자가 자신의 견해를 설명하려고 들기만 하지만 또한 남의 주장에 귀를 기울이기도 합니다.

이러한 충돌은 싸움이 아니라 하나의 의견 교환이 될 수도 있는 것입니다. 그들의 견해차가 화해가 되든 안 되든 간에 그 경험에서 무언가 배웁니다.

QUESTION

1. There are always two sides to everything. The positive side and the negative side, what side of everything do you see?
→ I try to see the positive side of everything. But sometimes I see the negative side.

2. Do you see the point quickly in discussing the question with people?
→ Yes, I see the point quickly in discussing the question.
Because I am too sensitive.

3. We have different point of views. Do you think we should be able to resolve our differences?
→ If we have different point of views, I think we should be able to resolve our differences.

4. On which side do you have more information, politics or military?
→ I have more information regarding the military.

5. If you discuss the culture and history, do you have strong beliefs?
→ I don't have the big knowledge on the culture and history. Therefore, I don't have strong beliefs on the subject.

6. Your friends have a fight. Are you able to reconcile the fight?
→ Naturally, I am able to make peace(reconciliation).

7. Our former presidents did a good work on politics. Do you have the same views on this?
→ I have opposite views on it. There was a president who did a good work on politics and there was a president who performed his duties badly.

8. If you can't get a job, do you have any alternatives?
→ No, I have no other choice but to make efforts.

9. 당신은 나의 어떤 나쁜 점을 보고 싶나요, 아니면 좋은 점을 보고 싶나요?
→ 나는 당신의 어떤 좋은 점을 보고 싶습니다.

10. 당신은 여성에 관하여 보수적인 견해를 갖고 있나요, 자유분방한 견해를 갖고 있나요?
→ 나는 여성에 관하여 보수적인 견해를 갖고 있습니다.

11. 만일 폭동이나 혁명이 있다면, 당신은 그 현장을 가 보고 싶나요?
→ 아니요, 나는 폭동이나 혁명을 보고 싶지 않습니다.

9. Do you want to see something wrong with me or something good with me?
→ I'd like to see something good with you.

10. Do you have a conservative point of view or a liberal point of view regarding women?
→ I have a conservative point of view regarding women.

11. If there is a riot or a revolution, would you like to go see the scene?
→ No, I wouldn't like to see any of them.

53 : 대화 주제: 어제 무엇을 했을까요? (가정문)

The two girls sat drinking their coffee without talking. Finally, Judy asked, "What would you have done if this had happened to you?" Betty drank some more coffee before she answered. "If this had happened to me, I'd have told Steve exactly what I thought of him. I wouldn't have been so nice to him." "If I'd had enough time to think about it," Judy agreed, "I'd have given him an argument for causing me so much inconvenience." They were discussing what had happened that morning. Steve had asked Judy to go to the school dance with him on Saturday night, and she had accepted. Now, it seemed, he wouldn't be able to go.

"He should have told me sooner." Judy said. "I might have been able to go with someone else. I wouldn't have had to stay home while everyone else went to the dance." "You could have gone with Charles," Betty reminded her. "Yes, but it's too late now," Judy said. "You'd think that when a boy had invited you to the biggest dance of the year, he'd have realized how important it was." Betty agreed, "That's right. If he hadn't slipped and fallen, you wouldn't have had this problem. He should have broken his leg some other time."

질문

* had + P.P는 if 쪽에, would, could + have P.P는 나머지 쪽에 쓰고 해석은 과거의 가정 문장으로 해석함

1. 당신은 어젯밤에 무엇을 했을까요, 만일 공부를 하지 않았더라면?
→ 내가 공부를 하지 않았더라면, 나는 TV를 보았을 겁니다.

2. 오늘 비가 안 왔더라면, 당신은 오늘 무엇을 했었을까요?
→ 비가 안 왔더라면, 나는 소풍을 갔을 겁니다.

3. 만일 당신이 시간이 있었다면, 나에게 전화를 했을까요?
→ 예, 만일 내가 시간이 있었다면, 나는 당신에게 전화를 했을 겁니다.

4. 만일 당신이 돈이 충분히 있었다면, 그 집을 샀을까요?
→ 예, 만일 내가 돈이 충분히 있었다면, 나는 그 집을 샀을 겁니다.

5. 당신이 미끄러져 넘어지지 않았다면, 당신은 다리가 부러지지 않았을까요?
→ 그럼요, 내가 미끄러 넘어지지 않았다면, 나는 다리가 부러지지 않았을 것입니다

6. 내가 열쇠가 없는 것을 당신이 알았더라면, 당신은 문을 잠그지 않았을까요?
→ 당신이 열쇠가 없는 것을 알았더라면, 나는 문을 잠그지 않았을 겁니다.

7. 내가 가기를 원하는 것을 당신이 알았다면, 당신은 나를 포함시켰을까요?
→ 당신이 가기를 원하는 것을 내가 알았다면, 나는 당신을 포함시켰을 겁니다.

53. TOPIC : WHAT WOULD YOU HAVE DONE YESTERDAY?

두 소녀는 말없이 커피를 마시며 앉아 있었습니다. 마침내 쥬디는 "네게 이런 일이 생겼으면 넌 어떻게 했겠니?" 하고 물었습니다. 베티는 커피를 좀 더 마시고 나서 대답했습니다. "내게 그런 일이 생겼다면, 나는 스티브에게 그에 대한 내 생각이 어떠한가를 그대로 이야기했을 거야.
나는 그에게 그렇게 잘해 주지는 않았을 거야." "나도 생각할 시간이 충분히 있었더라면 왜 내게 그런 불편을 주느냐고 따졌을 거야."라고 쥬디는 말했습니다. 두 소녀는 그날 아침에 일어났던 사건을 이야기하고 있는 것입니다. 스티브가 쥬디에게 토요일 저녁 학교에서의 댄스파티에 가자고 했고, 쥬디도 승낙을 했습니다. 그런데 스티브가 이제는 갈 수 없다는 것 같습니다.

"그렇다면 그는 내게 빨리 알려 주었어야 했던 거야. 그러면, 다른 사람 하고 갔을 것 아니겠니. 모두들 댄스파티에 가고 나만 집에 있을 수는 없잖아." 하고 쥬디는 말했습니다. "너는 찰스와 함께 갈 수 있었어." 하고 베티가 쥬디에게 말했습니다. "그렇지만 너무 늦었어. 어떤 남자가 연중 가장 성대한 파티에 너를 초대했다고 생각해봐. 그 사람은 그 파티가 얼마나 중요한 것인가를 알았을 거야." 하고 쥬디가 말했습니다. "그렇지. 그 사람이 미끄러져 넘어지지만 않았더라도 이런 일은 없었을 텐데——다른 어느 때나 다리를 다칠 것이지." 하고 베티는 동의했습니다.

QUESTION

1. What would you have done last night if you hadn't had to study?
→ If I hadn't had to study, I would have watched TV.

2. What would you have done today if it hadn't rained?
→ If it hadn't rained, I would have gone on the picnic.

3. If you had had time, would you have called me?
→ If I had had time, I would've called you.

4. If you had had enough money, would you have bought the house?
→ If I had had enough money, I would've bought the house.

5. If you hadn't slipped and fallen, wouldn't you have broken your leg?
→ If I hadn't slipped and fallen, I wouldn't have broken my leg.

6. If you had known I didn't have a key, wouldn't you have locked the door?
→ If I had known you didn't have a key, I wouldn't have locked the door.

7. Had you known I wanted to go, would you have included me?
☞ had를 문장 앞으로 보내면, if를 생략할 수 있음
→ Had I known you wanted to go, I would've included you.

8. 만일 당신이 그런 말만 하지 않았더라면, 모든 것이 좋았을까요?
→ 만일 내가 그런 말만 하지 않았더라면, 모든 것이 좋았을 겁니다.

9. 만일 이 일이 당신에게 생기지 않았다면, 당신은 여기에 올 수 있었을까요?
→ 이 일이 나에게 생기지 않았다면, 나는 여기에 올 수 있었을 겁니다.

10. 만일 당신은 돈이 많이 있었다면, 무엇을 샀을까요?
→ 만일 내가 돈이 많았다면, 나는 큰 집을 샀을 겁니다.

☞ 이 이하는 현재, 미래 가정문입니다
 (동사를 과거로, would, could를 넣어서 말하며, 해석은 현재나 미래로 합니다)

11. 나와 함께 갔다면 다시 돌아와야 합니까?
→ 내가 당신과 함께 간다면, 나는 돌아와야 할 것입니다.

12. 당신이 새라면, 날 수 있을까요?
→ 내가 새라면, 날 수 있을 겁니다.
☞ 아래처럼 단 문장으로도 사용하니 연습할 것

13. 당신은 돈을 벌 수 있었을 텐데 (~할 수 있었을 텐데)

14. 당신은 돈을 벌었을 텐데 (~했을 텐데)

15. 당신은 돈을 벌었던 것이 틀림없다. (~했었음이 틀림없다)

16. 당신은 돈을 벌 수도 있었는지 모르는데 (~할 수도 있었을는지 모르는데)

17. 당신은 돈을 벌었어야 하는 건데 (~했었어야 하는 건데)

18. 당신은 점심을 먹지 말았어야 하는 건데.

8. If you hadn't said that, would everything have been all right?
→ If I hadn't said that, everything would have been all right.

9. If this hadn't happened to you, would you have come here?
→ If this hadn't happened to me, I would've come here.

10. If you had had much money, what would you have bought?
→ If I had had much money, I would've bought a big house.

11. If you went with me, would you have to be back?
→ If I went with you, I would have to be back.

12. If you were a bird, could you fly?
→ Yes, if I were a bird, I could fly.

13. You could have made money.

14. You would have made money.

15. You must have made money.

16. You might have made money.

17. You should have made money.

18. You shouldn't have eaten lunch.

54. 대화 주제: ~이면 좋을 텐데

Episode 1

A   Hello, dear. How was your day?

B   Hello, Zahra. Hi, Son. I'm in such a good mood that I feel like celebrating. Let's go out to dinner tonight.

A   Packing is very upsetting. I wish someone would do it for me.
In fact, I wish I were home now and the plane trip were over.

C   You don't have to pack tonight.

A   I know, but I want to see how much room I have in my suitcase. Tomorrow I have to buy presents for everyone back home.

C   Sometimes I wish I were going with you.

A   Sometimes I wish you were, too, dear.

C   I know, but you mustn't worry about me, Mama. I'll be all right. Paulo doesn't let me out of his sight.

A   I know you'll be all right. I'm worrying about myself. The house will seem so empty without you and Paulo. And what if you decide to stay here?

질문

1. 당신은 기분이 너무 좋아서 축하할 마음이 납니까?   (such~ 명사 that)
→ 예, 나는 기분이 너무 좋아서 축하할 마음이 납니다.

2. 당신은 기분이 너무 좋아서 술을 사고 싶은 마음이 듭니까?
→ 예, 나는 기분이 너무 좋아서 술을 사고 싶은 마음이 듭니다.

3. 당신은 점심을 살 기분이십니까?
→ 물론, 나는 점심을 살 기분입니다.

4. 공부는 성가시다. 누군가 당신을 위해서 해주었으면 좋을 텐데, 그렇지요?
→ 공부는 성가시지요. 그러나, 공부는 자신이 해야 합니다.

5. 당신은 지금 집에 갔으면 좋을 텐데, 그렇지요?   (I wish I~이면 좋을 텐데)
→ 예, 나는 지금 집에 갔으면 (있으면) 좋겠네요.

6. 나는 지금 수업이 끝났으면 좋을 텐데, 당신도 그렇게 생각하지요?
→ 예, 나도 그래요. 나도 수업이 끝났으면 좋겠네요.

54. TOPIC: I WISH I~

에피소드 1

A 여보, 오늘은 어땠어요?
B 나는 너무 기분이 좋아서 축하를 들고 싶구려. 우리 밖에 나가 저녁을 먹읍시다.
A 짐을 싸는 것은 매우 화가 나요. 누가 해줬으면 좋겠어요. 사실 지금 집에 있고 비행기 여행이 끝났으면 좋겠어요.
C 오늘 밤 짐을 쌀 필요가 없어요.
A 안다. 그러나 가방에 여유가 있는지 보고 싶거든. 내일 나는 집에 있는 모두를 위해 선물을 사야 한단다.
C 가끔 엄마와 같이 다녔으면 좋겠는데.
A 나도 너와 같이 다녔으면 좋겠구나.
C 알아요. 내 걱정은 마세요. 나는 괜찮아요. 팔로가 그의 시야에서 나를 내보내 주지를 않아요.
A 너는 괜찮을 거라는 걸 알아. 나는 내 자신을 걱정한단다. 너와 팔로가 없으면 집이 텅 빈 것 같거든. 너는 여기에 체류하는 것으로 결정하면 어떻겠니?

QUESTION

1. Are you in such a good mood that you feel like celebrating?
→ Yes, I am in such a good mood that I feel like celebrating.
*such 명사 that 는 "너무 ~ 해서 ~ 하다"

2. Are you in such a good mood that you feel like buying drink?
→ Yes, I am in such a good mood that I feel like buying drink.

3. Are you in a mood to buy lunch?
→ Of course, I am in a mood to buy lunch for you.

4. Studying is upsetting. You wish someone would do it for you, right?
→ Studying is upsetting. But I have to do it myself.

5. You wish you were home now, right?
→ Yes, I wish I were home.
*I wish I 다음에 조동사 과거 또는 과거 동사 (be 동사는 were)가 옴.

6. I wish the class were over. Do you think so?
→ Yes, I think so. I wish this class were over.

7. 나는 당신이 돈이 많았으면 좋겠다, 그렇지요?
→ 물론이지요, 나는 돈이 많았으면 좋겠어요.

8. 나는 오늘이 일요일이었으면 좋겠네, 당신도 그래요?
→ 나도 그렇게 바랍니다. 오늘이 일요일이었으면 좋겠군요.

9. 당신 가방에 공간이 있으세요?
→ 내 가방에는 공간(여유)이 없어요.

10. 당신이 없으면, 집이 텅 빈 것 같나요?
→ 내가 없으면 우리 집이 텅 빈 것 같다.

11. 당신은 벤치에 앉고 싶다. 그때, 앉아 있는 사람들에게 무엇이라고 말합니까?
→ "당신과 같이 좀 앉을 수 있을까요?" (공간 좀 만들어 주시겠어요?) 라고 나는 말할 겁니다.

12. 만일 당신은 택시를 못 탄다면 어떻게 하시겠어요? (What if ~)
→ 만일 내가 택시를 못 탄다면, 나는 지하철을 이용할 겁니다.

13. 만일 당신은 올해에 직업을 못 잡으면, 어떻게 하시겠어요?
→ 만일 내가 올해에 직업을 못 잡으면, 나는 내년에 잡을 겁니다.

7. I wish you had a lot of money, correct?
→ Of course, I wish I had a lot of money.

8. I wish today were Sunday. Do you hope so?
→ I hope so. I wish today were Sunday.

9. Do you have room in your suitcase? (room이 무관사이면, '공간. 여유')
→ No, I don't have room in my suitcase.

10. Will your house seem empty without you?
→ That's correct. My house will seem empty without me.

11. You want to sit on the bench. At that time, what will you say to the people who are sitting?
→ I am going to say as follows, "Would you make room for me?"

12. What if you can't take a taxi?
→ If I can't take a taxi, I'll use a subway.
(What if= 만일~ 이라면, 어떻게 할래요?)

13. What if you can't get a job this year?
→ If I can't take a job this year, I will get a job next year.

Episode 2

A   Anyway, you were about to mention the gifts you had to buy.
B   Yes, What do you think I ought to get for your father?
A   He has Just about everything, doesn't it?
B   That's the trouble.
C   Hi, Mama. Hi, Joana.
B   I'm glad You're home early.
    Do you know how to fix the lock on that suitcase? It's stuck.
C   It probably needs a little oil.
B   Paulo, I don't know what to get for your father. Do you have any suggestion?
C   Why don't you get him a pocket calculator?
B   That's a wonderful idea. I hope he doesn't already have one.
C   I doubt it. There, the lock's okay now.
B   Good. Thank you, dear. Where should I look for a calculator?
C   I know a place where I can get one on sale. I'll pick one up for you tomorrow.
B   Thank you, dear. You know, when I get home, I'm going to wish
    I were back here. I wish there were some way for all of us to be in the same city, or at least, the same country.

Episode 3

C   What about Marta?
D   Who knows? I don't ask any questions. They act like teenagers in love. They cling to each other as if there were no tomorrow.
C   You're cynical today.
D   Realistic. In a week, she won't remember his name.
C   Come on, Pedro.
D   I'll make you a bet. How much? A 5-dollar.
C   OK. A 5-dollar bet. Shake!

질문

1. 당신은 당신이 오늘 해야 할 일을 언급할 수 있나요?
→ 예, 내가 오늘 해야 할 일은 일터에서 내 직무를 수행하는 것입니다.

2. 당신은 당신 부모를 위해서 무엇을 사야 한다고 생각합니까?
→ 나는 부모를 위해서 옷을 사야 한다고 생각합니다.

에피소드 2

A 어쨌든, 엄마는 사야 할 선물을 언급하려고 했어요.
B 내가 너의 아빠를 위해서 무엇을 사야 되겠니?
A 아빠는 거의 다 모두 갖고 있어요.
B 그것이 문제야.
C 엄마, 조아나, 안녕!
B 네가 일찍 집에 오니 기쁘다.
   옷 가방의 자물쇠 고치는 것을 알겠니? 달라붙었다.
C 기름이 약간 필요해요.
B 파울로, 나는 너의 아빠를 위해서 무엇을 사야 할지 모르겠다. 제안이 있느냐?
C 휴대용 계산기를 사 드리세요.
B 그거 좋은 생각이다. 너의 아빠가 안 갖고 있어야 할 텐데.
C 없을 거예요. 자, 이제 자물쇠는 괜찮아요.
B 잘했다. 내가 어디서 계산기를 구하지?
C 내가 싸게 사는 곳을 알아요. 내일 한 개 사 올게요.
B 고맙다. 있잖니! 나는 집에 가면, 여기에 오고 싶어 할 거야. 우리 모두가 최소한 같은 나라, 아니면, 같은 도시에 살 수 있는 길이 있었으면 좋겠다.

에피소드 3

C 마타는 어떻게 됐죠?
D 알게 뭐예요! 그런 걸 뭐 하러 물어봅니까? 그들은 사랑에 빠진 십 대처럼 행동해요. 마치 내일이 없는 것처럼 꼭 달라붙어 있어요.
C 당신은 오늘 너무 차갑군요.
D 현실적이지요. 일주일만 지나면, 그녀는 그의 이름을 기억하지 못할 거예요.
C 왜 이래! 페이드로.
D 내기할까요. 얼마요? 5달러.
C 좋아요. 5달러 내기. 흔들어요!

QUESTION

1. Can you mention the work that you ought to do today?

→ Yes, the work I ought to do is to perform my duties at my work.

2. What do you think you ought to get for your parents?

→ I think I ought to get clothes for my parents.

3. 당신은 나를 위해서 무엇을 해야 한다고 생각합니까?
→ 나는 당신을 위해서 점심을 사야 한다고 생각합니다.

4. 당신은 오늘 내가 여기 일찍 와서 기쁘세요?
→ 그래요, 나는 당신이 오늘 일찍 와서 기쁩니다.

5. 당신이 옷을 싸게 살 수 있는 곳이 어디입니까?
→ 내가 옷을 싸게 살 수 있는 곳은 일반시장입니다.

6. 당신은 나를 위해서 계산기를 하나 사다 줄 수 있나요?
→ 예, 나는 당신을 위해서 계산기를 하나 사다 줄 수 있습니다.

※ I am going to wish I ~ 하고 싶어 하겠지요?

7. 당신은 미국에 가면, 한국에 오고 싶어 하겠지요?
→ 그래요, 나는 미국에 가면, 한국에 돌아오고 싶어 할 겁니다.

8. 당신은 결혼하면 이혼하고 싶을 거예요?
→ 아니요, 결혼하면 이혼하고 싶지 않을 겁니다.

9. 나는 당신이 취직할 수 있는 길이 있었으면 좋겠는데?
→ 나도 동감입니다. 나는 취직할 수 있는 길이 있었으면 좋겠는데.

10. 당신은 마치 내일이 없는 것처럼, 여자에게 꼭 달라붙고 싶습니까?
→ 아니요, 나는 마치 내일이 없는 것처럼, 여자에게 달라붙고 싶지 않습니다.

11. 당신은 달라붙고 싶은 남자가 있습니까?
→ 없어요. 나는 달라붙고 싶은 남자가 있었으면 좋겠네요.

12. 당신은 차가운 사람인가요, 아니면 현실적인 사람인가요?
→ 나는 현실적인 사람입니다.

13. 당신은 내기를 한 적이 있나요?
→ 예, 화투를 칠 때마다, 나는 아주 가끔 내기합니다.

※ I wish I had + P.P = 했어야 하는 건데 (과거 문장)

14. 나는 그때 돈이 있었어야 하는 건데. (과거)
15. 나는 돈이 있으면 좋겠는데. (현재나 미래)

3. What do you think you should do for me?

→ I think I should buy lunch for you.

4. Are you glad I'm here early?

→ Right. I'm glad You're here early.

5. Where is the place where you can get clothes on sale?

→ The place I can get clothes on sale is the general markets.

6. Can you pick up one calculator for me?

→ Yes, I can pick one up for you.

7. When you get to America, are you going to wish you were back in Korea?

→ That's right, when I get to America, I am going to wish I were back here.

8. When you get married, are you going to wish you would get divorced?

→ No, when I get married, I am not going to wish I would get divorced.

9. I wish there were some way for you to get a job. Do you think so?

→ So do I. I wish there were some way for me to take a job.

10. Do you want to cling to a woman as if there were no tomorrow?

→ No, I don't want to cling to a woman as if there were no tomorrow.

11. Is there any man you would like to cling to?

→ No, negative. I wish I had a man that I'd like to cling to.

12. Are you a cynical person or a realistic person?

→ I am realistic.

13. Have you ever made a bet?

→ Yes, I make a bet very often. Whenever I play cards.

* I wish I 과거동사 (be 동사는 무조건 were로) 또는 조동사 과거는 = ~이면 좋겠는데, 좋을 텐데. 로 현재나 미래로 해석.
* I am going to wish I 과거 동사 (위와 동일)는, =~하겠지요, 하게 되겠지요.
* I wish I had+p.p는 = '~했어야 하는 건데, 했을 텐데'로서 과거로 해석합니다.

14. I wish I had had money at that time.

15. I wish I had money.

55. 대화 주제: 종교와 성경 구절

1. 세계에서 위대한 종교는 무엇입니까?
→ 그것은 기독교, 불교, 힌두교, 회교, 유교입니다.

2. 당신은 어떤 종교가 있나요, 아니면 당신은 무신론자입니까?
→ 나는 무신론자입니다.

3. 기독교는 가톨릭을 포함합니까?
→ 당연합니다. 기독교는 개신교와 로마 가톨릭을 포함합니다.

4. 한국에는 국교가 있나요?
→ 아니요, 우리나라에는 국교가 없습니다. 종교를 갖는 것은 자유입니다.

5. 개신교의 가장 큰 전도단 (교파)은 무엇입니까?
→ 가장 큰 교파는, 장로교, 감리교, 침례교, 루터교, 제7일 안식교입니다.

6. 당신은 교회에 가면 당신은 헌금을 얼마나 냅니까?
→ 나는 여유가 있을 때는 헌금을 합니다. 또는 2,000원을 헌금합니다.

7. 왜 한국에는 사이비 목사나 승려가 많다고 생각합니까?
→ 목사가 되는 것이 돈 버는 좋은 방법중의 하나이므로 목사가 많습니다.

8. 교회에서 목사는 무엇을 합니까?
→ 목사는 구두로 설교를 합니다. 그것은 도덕적, 영혼적 충고와 금언으로 구성되어 있습니다.

9. 당신은 신약성서와 구약성서를 완전히 읽어 보셨나요?
→ 나는 성경 (구약성서와 신약성서)을 부분적으로 읽었습니다.

10. 당신은 찬송가를 들으면 당신은 편안해지고 고요해집니까?
→ 나는 찬송가를 들으면 편안해집니다.

11. 교회(절)의 수입은 어디서 들어 옵니까?
→ 교회의 수입은 교구민과 신자와 추종자로부터 들어옵니다.

12. 비록 당신은 어떤 종교가 없어도, 강한 신념을 갖고 있나요?
→ 물론, 나는 종교를 믿고 싶지 않습니다. 그러나 나는 강한 신념이 있습니다

55. TOPIC: RELIGION AND BIBLE

1. What are the great religions in the world?
→ They are Christianity, Buddhism, Islam, Hinduism and Confucianism.

2. Do you have any religion or are you an atheist?
→ I'm an atheist.

3. Does Christianity include Catholicism?
→ Christianity includes both Protestantism and Roman Catholicism.

4. Is there a state religion in Korea?
→ No, that's negative. There is no state religion in Korea. Having a religion is free.

5. What are the largest missions of the Protestants?
→ Among the largest missions are the Presbyterian, Methodist, Baptist, Lutheran and Seventh-day Adventist churches.

6. When you go to church, how much offering do you give?
→ I give an offering whenever I can afford. 또는 I give 2000 won.

7. Why do you think there are many pseudo pastors and monks in Korea?
→ Being a pastor is one of the best way to make money. So, there are a lot of pastors in this country.

8. What does the pastor do in the church?
→ The sermon is delivered orally by the priest. (신부, 스님 등 '성직자')
The pastor delivers the sermon orally. It is composed of ethical and spiritual advice and wisdom.

9. Have you read the old testament and new testament perfectly?
→ I read the bible partly.

10. When you hear the church hymns, do you become comfortable and quiet?
→ When I hear the church hymns, I get comfortable.

11. Where do the income of the churches come from?
→ Any income that the churches receive comes from the parishioners and believers and devotees.

12. Although you don't have any religion, do you have strong beliefs?

**13. 당신은 교회에 나갑니다. 그들은 당신에게 헌금과 십일조를 강요합니다.
당신은 기꺼이 그것을 받아들일 겁니까?**

→ 나는 헌금은 하지만, 십일조는 내지 않겠습니다.

14. 당신은 식사 전에 기도합니까, 한다면, 그 내용을 말해보세요.

→ 나는 식사 전에 기도를 안 한합니다. (나에게 일용할 양식을 주어서 감사합니다)

15. 당신은 지구의 종말이 있다고 믿습니까?

→

16. 당신은 사업이 안되거나 몸이 아프면, 신에게 기댑니까, 자신에게 의지합니까?

→ 나는 자신에게 의지합니다.

*lean over= 기대다. rely on= 의지하다.
*Leaning over the arm of the Lord= 주의 팔에 안기세. (찬송가 구절)

17. 구약성경 창세기 제1장 1절을 아십니까?

→ 창세기 1장 1절은 다음과 같습니다. 태초에 하나님이 세상을 창조하실 땐 지구는 형태가 없었다.

13. You go to church. They force you to give an offering and one tenth of your salary. Are you willing to accept it?
→ I am going to give an offering but I will not give one tenth of my salary.

14. Do you have a prayer before eating? If you do so, Please tell me the contents?
→ I am grateful to you that gives me food.

15. Do you believe that there is the end of the world?
→

16. If your business doesn't go well and you don't feel well, do you lean on God or rely on yourself?
→ I rely on myself.

17. Do you know the first chapter, first paragraph of the Genesis in the old testament?
→ The first chapter of the Genesis is as follows. In the beginning. When God created the universe, the earth was formless and desolate.

56. 대화 주제: 집안일

Hi, kids!

It's Friday again, so I won't be home from work until 9:15.

Dinner is in the refrigerator. Peggy, you can heat up the stew and make the salad. Suzy, you can set the table. Billy and Jack, I want you to clear the table, wash the dishes, and put them away. And you can get started on the weekly chores. No chores, no allowance. Peggy, please scrub the bathroom. It's filthy. Jack, you know how to use the vacuum cleaner. Would you please do the rugs and the floors?

And you, Billy, please clean up the mess in the basement. I don't know what you were doing down there, but you left tools all over the place. And Suzy, you can help Billy sweep up. Dad will be home around 6:30. Why don't you have dinner ready by then? O.K kids?

Enjoy your dinner. Oh, yes, for dessert, you can have the chocolate cake. But please leave a little piece for your hard-working mother.

질문

1. 당신은 토요일에 몇 시까지 집에 있을 거니?
→ 나는 9시 이전에 집에 들어갑니다.

2. 당신은 오늘은 몇 시까지 집에 들어갈 겁니까?
→ 8시까지

3. 당신의 자녀는 몇 시까지 학교에서 집에 돌아올까요?
→ 나의 자녀들은 5시까지 학교에서 집에 들어올 겁니다.

4. 당신은 집에 도착하면, 냉장고에서 저녁을 꺼내서 밥상을 차리고 찌개를 데웁니까? 먹고 난 후, 당신은 접시를 닦고 그것을 치워놓을 겁니까?
→ 저녁은 냉장고에 있습니다. 나는 찌개를 데우고, 밥상을 차릴 겁니다. 먹고 난 후, 나는 접시를 닦고 그것을 치워놓을 겁니다.

5. 당신이 집안일을 하지 않으면, 당신 부인(엄마가)이 용돈을 안 줍니까?
→ 내가 집안일을 하지 않아도 나의 아내는 용돈을 줍니다.

56. TOPIC: CHORES

애들아, 안녕!

또 금요일이 되었다. 그래서 9:15분까지 퇴근하지 못할 것이다.

저녁은 냉장고에 있다. 페기는 찌개를 데우고 샐러드를 만들고, 수지는 밥상을 차리고, 빌리와 잭은 식탁을 치우고 접시를 닦고 그것을 치워놔라. 그리고 너희는 주말 집안일을 시작해라. 집안일을 안 하면 용돈은 없다. 페기는 목욕탕을 문지러라. 그것은 더럽다. 잭은 진공청소기 사용법을 알지. 카펫과 바닥을 좀 닦아주겠니?

그리고 빌리는 지하실의 어질러 놓은 것을 청소해라. 나는 네가 거기서 무엇을 했는지 모르겠다. 너는 사방에 공구를 놔뒀다. 수지는 빌리가 쓰는 것을 도와줘라.

아빠는 6:30분에 집에 돌아오실 거다. 그때까지 저녁을 준비하는 것이 어떠니? 됐니?

저녁 맛있게 먹어라. 오, 간식으로, 초콜릿 케이크를 먹어라. 그러나, 힘들게 일하는 엄마를 위해서 한 조각 남겨둬라.

QUESTION

1. Until what time will you be home on Saturday?
→ I will be home before 9.

2. Until what time are you going to be home today?
→ Until 8.

3. Until what time will your children be home from school?
→ My children will be home from school until 5 o'clock.

4. When you come home, will you take dinner out of the refrigerator and set the table, heat up the stew?
After eating, will you wash the dishes and put them away?
→ Dinner is in the refrigerator. I will heat up the stew and set the table. After eating, I'll wash the dishes and put them away.

5. If you don't do the chores, doesn't your wife give you an allowance?
→ Although I don't do the chores, she gives me an allowance.

6. 화장실이 더러워지거나 때가 끼면, 당신은 그것을 문질러야 합니까?
→ 화장실이 때가 끼면, 나는 그것을 문질러야 합니다.

7. 당신 집은 어질러져 있나요, 아니면 청소가 되어있나요? 당신은 깔끔한가요?
→ 나의 집은 청소되어 있습니다. 나는 깔끔하고 부지런합니다.

8. 당신은 집에 있을 땐, 사방에 책이나 공구를 놔둡니까?
→ 나는 집에 있을 때, 책을 사방에 놔두지 않습니다.

9. 당신은 방을 청소할 때는, 진공청소기나 빗자루를 사용합니까?
→ 나는 진공청소기, 빗자루, 마루 걸레를 사용한다. 자루걸레는 사용 안 합니다.

6. When the bathroom gets dirty and filthy, do you have to scrub it?
→ When the bathroom gets filthy, I have to scrub it.

7. Is your house messed up or cleaned up at present? Are you neat?
→ My house is cleaned up. I am neat and diligent.

8. While you are home, do you leave the books and tools all over the place?
→ While I am home, I don't leave the books all over the place.

9. When you clean up the room, do you use a vacuum cleaner or a broom?
→ I use a vacuum cleaner, broom and floorcloth. But I don't use a mop.

57. 대화 주제: 구인 광고

The Sammy Fair Incorporated is seeking a bilingual Spanish-English tour guide, male or female, to conduct visitors through the major exhibition halls and pavilions.

This individual should be energetic, enthusiastic, and enjoy meeting and working with new people. In addition, the applicant must be mature, tactful and poised. Above all, tour guide must be self-reliant and able to think on his/her feet.

Tour guides must be in excellent health and be fluently bilingual. Applicants who have had previous experience in group management are preferred. The salary is $200 per week including full benefits and vacation. Please submit all inquiries, together with resumes and letters of reference, to: Sammy Incorporated.

질문

1. 당신은 2개 국어를 하는 사람입니까?
→ 나는 2개 국어를 하는 사람입니다.

2. 당신은 정력적이고 열성적입니까?
→ 나는 열성적입니다.

3. 당신은 사람 만나기를 좋아하고 사람들과 같이 일하기를 좋아합니까?
→ 그럼요, 나는 사람 만나기를 좋아하고 사람들과 같이 일하기를 좋아합니다.

4. 게다가, 당신은 성숙하고 재치 있고 침착한 사람입니까?
→ 나는 성숙하고 재치 있으나 침착하지는 않습니다.

5. 언제 당신은 2개 국어에 유창하고 완벽해질까요?
→ 올해가 가기 전에, 나는 2개 국어에 유창하고 완벽해질 겁니다.

6. 당신 회사는 사전 경험이 있는 사람을 우대합니까?
→ 아니요, 우리 회사는 사전 경험 있는 사람을 우대하지 않습니다. 그들은 우리를 똑같이 대접합니다.

7. 당신은 자기소개서나 이력을 제출한 적이 있나요?
→ 현재 회사에 들어갈 때, 나는 이력서를 제출했습니다.

8. 더욱이, 당신은 자립적이고 신속하게 판단할 수 있습니까?
→ 물론, 나는 자립적이고, 신속하게 판단할 수 있습니다.

9. 당신은 큰 회사를 경영하고 있습니다. 당신은 나를 고용할 수 있는 입장입니까?
→ 나는 예와 아니오를 말할 수 있는 입장이 아닙니다. 우리 회사의 경기가 너무 나쁩니다.

57. TOPIC: WANTED AD

삼미 박람회 주식회사는 전시관과 주 전람회장을 통한 방문객을 안내할 영어와 스페인어를 하는 남녀 관광 안내인을 찾고 있습니다.

이들 개인은 활기차고 열정적이어야 하며, 새로운 사람들과 같이 일하고 만나기를 즐거워해야 합니다. 게다가, 지원자는 성숙하고, 재치 있고 침착해야 합니다. 무엇보다도, 관광 안내인은 자립적이고, 그들의 입장을 생각할 수 있어야 합니다.

관광 안내인들은 건강 상태가 양호하고 유창하게 이중 언어를 구사해야 합니다. 그룹 운영 경험이 있는 지원자를 우대합니다. 봉급은 휴가와 전액 수당을 포함하여 주 200불입니다. 삼미 주식회사로 자기소개서와 이력서와 문의 사항을 함께 제출하십시오.

QUESTION

1. Are you a bilingual person?
→ Yes, I am a bilingual person.

2. Are you energetic and enthusiastic?
→ I am enthusiastic.

3. Do you enjoy meeting and working with people?
→ Sure, I enjoy meeting and working with people.

4. In addition, Are you a person who is mature, tactful and poised?
→ I am mature and tactful but not poised.

5. When do you think you can be bilingual perfectly and fluently?
→ Before this year goes, I'll be bilingual fluently.

6. Does your company prefer a person who has previous experience?
→ Our company doesn't prefer a person who has previous experience. They treat us equally.

7. Have you ever submitted resumes and letters of reference?
→ When I got in this current company, I submitted resumes.

8. Above all, are you self-reliant and able to think on your feet?
→ Of course, I am self-reliant and able to think on my feet.

9. You are running a big company. Are you in a position to hire me?
→ I am not in a position to say yes or no. The things of my company are too bad.

58. 대화 주제: 미술대회

Sammy is sponsoring an art competition.

The winner will receive a $50,000 a year grant. All men and women under thirty years of age are cordially invited to enter the competition. Sammy will have the pleasure of announcing the result of the competition.

The ceremony will take place in the Grand Gallery.

As we cannot be liable for paintings submitted to us, please insure your entry against loss, damage, or destruction. Persons related to the staff of the Sammy are not eligible to enter the competition.

질문

1. 당신은 국제 미술대회를 후원할 수 있나요?
→ 아니요, 나는 미술에 관심이 없습니다.

2. 당신은 우리 집에 정중히 초대받았습니다. 와주실 수 있겠습니까?
→ 기분 좋게, 가지요. 내가 당신 집에 초대받았다면요.

3. 언제 미술대회의 결과가 발표되나요?
→ 미술대회가' 끝난 후에, 그 결과가 발표될 겁니다.

4. 시상식은 어디서 개최될까요?
→ 시상식은 화랑에서 개최될 겁니다.

5. 애국가가 곧 시작되려고 합니다. 당신은 일어서서 국기를 향할 겁니까, 아니면 당신은 특별한 사람이니까 계속 앉아 있을 겁니까?
→ 만일 애국가가 울리려고 하면, 나는 일어서서 국기를 향합니다. 나는 애국자입니다.

6. 당신은 제출된 그림을 책임질 수 있나요, 만일 당신이 담당자이면?
→ 비록 내가 담당자라도, 나는 제출된 그림을 책임지고 싶지 않습니다.

7. 누가 당신 가족을 책임집니까?
→ 내가 내 가족을 책임지지요.

58. TOPIC: ART COMPETITION

삼미는 미술대회를 후원합니다.

당선자는 년 상금 5만 불을 받을 겁니다. 30세 이전의 모든 남녀는 이 대회에 참가하도록 정중히 초대합니다. 삼미는 대회의 결과를 발표하게 되어 기쁩니다.

시상식은 그랜드 갤러리에서 개최될 것입니다. 우리는 우리에게 제출한 그림에 대하여 책임을 질 수가 없기 때문에 파괴, 도난, 손상에 대비하여 당신의 출품작에 대한 보험을 들어주시기 바랍니다. 삼미와 관계있는 직원들은 대회에 참가할 자격이 없습니다.

QUESTION

1. Can you sponsor an international art competition?
→ No, I am not concerned about art.

2. You are cordially invited to my house. Could you come?
→ Gladly. I will go. If I am invited to your house.

3. When do you think the result of the art competition will be announced?
→ After the competition is over, the result will be announced.

4. Where will the ceremony take place?
→ It'll take place in the Gallery.

5. Our national anthem is about to play. Will you be on your feet and face to the national flag or will you keep sitting because You're a special person?
→ If the national anthem is about to play, I'll be on my feet and face the national flag. I am a patriot.

6. Can you be liable for paintings submitted, if you are a person in charge?
→ Although I am a person in charge, I don't want to be responsible for paintings submitted.

7. Who is responsible for your family?
→ I am liable for my family.

8. 누가 도둑 잡는 것을 책임집니까?
→ 경찰이 도둑 잡는 것을 책임집니다.

9. 어떻게 당신은 도난, 손상, 파괴로부터 당신 소유물을 안전하게 할 수 있나요?
→ 나는 내 소유물을 항상 확인함으로써, 도난, 손상, 파괴로부터 내 소유물을 안전하게 할 수 있습니다.

10. 어떻게 당신은 집을 화재와 절도로부터 안전하게 할 수 있나요?
→ 나는 불과 자물쇠를 확인함으로써, 화재나 절도로부터 집을 안전하게 할 수 있습니다.

11. 당신은 대통령과 관계있는 사람이고, 공무원이 될 자격이 있나요?
→ 그 반대입니다. 나는 대통령과 관계가 없습니다. 나는 공무원이 될 자격은 있습니다.

12. 미인대회에 참가할 자격이 무엇인가요?
→ 그 자격은 나이입니다.

8. Who is liable for catching the thieves?
→ Police is liable.

9. How can you insure your belongings against loss, damage, or destruction?
→ I can insure my belongings against loss by confirming all the time.

10. How can you insure your house against fire and theft?
→ I can insure my house against fire and theft by confirming lights and locks.

11. Are you a person related to the president and are you qualified to be a government officer?
→ On the contrary. I have nothing to do with the president. But I am eligible to be an officer.

12. What is a qualification to enter a beauty contest?
→ The qualification is the age.

59. 대화 주제: 공구

pliers	drill press	soldering iron	vise	screwdriver
pick	handsaw	tin snips	sandpaper	tape measure
shovel	blowtorch	file	chisel	first aid kit

One student names a certain tool from the above list and the next student tells its regular use or uses.

질문

1. 줄자는 무엇에 사용합니까?
→ 줄자는 개략의 거리를 측정하는 데 사용합니다.

2. 톱은 무엇에 사용됩니까?
→ 톱은 나무를 자르는 데 사용합니다.

3. 삽은 무엇에 사용합니까?
→ 삽은 흙을 파는 데 사용합니다.

4. 구급상자는 무엇에 사용합니까?
→ 그것은 우리가 다치거나 멍이 들 때 사용됩니다.

5. 드라이버는 무엇에 사용합니까?
→ 드라이버는 나사를 조이거나 빼는 데 사용합니다.

6. 그라인더는 무엇에 사용합니까?
→ 그라인더는 거친 것을 제거하는 데 사용합니다.

7. 나사를 조이려면, 어느 방향으로 돌립니까?
→ 나사를 조이려면, 시계 방향으로 돌리고, 풀려면 시계 반대 방향으로 돌립니다.

8. 문을 달려면, 나사가 필요하나요. 못이 필요하나요?
→ 문을 달려면, 나사나 못이 모두 필요합니다.

9. 못을 경첩 안에 있는 구멍에 넣고 (삽입하고) 당신은 어디를 때려야 하나요?
→ 못을 경첩 안에 있는 구멍에 넣고, 나는 못대가리를 때려야 한다.

10. 모든 작업장은 왜 소화기를 비치하여야 합니까?
→ 화재가 발생 시, 빨리 불을 끄기 위해서.

11. 만일 당신은 나무의 나이테를 보면, 그 나무의 나이를 알 수 있나요?
→ 나는 나무의 나이테를 보면, 그 나무의 나이를 알 수 있습니다.

12. 왜 공구의 가장자리는 쉽게 부러지나요?
→ 공구의 가장자리를 사용하므로, 그 부분이 쉽게 망가집니다.

13. 기술적으로 공구를 사용하기 위하여, 눈과 손의 가까운 협력이 있어야 한다고 생각합니까?
→ 물론입니다. 기술적으로 공구를 사용하려면, 눈과 손의 가까운 협력이 있어야 합니다.

59. TOPIC: TOOLS

뻰치	드릴	전기인두	바이스	드라이버
곡괭이	톱	가는 집게	모래페이퍼	줄자
삽	화염기	줄	끌	구급상자

한 학생은 위 명단의 한 공구 이름을 대고, 다른 학생은 그 사용을 말해보세요.

QUESTION

1. What are tape measures used for?
→ Tape measures are used to measure linear(approximate) distance.

2. What is a handsaw used for?
→ A handsaw is used to cut wood.

3. What is a shovel used for?
→ A shovel is used to dig soil.

4. What is a first aid kit used for?
→ It is used when we get hurt or bruise.

5. What are screwdrivers used for?
→ Screwdrivers are used to tighten and loosen screws.

6. What is a grinder used for? → Grinder is used to remove roughness.

7. In order to tighten screws, which direction do you turn them?
→ Screws are turned clockwise to tighten, and they are turned counterclockwise to loosen them.

8. In order to attach the door, are nails needed or are screws needed?
→ Both of them are needed to attach the door.

9. After the nails are inserted(put in) in holes in hinges, where do you have to hit?
→ After a nail is inserted in holes in hinges, I should hit the head of the nail.

10. How come every workshop should be equipped with a fire extinguisher?
→ So as to put out the fire quickly, in case of the fire.

11. If you look at a cross section of a tree, can you determine the age of the tree?
→ If I look at a cross section of a tree, I can determine the age of the tree.

12. How come the edge of the tool is broken easily?
→ The edge of the tool is broken easily because the part is used.

13. In order to use tools with skill, do you think there must be close coordination of the hand and the eyes? → Of course, —

60. 대화 주제: 인간의 몸

1. In order to learn about the human body, it is helpful to divide it into systems. The body is usually divided into eight or ten major systems according to function. As you know, food has to be changed in order for the body to use it. Some changes are made in the mouth, the stomach, and small intestines. These body parts are called organs.
They make up a system known as the digestive system. The function of this system is to prepare food for the body.

2. The parts that support and protect the body make up the skeleton (bony parts). The skeleton consists of the skull(bony part of the head), the backbone(spine), the ribs, and bony parts of the arms and legs.
 The skull supports and protects the brain, eyes, ears, tongue, etc.
The backbone supports or protects the spinal cord and the ribs.

3. The organs serving for breathing comprise(make up) the respiratory system. The system consists of the lungs and a series of air passages. The air passages, of course, lead to the lungs.
The nose, the throat, and the windpipe are familiar respiratory organs. The lungs do not have muscles, yet they expand and contract.

4. All the systems of the body are marvelous in construction and function. Yet, of all the systems, the circulatory system seems most remarkable. The central organ in this system is of course, the heart, a wonderfully built muscular pump. Beating in almost perfect rhythm on the average of seventy-two times a minute, pumping a continuous stream of blood through hundreds of miles of blood vessels, this small organ does a tremendous amount of work.

5. The normal heart beats about 37,000,000 times a year. A drop of blood completes its circulation in about half a minute. At each beat (stroke) of the heart about six ounces of blood are expelled. At this rate, the heart moves eighteen pounds a minute, 1,080 pounds an hour. In the normal adult, the heart is only about 3 inches long, 2 1/ 4 inches wide, and 1 1/2 inches thick. In males, the heart weighs from 10 to 14 ounces. It weighs from 8 to 10 ounces in females.

60. TOPIC: THE HUMAN BODY

1. 인간의 육체에 대해 배우기 위해서, 부별로 분리하는 것이 도움이 됩니다. 몸은 보통 기능에 따라서 8 또는 10개의 주요 부로 분리됩니다. 아시다시피, 음식은 육체가 그것을 사용하기 위해서 변화되어야 합니다. 어떤 변화는 입에서, 위에서 그리고 작은 창자에서 이루어집니다. 이들 몸의 부분을 기관이라고 부릅니다.

그들은 소화기관이라고 알려진 기관을 구성합니다. 이 시스템의 기능은 신체를 위한 음식을 준비하는 것입니다.

2. 몸을 지지하고 보호하는 부분은 골격으로 구성됩니다. 골격은 두개골, 척추, 갈비, 팔다리의 뼈로 구성됩니다.

두개골은 두뇌, 눈, 귀, 혀 등을 보호, 지지합니다. 척추는 척추선과 갈비뼈를 보호 또는 지지합니다.

3. 호흡을 돌봐주는 기관은 호흡기관으로 구성됩니다.

그 기관은 일련의 공기 통로와 폐로 구성됩니다. 물론, 공기 통로는 폐로 연결됩니다. 코, 목, 그리고 기관은 친숙한 호흡 기관입니다. 폐는 근육이 없지만, 수축하고 확장합니다.

4. 몸의 모든 기관은 기능과 구조에 있어서 신비합니다.

더욱이, 모든 기관 중에서 혈액 순환기관은 가장 주목할만한 것 같습니다. 이 기관 중에서 중심 기관은 물론 심장이며, 기가 막힌 근육 펌프로 구성되어 있습니다. 평균 일 분에 72회의 정확한 리듬을 맞추어 가면서 수백 마일의 혈관을 통하여 지속된 피의 흐름을 펌프질합니다. 이 작은 기관은 엄청난 양의 일을 합니다.

5. 정상 심장박동은 일 년에 약 37,000,000회입니다.

한 방울의 피는 약 30초에 그 순환을 완료합니다. 약 6온스의 피는 한 번의 심장박동으로 분출됩니다. 이 양으로 심장은 한 시간에 1,080파운드, 일 분에 18파운드를 이동시킵니다. 정상 성인에서 심장은 3인치 길이 2 1/4 넓이, 그리고 1 1/2 인치 두께입니다. 남성에서 10에서 14온스 무게이고, 여성에서 8 내지 10온스 무게입니다.

질문

1. 몸은 어떻게 (무엇으로) 분류됩니까?
→ 몸은 기관별로 나누어집니다.

2. 소화기관의 기능은 무엇입니까?
→ 소화기관의 기능은 신체를 위한 음식을 준비하는 것입니다.

3. 심장, 폐 그리고 위는 외부 기관입니까? 아니면 내부 기관입니까?
→ 그것들은 내부 기관입니다.

4. 코, 턱, 그리고 귀는 내부 기관입니까? 아니면 외부 기관입니까?
→ 그것들은 외부 기관입니다.

5. 몸의 다른 기관은 뼈로 구성되어 있습니다. 그 기관의 이름은 무엇입니까?
→ 그것은 골격입니다.

6. 골격은 무엇으로 구성되어 있습니까?
→ 골격은 뼈로 구성되어 있습니다.

7. 당신은 위와 콩팥과 더불어 갈비뼈에 의해 보호되는 기관의 이름을 들 수 있습니까?
→ 예, 그들은 폐, 간장 그리고 심장입니다.

8. 근육은 무엇에 사용됩니까?
→ 그들은 물건을 들고, 밀고 당기는데 사용됩니다.

9. 골격의 기능은 무엇입니까?
→ 골격의 기능은 몸을 보호하고 지지하는 것입니다.

10. 어느 기관이 피를 펌프질하는 데 사용됩니까?
→ 심장이 피를 펌프질하는 데 사용됩니다.

11. 혈액 순환 기관에서 중심 기관은 무엇입니까?
→ 그것은 심장입니다.

12. 평균적으로, 일 분에 몇 번이나 심장은 박동합니까?
→ 정상 심장은 일 분에 72번 박동한다.

QUESTION

1. What is the body divided into?
→ The body is divided into systems.

2. What is the function of the digestive system?
→ The function of the digestive system is to prepare food for the body.

3. Are the heart, lungs and the stomach external or internal organs?
→ They are internal organs.

4. Are the nose, chin, and the ears internal or external organs?
→ They are external organs.

5. Another system of the body is made up of bones. What is the name of this system?
→ It is the skeleton.

6. What is the skeleton made up of?
→ The skeleton is made up of bones.

7. Can you name some of the organs protected by the ribs in addition to the kidneys and the stomach?
→ Yes, they are the lungs, the liver, and the heart.

8. What are the muscles used for?
→ They are used to push, pull, and lift things.

9. What is the function of the skeleton?
→ The function of the skeleton is to support and protect the body.

10. Which organ is used to pump blood?
→ The heart is used to pump blood.

11. What is the central organ in the circulatory system?
→ It is the heart.

12. On the average, how many times per minute does the heartbeat?
→ The normal heart beats about 72 times a minute.

13. 피 한 방울이 그 순환을 완성하는 데는 얼마나 걸립니까?
→ 피 한 방울이 그 순환을 완성하는 데는 약 30초 걸립니다.

14. 정상 성인의 심장의 대략 크기는 얼마입니까?
→ 정상 성인에서, 심장은 약 3인치 길이 입니다.

15. 남성 심장은 무게가 얼마입니까? 여성 심장은?
→ 남성에서, 심장은 10에서 14온스 무게가 나가고, 여성에서, 그것은 8에서 10온스 무게가 나갑니다.

13. How long does it take a drop of blood to complete its circulation?

→ A drop of blood completes its circulation in about half a minute.

14. What is the approximate size of the normal adult heart?

→ In the normal adult, the heart is only about 3 inches long.

15. How much does the male heart weigh? The female heart?

→ In males, the heart weighs from 10 to 14 ounces.
It weighs from 8 to 10 ounces in females.

61. 대화 주제: 근무시간과 인사

A relatively(comparatively) short time ago, a ten or twelve-hour workday was the usual thing in American industry. Farmers, merchants and some professional people worked from sunrise to sundown. For most people there wasn't much leisure time.

Conditions are different today. The five-day week, 40 hours per week, is the rule rather than the exception. In addition, most factory workers get a paid vacation of one or two weeks. The use of machines has done much to shorten hours and make work easier. And at the same time, this use has helped provide more leisure time for most people.

질문

1. 비교적 얼마 전에, 미국에서 사람들은 하루에 몇 시간 일했습니까?
→ 그들은 하루에 10시간 또는 12시간을 일했습니다.

2. 오늘날, 주 평균 근무시간이 얼마입니까?
→ 주 5일, 주 40시간 근무가 규정입니다.

3. 농부, 상인, 전문 직업인들은 왜 해 뜨면서부터 해질 때까지 일했나요?
→ 그들은 해가 뜨면서부터 해질 때까지 일했습니다. 그것이 그들의 근무 시간이었으니까요.

4. 사람들은 얼마 전보다 많은 여가 시간을 갖습니다. 누가 대신 일하나요?
→ 시간을 줄이기 위하여, 기계의 사용이(기계가) 많은 일을 해오고 있습니다.

5. 비교적, 한국 산업에서는 하루 8시간 근무가 일반적인가요?
→ 정확합니다. 오늘날 조건이 달라졌습니다.
   한국 산업에서는 하루 8시간 근무가 일반적입니다.

6. 당신은 사람에게 인사를 할 때, 목례를 합니까 아니면 거수 경례를 합니까?
→ 나는 사람에게 인사를 할 때, 목례를 하고, "안녕하세요."라고 말합니다.

7. 누가 거수경례를 합니까?
→ 거수경례는 군인들이 사용합니다. 사병이 장교에게 하급자가 상급자에게.

8. 1,700시에. 하기식에. 국기가 내려가면, 당신은 국기를 향해서 차렷 자세로 서서, 거수 경례를 합니까?
→ 국기가 내려가는 것을 보면, 또 애국가가 연주되는 것을 들으면, 나는 국기를 향해서 차렷 자세로 서있습니다. 나는 민간인이니까요. 그러나 군인은 거수 경례를 해야 합니다.

61. TOPIC: WORKING HOUR AND GREETING

비교적 얼마 전에 미국 산업에서 10시간 또는 12시간 근무가 일반적이었습니다. 농부, 상인, 그리고 어떤 전문 직업인들은 해 뜰 때부터 해질 때까지 일했습니다. 대부분 사람에게 한가한 시간이 없었습니다. 오늘날 상황이 다릅니다. 5일 근무, 주 40시간이 예외가 아니라 규칙입니다.

게다가 대부분 공장 근무자는 일주 또는 이주의 유급휴가를 받습니다. 기계의 사용은 일하는 시간을 단축하고 일을 쉽게 만듭니다. 동시에 기계의 사용은 대부분 사람에게 더 많은 휴식 시간을 제공합니다.

QUESTION

1. A relatively (comparatively) short time ago, how many hours a day did people work in the United States?
→ They worked 10 or 12 hours a day.

2. How long is the average workweek today?
→ The five-day week, 40 hours per week is the rule.

3. How come farmers, merchants, and some professional people worked from sunrise to sundown?
→ They worked from sunrise to sundown. Because that was their working hour.

4. People have more leisure time than a short time ago. Who works instead?
→ The use of machines has done much to shorten hours. 또는, Machines do much things instead of human.

5. Comparatively, is an 8-hour-work-a-day the usual thing in Korean industry?
→ That's correct. Today, conditions are different.
An 8-hour-work-a-day is the usual thing in Korean industry.

6. When you greet a person(do greeting), do you bow or salute?
→ When I greet a person, I bow and say "How are you?"

7. Who uses the salute?
→ Soldiers use the salute. To all officers by enlisted men and by all junior officers to their seniors.

8. At 1700 hours. At the Retreat. While the flag is lowered, do you face in the direction of the flag and salute?
→ When I see the flag lowered and I hear the national anthem played, I face the flag and stand at attention. But the soldiers should do salute our flag.

62. 대화 주제: 미국 정부

The United States is made up of (consists of) fifty states. Washington, D.C., is the capital. The Consitution outlines (indicates) the structure of the national government and its authority (power) and activity. Other activities are the responsibility of the states. These states have their own constitutions and systems of laws. The states are divided into counties, townships, cities, and villages.
Each unit or division has its own government.

All government in the United States is, "of, by and for the people."
Members of Congress, the President, the state leaders, and those who govern counties and cities are elected by the people.

The heads of federal departments are appointed by the President with the approval of the Senate. This is similar to the appointment of ministers in other countries. Federal judges are named by the President in the same way and other judges are elected by the people. Voting is done in secret, so that no one will know how another person votes. Public officials may be removed from office if they fail to perform their duties properly.

According to the U.S. Constitution, the federal government is organized into three branches (divisions): the executive, the legislative, and the judicial. The first branch works directly under the President himself and is responsible for enforcing the laws of the country.

The legislative branch consists of the Senate and the House of Representatives. This branch makes the laws and rules for the whole country. The Judicial branch interprets (explains) the Constitution and laws of the country in court decisions. The Supreme Court is the highest court. By clearly defining the duties and responsibilities of each branch, the Constitution prevents any one branch from becoming too powerful.

62. TOPIC: GOVERNMENT IN THE UNITED STATES

미국은 50주로 구성되어 있다. 워싱턴 D.C가 수도이다.

헌법은 국가 정부의 구조와 그의 권한과 활동을 나타낸다. 다른 활동은 주의 책임이다. 이들 주는 그들만의 헌법과 법 제도를 갖고 있다. 주들은 군 county, 면 township, 시 city, 그리고 마을 village로 분리되어 있다.

각 단위 또는 부서에는 자체 정부가 있다.

미국의 모든 정부는 국민의, 국민에 의한, 국민을 위한 것이다.

국회의원, 대통령, 주 지도자 그리고 군과 시를 통치하는 사람들은 국민에 의해서 선출된다.

연방 부서의 수장들은 상원의 승인을 얻어 대통령에 의해 임명된다. 이것은 다른 나라의 장관 임명과 유사하다. 연방 판사는 같은 식으로 대통령이 지명하고 기타 판사는 국민이 선출한다.

투표는 비밀리에 이루어지므로 다른 사람이 어떻게 투표하는지 아무도 알 수 없다. 공직자는 직무를 제대로 수행하지 못한다면 공직으로부터 해임될 수 있다.

미국의 헌법에 의하면 연방 정부는 세 개의 부서로 조직되어 있다. 행정부, 입법부, 사법부. 첫 번째 부서는 직접 대통령 밑에서 일하고 국법을 시행하는 책임을 진다.

입법부는 상원과 하원으로 구성된다. 이 부서는 전 국가를 위한 법과 규칙을 만든다. 사법부는 법원의 결정에 있어서 국법과 헌법을 대변한다. 대법원은 가장 높은 법원이다. 각 부서의 책임과 임무를 명확히 정의해 보면, 헌법은 어느 한 부서가 힘이 너무 강하게 되는 것을 방지한다.

질문

1. 미국은 어떻게 구성되어 있습니까?
→ 미국은 50개 주로 구성되어 있습니다.

2. 수도는 어디입니까?
→ 수도는 워싱턴입니다.

3. 당신 나라에도 '주'와 같은 것이 있나요?
→ 우리나라는 주가 없습니다.

4. 무엇이 국가 정부의 권한과 구조를 표시합니까?
→ 헌법이 국가 정부의 구조와 그리고 그의 권한과 활동을 나타냅니다.

5. 주들은 어떻게 통치됩니까?
→ 주는 그들만의 헌법과 법을 갖고 있습니다. 주들은 주 지도자들에 의해서 통치됩니다.

6. 국가, 주, 군, 시지도자는 어떻게 취임합니까?
→ 그들은 국민에 의해 선출됩니다.

7. 당신 나라에서 공무원은 어떻게 선출됩니까?
→ 공무원들은 시험을 통하여 선출됩니다.

8. 연방장관 (부서장)은 어떻게 선출됩니까?
→ 연방 장관은 대통령에 의해서 임명됩니다.

9. 선거와 임명은 무엇이 다릅니까?
→ 선거는 국민에 의해서 되고, 임명은 대통령에 의해서 행해집니다.

10. 만일 공무원이 직무를 제대로 수행하지 못하면, 무슨 일이 있게 될까요?
→ 공무원은 직무를 제대로 수행하지 못할 경우, 그들은 공직으로부터 면직될 수도 있습니다.

11. 미국 정부의 3개의 중요한 부서는 무엇입니까?
→ 정부는 행정부, 입법부 그리고 사법부로 조직됩니다.

QUESTION

1. What does the United States consist of?
→ The United States is made up of fifty states.

2. Where is the capital?
→ Washington, D.C. is the capital.

3. Do you have something like states in your country?
→ We don't have states.

4. What outlines the structure and authority of the national government?
→ The Constitution outlines the structure of the national government and its authority and activity.

5. How are the states governed?
→ The states have their own Constitutions and laws. The states are governed by the state leaders.

6. How do national, state, county, and city leaders get in office?
→ They are elected by the people.

7. How are public officials selected in your country?
→ The public officials are selected through the examination.

8. How are the heads of federal departments selected?
→ They are appointed by the President.

9. What is the difference between an election and an appointment?
→ The election is done by the people and the appointment is done by the President.

10. What may be done if public officials fail to perform their duties properly?
→ Public officials may be removed (dismissed) from office if they fail to perform their duties properly.

11. What are the three main branches of the United States government?
→ The government is organized into the executive, legislative, and judicial branches.

12. 어느 부서가 대통령 밑에서 직접 일합니까? 이 부서는 무엇을 책임집니까?
→ 행정부는 법의 집행을 책임집니다.

13. 어느 부서가 전 국가를 위한 법과 규정을 만듭니까?
→ 입법부가 법과 규정을 만듭니다.

14. 입법부는 어떻게 구성되어 있나요?
→ 입법부는 상원과 하원으로 구성되어 있습니다.

15. 사법부는 무엇을 책임집니까?
→ 사법부는 헌법과 법률을 해석합니다.

16. 당신 정부는 몇 개의 부서(branches 또는 divisions)로 조직되어 있습니까?
→ 한국 정부는 행정부, 입법부, 사법부로 조직되어 있습니다.

17. 행정부는 몇 개의 부처로 구성되어 있습니까?
→ 행정부는 20개의 부처로 구성되어 있습니다.

18. 약국은 몇 단어로 구성되어 있나요?
→ Drugstore는 두 단어로 구성되어 있습니다.

19. 물은 무엇으로 구성되어 있나요?
→ 물은 수소와 산소로 구성되어 있습니다.

12. Which branch works directly under the President? What is this branch responsible for?

→ The executive branch is responsible for enforcing the laws.

13. Which branch makes the laws and rules for the whole country?

→ The legislative branch makes the laws and rules.

14. What does this branch consist of?

→ The legislative branch consists of the Senate and the House of Representatives.

15. What is the judicial branch responsible for?

→ The judicial branch interprets the Constitution and the laws.

16. How many branches is your government organized into?

→ Korean government is organized into the executive, legislative, and judicial branches.

17. How many ministries is Your Executive made up of?

→ The executive is made up of 20 ministries.

18. How many words is drugstore composed of?

→ Drugstore is made up of two words.

19. What does water consist of?

→ Water is composed of hydrogen and oxygen.

63. 대화 주제: 숫자 연습

add to =plus, subtract from = minus, multiplied by, divided by, sum, total, difference, remainder, product, quotient, equals.

Read the sentences. Then perform the operation.

1. If 18 is added to 36, what is the total?
18 + 36 = ?   Read: Eighteen plus thirty-six equals(=) ?

2. If 2 is subtracted from 10, what is the remainder(difference between)?
10 − 2 = ? Read: ten minus two equals(=) ? or, two subtracted from ten equals(=) ?

3. If 9 is multiplied by 5, what is the product?
9 x 5 = ? Read: nine multiplied by(or times) five equals(=) ?

4. If $200 is divided by 5, what is the quotient?
$200 ÷ 5 = ? Read: two hundred dollars divided by five equals(=) ?

63. TOPIC: EXERCISE WITH NUMBERS

더하기, 빼기, 곱하기, 나누기,
합계, 총, 다름, 잔액, 산출, 비율, 등분.

문장을 읽으시오. 그런 다음 산술을 행하시오.

1. 18을 36에 더하면 합계는 얼마입니까?

18 + 36 = ? (읽기 : 에이틴 프러스 떠리씩스 이퀄즈?)

2. 10에서 2를 빼면 남은 수는 얼마입니까?

10 - 2 = ? (읽기 : 텐 마이너스 투 이퀄즈?)
 (또는, 투 썹트랙팃 프럼 텐 이퀄즈?)

3. 9를 5로 곱하면, 산출액은 얼마입니까?

9×5=? (읽기 : 나인 멀티플라이딧 바이 화이브 이퀄즈?)

4. 200불을 5로 나누면, 몫은 얼마입니까?

$200 ÷ 5 = ? (읽기 : 투 헌드레드달라즈 디바이딧 바이 빠이브 이퀄즈?)

문제

☞ 이 부분은 영어로 훈련하고, 또 공식을 보고, 영어로 말하고 답한다.
☆표시의 질문은 꼭 훈련할 것.

☆ Problem 1 :

If Edison received $40,000 from four inventions, what was the average received for each one?
→ Tell what you do in solving.
에디슨은 4개의 발명품으로부터 4만 불을 받았다면, 평균 한개당 얼마씩 받았나요?
계산할 때, 당신이 해야 할 것을 말해보세요.

☆ Problem 2 :

The capacity of a fuel tank is 180 gallons. If it is made twice as large, how much will it hold?
→ Tell what you do in finding the answer.
연료탱크의 용량이 180 갤론입니다. 그 크기를 두 배로 만들면, 그것은 얼마를 넣을 수 있을까요? 대답을 찾을 때, 당신이 할 것을 말해보세요.

》 추가 표현을 훈련하시오.

1. 더하기 표현 (Expressions of Addition)

① 18 + 36 = 54.
② 18 added to 36 equals 54.
③ When 18 is added to 36, the total is 54.
④ 18 + 36 is 54.
⑤ The sum of 18 + 36 is 54.
⑥ What is the sum of 18 + 36?
⑦ The sum is 54. 또는, The sum of 18 + 36 is 54.
⑧ 54 is the sum of 18 + 36. 또는, 54 is the total of 18 + 36.

2. 빼기 표현 (Now let's practice some expressions of subtraction)

14 dollars minus eight dollars leaves 6. (14불에서 8불을 빼면 6이 남는다)
14 dollars less eight leaves 6 dollars. (14불에서 8을 제하면 6불이 남는다)

☆ I had 14 dollars and spent eight dollars. I have 6 dollars left.
  (나는 14불을 갖고 있었고, 8불을 썼다. 나는 6불이 남았다.)
☆ If you had 14 dollars and spent eight of them, how many dollars would you have left?
→ I'd have six cellars left. 또는 6 dollars.
(당신은 14불을 갖고 있고, 8불을 쓴다면, 얼마나 남을까요?)
→ 나는 6불 남습니다.
  ① 54 - 17 = 37.
  ② 17 subtracted from 54 = 37.
  ③ 36 - 18 is 18.

④ 18 subtracted from 36 is 18.
☆ ⑤ What is 36 - 18?   18.
☆ ⑥ What is eight subtracted from 12?   four.
⑦ Ten is the remainder of 25 –15.

3. 나누기 표현 (The next practice is with some expressions of division)
20÷5 = 4. ⇒Twenty divided by five equals four.
20÷5 is 4. ⇒Twenty divided by five is four.
☆What is twenty divided by 5? four.
One hundred dollars divided by five equals 20 dollars.

☆What does one hundred dollars divided by five equal? It equals 20 dollars.
백불을 5로 나누면 얼마인가요? ⇒ 그것은 20불이다.

4. 곱하기 표현 (Expressions of Multiplication)
5×4 = 20 =Five multiplied by 4 equals 20.
5×4 = 20 =Five multiplied by 4 is 20.
☆What is five multiplied by 5 ?   25.

☆계산기 없이, 당신은 더하기, 빼기, 곱하기, 나누기를 잘할 수 있나요?
Can you add, subtract, multiply and divide well without a calculator?

64. 주제 대화: 미식표현, 속담, 속어   훈련횟수 ☐ ☐ ☐

지금까지 공부한 것 중에서 우리의 감정표현으로는 성립이 안 되는 말은 그들만의 특수표현입니다. 미국식 표현이니 속담이니 하여 문장을 그대로 외워서 사용하지만, 문법적으로는 정확합니다. 우리의 표현과 비교할 수 있어야 잘 외워지고 쉽게 숙달이 됩니다. 여기 훈련이 끝나고 제1권 7부를 펴놓고 복습하십시오.

1. 우리는 가끔 우리가 아는 어떤 이를 'a square peg in a round hole'이라고 부릅니다. 이것은 무슨 뜻입니까?
→ 이것은 간단한 의미로 "그 사람은 그가 하는 일에 맞지 않는다"라는 뜻입니다.

Sometimes we say that someone we know is 'a square peg in a round hole'. What does that mean?
→ This simply means "The person is not suited for the job he is doing."

2. 가끔 우리는 "It's a deal"이라고 합니다. 이것은 무슨 의미입니까?
→ 이것은 "그렇게 하도록 하자."라는 뜻입니다.

Sometimes we say "It's a deal." What do you mean by that?
→ That means "Let's make a decision to do it."

3. 우리는 수시로 "Hang in there"라고 언급합니다. 이것은 무슨 뜻입니까?
→ 이것은 "그 일을 고수하라", 라는 뜻입니다.

Frequently we mention "Hang in there." What does it mean?
→ It means "Stick to it."

4. 우리는 가끔 "I tell you what"이라고 말합니다. 이것은 무슨 말입니까?
→ 이것은 "이렇게 합시다" 즉, Let's do this입니다. 예를 들면, 이렇게 해요. 당신은 택시 타고, 나는 버스 타고.

Once in a while we say "I tell you what." What does that mean?
→ It means "Let's do this." For example, I tell you what. "You take a taxi and I catch a bus."

5. 우리는 가끔 "Every Jack has his Jill"이라고 합니다. 무슨 말이죠?
→ 이것은 "모든 사람은 자기의 짝이 있다.", "모든 사람은 자기의 부인감이나 남편감이 있다."라는 뜻입니다.

At times we say "Every Jack has his Jill." What does that mean?
→ This means "Everyone has one's own match. In other words."Everybody has his wife to be or her husband to be.

6. 테드는 말했습니다. "It makes my mouth water!" 이것은 무슨 뜻인가요?
→ 그것은 군침이 도는군요. 라는 뜻입니다.

Ted said, "It makes my mouth water." What does that mean?
→ It means it looks delicious so I am eager to eat it.

7. 리드는 말했습니다. "It's off the record!" 이것은 무슨 말인가요?
→ 그것은 비공식입니다. 라는 뜻입니다.

Reed said, "It's off the record." What does that mean?
→ It means it is informal.

8. "You are teaching a fish how to swim." 이것은 무슨 말인가요?
→ 그것은 공자 앞에서 문자 쓰고 있다. 라는 말인데. 지식이 많은 사람 앞에서 아는체한다. 라는 뜻입니다.

"You are teaching a fish how to swim." What does that mean?
→ It means someone is pretending to know much things in front of a scholar who has the great knowledge.

9. 당신 어머니가 말했습니다. "Don't use the four-letter-word! 이것은 무슨 뜻이죠?
→ 욕을 하지 마라. 라는 뜻입니다. 다소의 욕들이 4글자로 되어 있기 때문에. 예를 들면, dame, damn, fuck, shit, fool etc.

Your mother said, "Don't use the four-letter-word!" What does that mean?
→ It means Do not speak ill of others! Because some of abuses consist of 4-letter. For example; damn, fuck and shit etc.

10. "A little bird told me"는 무슨 뜻인가요?
→ 소문에 들었다, 라는 뜻입니다.

What do you mean by "A little bird told me"?
→ It means I heard from someone or someone told me.

11. 이 양은 말하기를 "Let's call it a day"라고 했습니다. 무슨 뜻이죠?
→ 그것은 "Let's get finished."라는 뜻이다.

Miss Lee said, "Let's call it a day." What does that mean?
→ It means "Let's get finished."

12. What do you mean by "Let's get going" or "Let's hit the road"?
→ It means "Let's go." (갑시다. 라는 뜻이다.)

13. What do you mean by "Don't let me down"?
→ It means "Don't disappoint me." (나를 실망 시키기 마세요, 라는 뜻)

14. What do you mean by "It gets me"?
→ It means "It makes me angry (upset)." (성질나는데)

65. 대화주제: 공포로부터의 해방

The primary mandate of the government is to maintain public peace and law so as to guarantee citizens' safety without fear of violent crimes. Notwithstanding this, it is again deplorable and dumbfounding to learn of a series of news reports of abduction of women even in broad daylight by 'traffickers of flesh'.

Of course, we need territorial unification, democratization, the protection of human rights and better, decent living standards.
But the overriding requirement is to maintain public peace and security by cracking down on violent criminals.
Bona fide citizens should not be left in danger any longer of falling victims to the exchange of teargas shells and Molotov cocktails between riot police and violent demonstrators on the streets.
Police and other law enforcement authorities ought to brace to first root out hooligans and robbers who intrude into homes and not only rob people of their property but also rape them.

질문

1. 당신은 난폭한 범죄가 없는 시민의 안전을 보장할 수 있습니까?
→ 아니오, 나는 시민의 안전을 보장할 수 없습니다.
그것은 나의 의무(obligation)가 아니고 정부의 책무(mandate)입니다.

2. 여자를 납치한다는 뉴스를 들으니 통탄스러운가요, 아니면 기분 좋은가요?
→ 여자를 납치한다는 뉴스를 들으니 통탄스럽고, 말이 막힙니다.

3. 왜 대낮에 인신매매단에 의해서 여자가 납치될까요?
→ 정부가 날뛰는 범죄자를 소탕하지 못하기 때문입니다.

4. 당신도 납치당한다는 생각을 해보았나요? →

PART 1 - 3: By using English Newspaper

65. TOPIC: FREEDOM FROM FEARS

타임즈사설

정부의 가장 일차적인 임무는 난폭한 범죄로부터 공포 없이 시민의 안전을 보장하기 위하여 공공의 평화와 법을 유지하는 것이다. 이럼에도 불구하고, 인신매매단에 의해 대낮에 여자를 납치하고 날뛰는 강도 집단의 연속적인 보고 소식을 들으니 또다시 기가 막히고 말문이 막힐 뿐이다.

물론, 우리는 영토통일, 민주화, 인권의 보호와 더 나은 생활 수준을 필요로 한다. 그러나 무엇보다도 요구되는 사항은 난폭한 범죄자를 일소함으로써 공공의 평화와 안보를 유지하는 것이다.

진압경찰과 거리의 폭력시위대가 벌이는 최루탄과 화염병의 맞교환으로 선량한 시민들이 더 이상 희생양이 될 위험에 처해선 안 된다.

경찰과 기타 법 집행 당국은 가정집을 침입하여 그들의 재산을 강탈하고 또한 그들을 강간하는 강도와 깡패를 먼저 뿌리 뽑기 위하여 박차를 가해야 할 것이다.

QUESTION

1. Can you guarantee citizens' safety without violent crimes?
→ No, I cannot guarantee citizens' safety.
Because that is not my obligation but the government's mandate.

2. Is it deplorable or pleasing to learn of news of the abduction of women?
→ It is deplorable and dumbfounding to learn of news of the abduction of women.

3. Why are the women abducted even in broad daylight by 'traffickers of flesh'?
→ Because the government can not crack down violent criminals.

4. Have you ever thought about being abducted?
→

5. 선량한 시민이 강도에 의해서 맞는 것을 당신은 본 적이 있나요?
→ 예, 나는 한 시민이 강도에 의해서 맞는 것을 본 적이 있습니다.

6. 왜 인권의 보호와 더 나은 생활 수준이 중요합니까?
→ 그것은 말할 필요가 없습니다.
우리는 아무런 이유 없이 경찰에 끌려 가서 고문을 당할수도 있습니다.

7. 당신은 한국인의 생활 수준은 일본인의 생활 수준보다 높다고 생각합니까?
→ 한국인의 생활 수준은 일본인의 생활 수준보다 높습니다.

8. 무엇이 정부의 최우선 요구과제라고 생각합니까?
→ 최우선 요구과제는 공공의 평화와 안보를 유지하는 것입니다.

9. 정부 당국은 어떻게 난폭한 범죄자를 일소시킬 수 있을까요?
→ 정부는 범죄자를 뿌리 뽑을 힘이 없습니다. 원칙적으로 그것은 불가능합니다. 선과 악이 공존하니까요.

10. 누가 범죄의 희생물로 떨어지나요?
→ 운이 없는 사람이 범죄의 희생물로 떨어집니다.

11. 개인 집을 침입하여 그들을 강간하고 그들의 재산을 강탈하는 강도가 있습니다.당신은 무슨 벌을 주고 싶습니까?
→ 개인 집을 침입하여 재산을 강탈하고 그들을 강간하는 강도는 죽여야 합니다. 사형선고가 가장 맞는 벌입니다.

12. 당신이 강간 현장을 목격합니다. 당신은 그 강도와 용감히 싸울 수 있나요?
→ 비록 나는 용감하지만, 소리만 지를 것입니다. 그들은 숫자가 많으니까요.

5. Have you ever seen innocent citizens beaten by hooligans?→
→ Yes, I have ever seen a citizen beaten by hooligans.

6. How come the protection of human rights and better living standards are important?
→ It goes without saying. We may be taken by the police and tortured without any reason.

7. Do you think the living standard of a Korean is higher than that of a Japanese?
→ The living standard of a Korean is —

8. What is the overriding requirement of our government?
→ The overriding requirement is to maintain public peace and security.

9. How can government authorities crack down on violent criminals?
→ The government doesn't have any strength to root out criminals. As a rule(In principle), it is impossible. Because evil and good exist equally.

10. Who falls on victims of crimes?
→ The people who do not have good fortunes fall on victims of crimes.

11. There are robbers who intrude into homes and not only rob people of their property but also rape them. What punishment do you want to give?
→ The robbers who intrude into homes and not only rob people of their property but also rape them should be killed. Sentence of death is the right punishment.

12. You notice the scene of rape. Can you fight the robbers bravely?
→ Although I am courageous, I am going to shout. Because there are-

66. 대화주제: 부정 입학시험

Once again dumbfounding us is the news report that police have detected cases of illicit entrance to Seoul universities by the forging of academic records from high schools, and the switching of photographs and identification cards of five applicants so that other students could take entrance exams in proxy. According to the report, police have asked for warrants to arrest eight people involved in the fraud, including university officials, a high-school teacher and students' parents, but the broker of the case is reportedly still at large.

Although the actions of the parents and broker himself are to be censured, it is indeed deplorable to learn that a high-school teacher, university officials and real students of prestigious universities are involved in the fraud, bought by bribes.

Of course, illicit college admission as such is not novel in the country. According to reports made by the Education Ministry alone, a total of 1,163 students were found to have obtained admission to colleges illicitly over the past three years.
Both government and school authorities ought to take astute remedies to root out any loopholes in the current college entrance system.

질문

1. 누가 주민등록증과 사진을 바꿔서 대리로 입학시험을 쳤나요?
→ 일류대학의 학생들이 대리로 입학시험을 쳤습니다.

2. 어떤 학생은 학업성적을 위조했습니다. 그 이유가 무엇이었나요?
→ 대학에 들어가기 위해서요.

3. 당신은 부정으로 대학에 입학했나요?
→ 아니요. 나는 정당히, 합법적으로 대학에 입학했습니다.

4. 당신은 뇌물로 남을 사본 적이 있나요?
→ 아니요. 나는 남을 뇌물로 산적이 없습니다.

5. 대학 입학을 위한 지원자를 선별하는 방법이 무엇인가요?
→ 대학 입학을 위한 지원자를 선별하는 방법은 시험입니다.

6. 현행 대학 입학제도의 허점을 뿌리 뽑을 수 있는 길은 무엇인가요?
→ 대학 입학제도를 수시로 바꾸어야 합니다. 어떠한 허점도 뿌리 뽑기 위해서.

7. 당신은 수사당국이 사기에 포함된 모든 이를 철저하게 소멸시켜야 한다고 생각합니까?
→ 수사당국은 사기에 포함된 사람을 일소시켜야 합니다.

8. 당신은 우리나라의 지방 자치제를 찬성합니까, 아니면 반대합니까?
→ 나는 우리나라의 지방 자치제를 찬성합니다.

66. TOPIC: FRAUD IN COLLEGE ENTRANCE

또다시 우리를 아연실색하게 하는 것은, 다른 학생이 대리로 입학시험을 치룰 수 있도록, 5명의 지원자의 주민등록증과 사진을 바꾸고, 고등학교 학업 성적표를 위조하여 서울 대학교에 부정 입학한 경우를 경찰이 발견했다는 보도이다.

그 보도에 따르면, 경찰은 학생의 부모와 학교 선생 그리고 대학 직원을 포함하여 사기죄에 해당되는 8명의 체포를 위해서 영장을 신청했다고 한다.

그러나 그 브로커의 경우는 아직 잡히지 않은 것으로 전해졌다.

비록 부모나 브로커의 행동은 비난받아 마땅하지만, 고교 교사와 대학교 직원과 실제 일류대학의 학생들이 뇌물에 의해 매수된 사기 사건에 포함되었다는 것을 알게 되니 정말로 통탄할 일이다.

물론, 이러한 부정 대학 입학은 이 나라에서 신기한 것이 아니다.

교육부 보고에 따르면, 총 1,163명의 학생이 지난 3년간 부정 입학을 한 것으로 밝혀졌다.

정부나 학교 당국은 현행 대학 입학제도의 허점을 뿌리 뽑기 위하여 기민한 대책을 세워야 한다.

QUESTION

1. Who took entrance exams in proxy switching of photographs and identification cards?
→ Students of prestigious universities took exams in proxy.

2. Some students forged their academic records. What is the reason?
→ So as to enter a college.

3. Did you enter your college illicitly?
→ No, I entered my college(I admitted to the college) in a right way and legally.

4. Have you ever bought others by bribes?
→ No, I never bought anyone by bribes.

5. What is the way of screening applicants for admission to colleges?
→ The way of screening applicants for admission to colleges is an examination.

6. What is the way to root out any loopholes in the current college entrance system?
→ The college entrance system should be changed frequently. In order to root out any loopholes.

7. Do you think investigation authorities must thoroughly crack down on all involved in the fraud?
→ The investigation authorities must crack down on all involved.

8. Do you support or oppose the local autonomy system of our nation?
→ I support the local autonomy system.

67. 대화 주제: 집 없는 자에 대한 정책

Drawing public attention is a recent government announcement that as many as 850,000 small-sized apartments will be built for needy people without their own homes by 2030, as part of the ambitious plan to construct a total of 2 million housing units by the same year.

The new housing policy apparently accents an increased supply of housing units for needy people without homes in a shift from the previous policy aimed at supplying more housing to meet the needs of those in the medium-income brackets.

The new policy is a step in the right direction to supply substantially increased housing units especially for needy households at low prices and rental charges. This is imperative so as to ease the ever-aggravating housing difficulty in Seoul and other large cities.

Hitherto not only private housing firms but also government agencies as well as the state-run housing corporation have been more bent on the construction of relatively large apartments and other housing units so as to meet the needs of rather the haves who own their own houses, apparently motivated commercially, in neglect of welfare policy for houseless people.

질문

1. 당신은 대중의 관심을 끌 수 있습니까?
→ 나는 영화배우가 아닙니다. 나는 대중의 관심을 끌 필요가 없습니다.

2. 당신은 집이 없는 가난한 사람인가요?
→ 아니요, 나는 집이 없는 가난한 사람은 아닙니다.

3. 당신은 대통령의 취임식에 참석한 적이 있었나요?
→ 아니요, 나는 대통령의 취임식에 참석한 적이 없습니다.

4. 당신은 영구 임대를 위한 아파트를 요구하는 빈민입니까?
→ 물론 아닙니다, 나는 빈민이 아닙니다.

5. 새 주택정책은 당신의 요구를 충족시킬 수 있다고 생각합니까?
→ 아니요, 새 주택정책은 나의 요구를 충족시킬 수 없습니다.

67. TOPIC: POLICY FOR HOUSELESS PEOPLE

사설

대중의 관심을 끄는 것은 같은 해까지 총 2백만 채의 주택을 건설하기 위한 야심찬 계획의 일환으로서, 2030년까지 자기 집이 없는 가난한 사람들을 위해서 85만 채 이상의 소형 아파트를 짓는다는 최근의 정부 발표다.

새 주택정책은 명백히 중산층의 수요를 충족시키기 위해 더 많은 주택을 공급하는 것을 기존에 있는 그들의 필요를 충족시키기 위하여 보다 많은 집을 공급할 목표로 사전 정책으로부터 전환되어 집 없는 가난한 자들에게 주택의 증가된 공급에 초점을 두고 있다.

새로운 정책은 특히 저렴한 가격과 임대료로 가난한 가정들에게 상당히 증가된 주택을 공급하기 위한 올바른 방향의 한 조치이다. 이것은 서울과 대도시의 상존한 주택난을 완화하기 위해서 필연적이다.

지금까지는 민간주택 회사뿐만 아니라 정부기관은 물론 국영주택공사도 집 없는 사람들을 위한 복지정책에는 게을리하면서, 명백히 상업적으로만 동기가 되어 자기 집이 있는 꽤 가진자들의 필요를 충족시키기 위하여 기타주택이나 비교적 큰 아파트의 건설에만 몰두해 왔습니다.

QUESTION

1. Can you draw public attention?
→ I am not a movie actor(actress). I do not need to draw public attention.

2. Are you a needy person without your home?
→ I am not a needy person without my home.

3. Have you ever attended the inauguration ceremony of a president?
→ No, I've never attended the inauguration of a president.

4. Are you a destitute person who requires an apartment for permanent rent?
→ Of course, not. I am not destitute.

5. Do you suppose the new housing policy could meet the needs of you?
→ No, the new housing policy cannot meet my needs.

6. 언제 주택문제가 완화될 것 같나요?
→ 집을 수요보다 더 많이 지으면, 주택문제는 완화될 겁니다.

7. 정부 당국은 낮은 임대료로 가난한 가정에게 주택을 공급한다고 생각합니까?
→ 그 점에 있어서는, 생각해본 적이 없습니다. 나는 임대료가 낮은지 높은지 모르겠습니다.

8. 정부가 운영하는 주택 공사는 호화주택을 짓고 있다고 생각합니까?
→ 주택 공사는 소형주택을 짓고 있습니다.

9. 당신은 자신의 집이 있는 꽤 가진 자에 속합니까, 아니면 없는 자에 속합니까?
→ 나는 집은 있으나 꽤 가진 자에 속하지는 않습니다.

10. 당신은 중산층입니까, 아니면 고소득층입니까?
→ 나는 중산층입니다.

11. 누가 주택건설을 주도하고 있나요?
→ 건설회사가 주택건설을 주도하고 있습니다.

12. 당신은 어떻게 대도시로의 인구 유입을 저지할 수 있을까요?
→ 이것은 어려운 질문입니다. 답을 쉽게 할 수가 없습니다.
  *deter=저지하다. discourage=꺽다. block=막다.

13. 우리는 증가하는 주택문제, 교통 문제를 어떻게 해결할 수 있을까요?
→ 증가하는 주택문제, 교통 문제는 정부에 의해서 해결되고 있습니다.

14. 우리나라는 균형 있는 지역 발전을 원합니다. 그것이 잘되고 있나요?
→ 우리나라는 균형 있는 지역 발전을 원합니다. 그것이 잘되고 있지 않습니다.

15. 당신은 고소득층과 저 소득층의 차이점을 말해볼 수 있나요?
→ 고소득층은 큰 집과 차를 갖고 있고, 부동산 외에 수입도 많습니다. 그들은 무엇이든 살 여유가 있습니다. 반면 저소득층은 집과 차가 없습니다.

16. 당신은 중산층의 정의를 말해 볼 수 있나요?
→ 그들은 자기 집과 차를 소유하고 있습니다. 그들의 수입은 오백만 원 이상일 것입니다. 내 견해로는.

6. When do you think the housing difficulty will be eased?
→ If the housing units are built more than demands, the housing difficulty will be eased.

7. Do you think the government authorities could supply housing units for needy households at low rental charges?
→ In that respect, I've never given a thought. I have no idea either low or high.

8. Do you think the state-run housing corporation is constructing deluxe housing units?
→ The housing corporation is constructing small housing units.

9. Do you belong to rather the haves who own their own houses or have-nots?
→ I own my house but I don't belong to the haves.

10. Are you in the medium-income brackets or high-income brackets?
→ I am a person in the medium-income brackets.

11. Who takes the lead in the housing construction?
→ Construction firms take the lead in the housing construction.

12. How can you deter the population inflow into large cities?
→ It is a difficult question. I can't answer easily.

13. How can we solve growing housing and traffic problems?
→ Growing housing and traffic problems are being solved by the government.

14. Our nation demands the balanced regional development. Is it going well?
→ Yes, It is going well.

15. Could you tell me the difference(contrast) between the high-income brackets and the low-income brackets?
→ The high-income brackets have a big house and cars, and their income is much in addition to having real estates. They can afford to buy anything. On the other hand, the low-income brackets do not have a house and a car.

16. Could you tell me the definition of the medium-income brackets?
→ They own their own house and a car. Their income will be more than 5 million won. From my point of view.

68. 대화 주제: 건전한 해외여행의 필요

It is natural that the number of Koreans who made overseas trips last year, rapidly increased by 67.3 percent, compared with the preceding year, to more than 1.2 million. Statistics concerned showed that the travelers spent a total of $2,593.7 million, up 91.6 percent from the year before.

Particularly remarkable was the whopping rise of 245 percent in the number of students at all levels. Since the nation's economy has developed substantially to improve the international balance of payments, not to speak of the marked enhancement of living standards, making overseas tours is quite commendable and understandable for the purposes of enjoying leisure by seeing and learning of things abroad.

Especially extravagant overseas tours were made by wealthy but thoughtless people visiting summer and winter resorts, those hunting bears in Alaska and golfing on Guam, for instance.

Sound and economical overseas trips are commendable in view of their positive effect of inspiring vitality in people's individual lives, in pace with the nation's liberalization and internationalization steps.

However, wealthy people should restrain themselves from indulging in extravagance, an evil causing disharmony between the haves and have-nots. At the same time, travel agents and airlines are urged to discontinue irresponsible and reckless sales activities, which incite indiscreet people to make wasteful overseas trips.

질문

1. 당신은 언제부터 해외여행이 완전히 해제되었는지 기억나십니까?
→ 내 기억으로는, 해외여행은 40년 전부터 해제되었습니다.

2. 당신은 언제부터 해외 유학이 자유화되었는지 기억나십니까?
→ 내가 알기로는, 해외 유학은 24년 전부터 자유화되었습니다.

3. 당신은 해외 유학을 전면 자유화해야 한다고 주장하나요, 아니면 부분적으로 통제해야 한다고 주장합니까?
→ 내 견해로는, 나는 해외 유학이나 해외여행을 나이로 통제해야 한다고 주장합니다.

4. 모든 나라 중에서, 당신은 어느 나라를 먼저 가 보고 싶나요?
→ 나는 미국을 먼저 가 보고 싶습니다.

5. 당신은 국가의 경제가 근본적으로 발달했다고 생각합니까?
→ 아니요, 나는 국가의 경제가 근본적으로 발달했다고는 말할 수 없습니다.

6. 당신의 생활 수준은 작년에 비교하여, 향상되었나요.?
→ 나의 생활 수준은 전년도에 비교하여, 그대로 입니다.

68. TOPIC: NEED FOR SOUND OVERSEAS TRAVEL

지난해 해외여행을 다녀온 한국인의 숫자는 120만 이상으로, 전년도에 비교하여 67.3 퍼센트나 급속히 증가한 것은 당연하다.

관련 통계에 따르면 여행객들은 총 25억 9천 370만 달러를 지출했는데, 이는 전년 대비 91.6% 증가한 수치이다.

특히 주목할 만한 것은 모든 수준에서 학생들의 숫자가 245퍼센트나 놀랄 만큼 증가했다. 생활 수준이 증가한 것은 말할 필요도 없겠지만, 나라의 경제가 발전해서 국제수지의 지불 능력이 근본적으로 증가 되어있다. 외국에서 일들을 보고 배우고, 여가를 즐길 목적으로 해외여행을 하는 것은 아주 권하고 이해할만한 것이다.

특히 알래스카에서 곰 사냥을 하거나 괌에서 골프를 치는 등 여름과 겨울 휴양지를 찾는 부유하지만 생각 없는 사람들이 호화로운 해외 여행을 했다.

국가의 자유화 조치나 국제화 조치에 보조를 맞추어, 개인의 사생활에 고무적인 활력을 넣는 양적인 효과 면에서 비추어 볼 때, 건전하고 경제적인 해외여행을 추천한다.

그러나 부유한 사람들은 사치에 몰두하는 것을 자제하여야 한다. 악행은 가진 자와 없는 자 사이의 부조화를 초래하고 있다. 동시에, 여행사와 항공사는 낭비 해외여행을 행하는 무분별한 인간들을 유도하는 무책임하고 무모한 판매 행동을 중단할 것을 촉구하는 바이다.

QUESTION

1. Do you remember since when overseas travel was totally decontrolled?
→ As I recall, overseas travel was decontrolled since 40 years ago.

2. Do you recall since when overseas study was liberalized?
→ To my knowledge, overseas study was liberalized since 24 years ago.

3. Do you insist that overseas study should be totally liberalized or should be controlled partially?
→ From my point of view, overseas travel and study ought to be controlled by age.

4. Of all the nations, which country would you like to go see first?
→ I want to go see America first.

5. Do you think the nation's economy has developed substantially?
→ No, I can't say our nation's economy has developed substantially.

6. Is your living standard enhanced, compared with last year?
→ My living standard has remained the same, compared with the preceding year.

7. 당신은 여가를 즐길 목적으로 해외여행을 할 여유가 있나요?
→ 현재로서는, 나는 여가를 즐길 목적으로 해외여행을 할 여유가 없습니다.

8. 누가 지나친 사치와 과소비를 합니까?
→ 부유한 사람들이 지나친 사치를 합니다.

9. 올해의 일 인당 국민소득은 얼마입니까?
→ 올해의 일 인당 국민소득은 35,000불이다.

10. 지각없는 사람들은 알래스카에서 곰사냥을 합니다. 솔직히, 그들이 부럽습니까?
→ 나는 지각없는 사람을 부러워하지 않습니다. 나는 사냥을 안 합니다.

11. 당신은 무분별하고 지각없는 사람인가요, 아니면 신중한가요?
→ 나는 생각이 깊고 신중한 사람입니다.

12. 우리나라에 오는 외국 방문객은 증가 하나요, 아니면 감소하나요?
→ 여기에 오는 외국 방문객은 해마다 감소할 것 같습니다.

13. 당신은 경제적인 해외여행을 할 수 있겠습니까?
→ 나는 건전하고 경제적인 해외여행을 할 것이다.

14. 가진 자와 못 가진 자 간의 부조화를 초래하는 것은 무엇입니까?
→ 부유한 자들이 지나친 사치에 몰두하는 것이다.

15. 당신은 무책임한 행동을 중단할 겁니까, 아니면 계속할 겁니까?
→ 나는 무책임한 행동은 중단할 것이다

16. 내년이 오면, 당신은 생활 수준의 향상을 기대할 수 있나요?
→ 비록 내년이 와도, 나는 생활 수준의 향상을 기대할 수 없다. 거기에 대해서 징조가 없다.
 *sign= 징조, 징후.

17. 부유한 사람들은 무엇을 자제해야 합니까?
→ 지나친 사치에 몰두하는 것을 자제해야 합니다.

7. Can you make overseas tours for the purpose of enjoying leisure?
→ At this moment, I cannot afford to make overseas trips for the purpose of enjoying leisure.

8. Who makes the extravagancy and excessive consumption?
→ Wealthy people make the extravagancy and excessive consumption.

9. What is Per capita income this year?
→ Per capita income this year is $35,000.

10. Thoughtless people hunt bears in Alaska. Frankly, do you envy them?
→ I don't envy thoughtless people. I don't go hunting.

11. Are you indiscreet and thoughtless or thoughtful?
→ I am thoughtful and considerate.

12. Do foreign visitors here in our country increase or slow down?
→ Foreign visitors here are likely to slow down year by year.

13. Can you make economical overseas trips?
→ I can make sound and economical overseas trips.

14. What causes disharmony between the haves and have-nots?
→ Wealthy people indulge in extravagance.

15. Will you discontinue or continue irresponsible activities?
→ I will discontinue irresponsible activities.

16. When next year comes, can you expect the enhancement of living standard?
→ Even though next year comes, I can't expect any enhancement of living standard. There is no sign about that.

17. What do wealthy people have to restrain from?
→ Wealthy people should restrain from indulging in extravagance.

69. 대화 주제: 물가 인상

We are concerned about upward price movements since the turn of the year with reports that various public utility rates, including subway and bus fares, are about to go up beginning March. No doubt, price stability is vital to industrial peace through modest wage hikes, which will lead to stable economic growth. However, no one can have optimistic prospects for price stability this year. Government economists concede to a 5-7 percent price hike, even if there are no serious labor disputes or social unrest, while the Korea Federation of Employers has predicted a 7-8 percent price increase.

The government is also called upon to make utmost efforts to minimize hikes for public utility rates and other service charges in the private sector. On the other hand, the authorities are urged to advance the timing of lowering electric and gas rates, taking the lead in the price stabilization drive, which is essential to economic stability for prosperity.

질문

1. 당신은 물가 인상 움직임에 관심이 있습니까?
→ 예, 말할 필요가 없지요. 나는 물가 인상에 많은 관심이 있습니다.

2. 공공시설 요금이 올라가려고 합니다. 주된 이유가 무엇입니까?
→ 돈의 공급이 증가했습니다. 그것이 이유입니다.

3. 왜 돈의 효과적인 수요와 공급의 통제가 필요하나요?
→ 인플레이션 (통화팽창)을 억제해야 하기 때문이다.
만일 공공 이용료가 올라가면, 우리는 우리의 수입을 걱정합니다.

4. 무엇이 안정된 경제성장을 이룰 수 있다고 생각합니까?
→ 물가 안정이 안정된 경제성장을 이룰 수 있습니다.

5. 올해에 심각한 사회불안이나 노사 분규가 있었나요?
→ 올해에는 심각한 사회불안이나 노사 분규는 없었습니다.

6. 만일 사회불안이 없으면, 물가 안정이 확립될까요?
→ 꼭 그렇지는 않습니다. 그러나 가격 안정성이 확립될 것입니다.

7. 경제 안정에는 무엇이 필수인가요?
→ 물가 안정은 번영을 위한 경제안정에 필수입니다.

69. TOPIC: PRICE MOVEMENTS

지하철과 버스 요금을 포함한 다양한 공공요금이 3월부터 인상될 것이라는 보도가 나오면서 연초 이후 물가 상승 움직임이 우려된다.

의심할 여지 없이, 물가 안정은 안정적인 경제 성장으로 이어질 적당한 임금 인상을 통해 산업 평화에 필수적이다. 그러나, 아무도 올해에는 물가 안정에 대한 낙관적인 전망을 가질 수 없다. 정부 경제학자들은 심각한 노사분규나 사회 불안이 없더라도 5-7%의 가격 인상을 인정하는 반면 한국경영자총협회는 7-8%의 가격 인상을 예상했다.

정부는 또한 공공요금과 민간 부문의 기타 서비스 요금 인상을 최소화하기 위해 최선의 노력을 기울여야 한다. 한편, 당국은 번영을 위한 경제 안정에 필수적인 물가 안정 운동에 앞장서 전기 요금과 가스 요금 인하 시기를 앞당길 것을 촉구한다.

QUESTION

1. Are you concerned about upward price movements?
→ Yes, needless to say. I am concerned about price movements.

2. Public utility rates are about to go up. What is the major reason?
→ Money supply has increased. That is the major reason.

3. Why is it necessary to control the effective demand and supply of money?
→ That's because inflation should be blocked(curbed). If public utility rates go up, we are worried about our income.

4. What do you think will lead to stable economic growth?
→ Price stability will lead to stable economic growth.

5. Was there any serious labor disputes or social unrest this year?
→ This year, there were no serious labor disputes or social unrest.

6. If there is no social unrest, will price stability be established?
→ It's not exactly. But price stability will be established.

7. What is essential to economic stability?
→ Price stability is essential to economic stability for prosperity.

8. 정부 당국은 인상을 극소화하기 위하여 극단적인 노력을 해야 하나요, 조금만 노력해야 하나요?
→ 정부 당국은 인상을 극소화하기 위하여 극단적인 노력할 것을 촉구합니다.

9. 당신 집의 한 달간의 전기, 가스 등 공공시설 이용료는 얼마인가요?
→ 내 집의 한 달간의 공공시설 이용료는 십만 원 정도입니다.

10. 지방 자치제도와 지방의회가 우리나라에 꼭 필요합니다. 그것이 맞습니까?
→ 지방의회와 지방 자치제도가 우리에게 필요한지는 모르겠습니다.

11. 무엇이 물가 불안에 치명적입니까?
→ 공공요금 인상과 임금인상이 물가 불안에 치명적일 것입니다.

8. Does the government authorities have to make utmost efforts or little efforts to minimize hikes?
→ The government authorities are urged to make utmost efforts to minimize hikes.

9. How much is public utility rates of your house a month?
→ Public utility rates of my house a month maybe 100,000 won.

10. The local autonomy system and Provincial council are inevitably necessary to our nation. Is it correct?
→ I have no idea whether the local autonomy system is necessary or not.

11. What is vital to price instability?
→ Public utility rates and wage hikes would be vital to price instability.

70. 대화 주제: 증권거래소 정상화 조치

It is somewhat encouraging to hear that share prices on the Korea Stock Exchange Tuesday began to rebound, ending a four-day losing streak, as the composite stock price index climbed by 19.56 points to reach 2000. This was quite a fortunate sign following the widely reported worries that the stock market was about to collapse.

We don't mind short-term ups and downs to some extent in share quotations. Indeed these are rather natural. But a broad-based composite stock price fall over a lengthy period of several months or more than a year in the recent case, apparently due to the year's business slump following three years of economic upturn, has to be tackled at its roots.

Needless to say, fundamental remedies for the weak equity market should be steady and trustworthy government policy efforts on a long-term basis, in addition to short-and medium-term policy schemes to induce more investors to deal in shares in a stable manner.

질문

1. 요즈음, 무엇이 당신에게 용기를 줍니까?
→ 요즈음은, 모든 것이 나에게 용기를 줍니다.

2. 당신은 증권을 살 여유가 있으세요?
→ 나는 증권을 거래하고 있습니다. 그러나 많이 투자할 여유는 없습니다.

3. 오늘의 종합 증권지수는 얼마입니까?
→ 종합 증권지수는 2300입니다.

4. 어느 경우에 증권시장이 붕괴될까요?
→ 주가가 장기간 하락할 경우 정부의 조치가 없으면 주식시장은 붕괴될 것입니다.

5. 당신은 증권지수의 등락에 마음이 쓰입니까?
→ 나는 증권지수의 단기간 등락에는 마음 쓰이지 않습니다. 그것은 당연한 것입니다.

6. 명백히, 종합 주가가 일 년 이상 떨어진다. 무엇을 의미합니까?
→ 그것은 경제의 침체를 의미합니다.

7. 증권시장을 위한 근본적인 치유 방법이 무엇입니까?
→ 근본적인 치유 방법은 정부가 행하는 것입니다. 나하고는 관계가 없습니다.

8. 현 상황에서, 우리는 안정된 태도로 증권을 거래할 수 있을까요?
→ 상황을 고려해보면, 우리는 안정된 태도로 증권을 거래할 수 없습니다.

9. 당신의 미래를 위한, 당신의 장기, 중기 그리고 단기계획은 무엇입니까?
→ 나의 중기 계획은 영어를 유창히 하는 것이고, 장기 계획은 큰 집을 사고 돈을 2억 이상 모으는 것입니다.

70. TOPIC: BOURSE NORMALIZATION STEPS

종합주가지수가 19.56포인트 상승해 2000에 도달하는 등 화요일 한국증권거래소의 주가가 나흘 연속 하락세를 끝내고 반등하기 시작한 것은 다소 고무적이다. 주식 시장이 곧 붕괴될 것이라는 우려가 보고되었다. 이것은 주식 시장이 무너질 것이라는 널리 알려진 우려에 이은 꽤 행운의 신호였다.

우리는 증권지수에 있어서의 다소간의 단기간 등락에는 마음 쓰지 않는다. 정말로, 이것은 꽤 당연한 것이다. 그러나 최근의 경우 3년간의 경기 상승에 따른 올해의 경기 침체로 인해 몇 달 또는 1년 이상의 장기적인 기간 동안 광범위한 종합 주가 하락은 근본적으로 해결되어야 한다.
말할 필요도 없이, 주식시장 약세에 대한 근본적인 해결책은 더 많은 투자자들이 안정적으로 주식을 거래하도록 유도하기 위한 단기 및 중기 정책 계획과 더불어 장기적으로 꾸준하고 신뢰할 수 있는 정부 정책 노력이 있어야 한다.

QUESTION

1. What encourages you these days?
→ These days, everything encourages me.

2. Can you afford to buy stocks?
→ I am dealing in shares. But I can't afford to invest a lot.

3. What is the today's composite stock price index?
→ The today's composite stock price index is 2300.

4. In which case, will the equity market collapse?
→ In case the stock prices go down for a long time, and if there is no action from the government, the equity market will collapse.

5. Do you mind ups and downs in share quotations?
→ I don't mind short-term ups and downs in share quotations. These are rather natural.

6. Apparently, the composite stock price falls down more than a year. What does that mean?
→ It means the economic slump.

7. What is fundamental remedies for the equity market?
→ The fundamental remedies would be done by government. I have nothing to do with it.

8. Under these circumstances, can we deal in shares in a stable manner?
→ Considering the circumstances, we can't deal in shares in a stable manner.

9. What are your long-term, medium-term and short-term plans for the future?
→ My medium-term plan is to speak fluent English and long-term plan is to buy a big house and save more than 200 million won.

PART 2
뉴스를 이용하여 유창하고 능통한 언어가 되도록 훈련

제1장: 뉴스를 이용하여 수준 높은 회화 훈련
제2장: 대통령 연설문을 이용하여 고급 회화 훈련
제3장: 영화 대사를 이용하여 보다 유창한 영어훈련

🚩 영어뉴스를 가장 빨리 청취하는 비법

1. 지금부터 영어뉴스나 영화 대사를 들은 후에 그 내용을 이용하여 대화훈련을 합니다.
2. 영어 뉴스 청취능력 향상을 위해서 받아쓰기와 복창하기를 합니다.

🚩 영어뉴스 청취력 향상을 위해서 반드시 실천해야 하는 비법

먼저 라디오 녹음기를 가지고 매 시에 하는 뉴스를 녹음시킵니다. 그리고 그 내용을 종이와 연필을 듣고 PAUSE(일시 정지)를 눌러가면서 수 차례 반복시키면서 받아써 봅니다. (DICTATION). 녹음 내용을 그대로 계속 틀어 놓은 것과 반복해서 듣는 것과는 다릅니다. 틀림없이 많은 단어를 받아 적을 수 있습니다, 이렇게 하면서 내용을 받아 쓸 수 있는데 까지 해보면, 내용을 거의 알 수가 있습니다. 그 후에 더 이상 들을 필요가 없다고 느낄 때 다음 뉴스를 녹음시켜서 같은 방법으로 듣는 것입니다.

막연히 가끔 영어뉴스를 틀어놓고 보거나 듣는 것은 별로, 또는, 전혀 청취력증가에 도움을 주지 않습니다. 따라서 녹음된 영어문장을 연필로 받아쓰기 하는 것을 약 30쪽 정도를 하십시오. 그 후부터는, 받아 쓰지는 않아도 녹음된 영어 뉴스를 마음속으로 복창 할 수 있을 때까지 들은 후에 또다시 녹음시켜서 하곤 해야 가장빨리 영어뉴스에 숙달될 수 있습니다. 이 경우에 긴 영어문장은 해석해서 듣는 것이 아니고, 영어를 복창할 수 있으면, 청취를 한 것으로 간주하며, 그것은 시간이 지나면 이해가 됩니다. 복창이나 받아쓰기를 할 때 아무리 해도 안 들리는 단어나 전치사, 관사는 빼놓고 합니다.

⇒ 뉴스를 녹음시켜 본인이 받아쓰기(doing dictation)하는 것만이 영어뉴스를 가장 빨리 알아 들을 수 있는 방법이며, 영어뉴스를 가르치는 교수, 강사 모두 이 방법을 하고 있다는 것을 아시기 바랍니다. 시중에 파는 영어뉴스 음성을 듣는 것은 빨리 영어뉴스를 청취하기를 원하는 초보자에게는 큰 도움을 주지 않으며, 본인이 받아쓰기와 복창하기를 하는 것이 최고의 방법이므로 지금부터 이 교재의 내용만큼은 꼭 실천해야 합니다.

받아쓰기와 복창하기를 저자가 하는 방법대로 듣고 끝내면 귀하의 청취력은 상당히 증가할 것이며, 그 이후에 영화나 영어뉴스를 들을 때는 의식적으로 마음속으로 복창하는 습관을 지니도록 하십시오

제 2부 1장: 뉴스를 이용한 수준 높은 회화 훈련

1. 대화 주제: 국경 (뉴스) 훈련횟수 ☐ ☐ ☐

This is AFN news compiled from AP. UPI and major American networks. Camp Casey reports 66 degrees and in San Francisco is 58 degrees. Good Morning everyone! I am Air force sergeant Cavin Young reporting from Seoul.

Israeli foreign minister Ishak Sameil met for 4 hours today with Secretary of State George Schultz in Washington. They discussed withdrawal of foreign forces including Israeli troops from Lebanon. Although two sides are still different on the best approach to that problem. They did establish the joint working group to examine Israeli and U.S. proposals. Israeli wants iron crab protection of its northern border with Lebanon.

질문

1. 당신은 미군이 한국에서 철수해야 한다고 생각합니까?
→ 미군은 당분간 한국에 체류해야 합니다. 지금은 철수 시기가 아닙니다.

2. 북쪽 국경을 방문하여 북한을 본 적이 있습니까?
→ 네, 저는 통일전망대를 방문해서 한국의 북쪽 지역을 본 적이 있습니다.

3. 미국 국무장관이 누구입니까? 그리고 한국 외무장관은 누구입니까?
→ 내가 어떻게 미국의 국무장관을 압니까? 나는 한국의 외무장관조차도 모릅니다.

4. 당신은 레바논 주둔 외국군을 철수시켜야 한다고 생각하십니까?
→ 나는 그 문제에 관하여 관심이 없습니다. 그들이 철수하든지 말든지.

5. 군대에는 장교, 부사관 그리고 사병이 있습니다. 당신은 어느 것이 되고 싶습니까?
→ 나는 군인이 되고 싶지 않습니다.

6. 당신은 군대에 관하여 많은 정보를 갖고 있나요, 아니면 군대 문제에는 관심을 주지 않습니까?
→ 나는 군대 문제에 관하여 관심을 주지 않습니다.

7. 당신은 합동 근무 회사를 설립하고 싶나요, 아니면 독자적으로 회사를 설립하고 싶나요?
→ 나는 합동 근무 회사를 설립하고 싶지 않습니다. 나는 독자적으로 회사를 설립하겠습니다.

PART 2-1: Conversation Drill BY Using NEWS

1. TOPIC: BORDER

이것은 AP, UPI와 주요 미방송망으로 부터 편집한 AFN뉴스입니다.

켐프케이시(케이시부대)는 66도이고, 샌프란시스코는 58도입니다. 안녕하십니까? 저는 서울에서 보고 드리는 공군 부사관 캐빈 영입니다.

이스라엘 외무장관 이샥샤무엘은 워싱턴에서 국무장관 죠지 슐츠를 오늘 4시간 동안 만났습니다. 그들은 레바논으로부터 이스라엘군을 포함한 외국군의 철수를 논의했습니다. 비록 그 문제에 대한 최선의 접근법에 대한 양측의 의견은 여전히 다릅니다. 그들은 이스라엘과 미국의 제안을 검토하기 위한 합동 근무 단체를 설립했습니다. 이스라엘은 레바논과 북쪽 국경에 철책 보호망을 원하고 있습니다.

QUESTION

1. Do you think the American troops should be withdrawn (pulled out) from Korea?
→ The American forces must stay in Korea for the time being. This is not the time of withdrawal.

2. Have you ever visited the northern border and seen the north Korea?
→ Yes, I've ever visited the unification observation site and seen the northern part of Korea.

3. Do you happen to know who is the Secretary of State of America and who is the foreign minister of Korea?
→ How can I know the Secretary of State of America?
I know nothing of even the Foreign minister of Korea.

4. Do you think the foreign troops in Lebanon should be pulled out?
→ I am not concerned about that matter whether they are pulled out or not.

5. Military society consists of the officer, non-commissioned officer (Sergeant), and Enlisted man. Which do you want to be?
→ I wouldn't like to be a soldier.

6. Do you suppose that you have much information on the military or don't you pay any attention to the military matter?
→ I don't pay any attention to the military matter.

7. Do you want to establish the joint working company or want to establish the company solely?
→ I don't want to establish the joint working company. I'll do it solely.

2. 대화 주제: 일기예보 1

Taking a look at the weather forecast this morning. Skies will remain partly cloudy to most cloudy throughout the morning and skies will become fair to partly cloudy in the afternoon. There'll be some isolated light rain showers along the west coast.

The winds will be west to north westerly at 5 to 8 knots this afternoon and the temperatures'll climb to the high 30's to high 35's nationwide but Seoul warming to 40. Tonight skies'll be fair to partly cloudy and winds'll be light and variable. Currently the temperatures in Seoul is 37 degrees. I am Air force sergeant Cavin Young reporting and this is American Forces Korea Network.

※ 본인의 관등성명은 특수병과 specialist 1~5까지이므로, I am spec four. 또는 I am a specialist Bill Jay reporting. 라고 하며, 여기서 '스펙 퍼'는 specialist-4를 말합니다. 전문가가 아니고 군에서는 특수병과를 말합니다.

질문

1. 당신은 내일 일기예보를 말해볼 수 있나요, 하늘, 바람, 온도, 비 그리고 현재 온도를 포함시켜서?
→ 내일의 일기예보를 보겠습니다. 하늘은 맑고 부분적으로 구름이 끼겠습니다. 바람은 가볍고 왔다갔다 하겠습니다. 온도는 전국적으로 38도까지 올라갈 것입니다. 서울지역에 가벼운 비가 있을 것입니다. 현재 온도는 32도입니다.

2. 현재, 하늘과 바람은 어떻습니까?
→ 하늘을 보니, 하늘은 맑고 구름이 끼였고, 바람은 강하고 왔다갔다 합니다.

3. 당신은 남쪽 지역에 지역적인 눈이 있을 것 같나요, 아니면 비가 올 것으로 생각하나요?
→ 나는 남쪽 지역에 지역적으로 약간의 가벼운 비가 있을 것 같습니다.

4. 당신은 내일 아침 온도는 내려갈 것 같습니까, 아니면 올라갈 것 같습니까?
→ 내 짐작으로는, 나는 온도는 올라갈 것 같습니다.

5. 여기에 오는 길에, 강한 바람이 있었나요, 돌풍이 있었나요?
→ 여기에 오는 길에, 가벼운 바람이 있었습니다.

6. 당신은 내일 하늘은 맑고 부분적인 구름이 낄까요, 아니면 비가 올 것 같나요?
→ 나는 내일 하늘은 맑고 부분적인 구름이 낄 것 같습니다.

2. SUBJECT: THE WEATHER FORECAST 1

오늘 아침의 일기예보를 보겠습니다. 하늘은 아침 동안 부분적인 구름에서 대부분 구름으로 남겠습니다. 그리고 오후에는 맑고 부분적으로 구름이 끼겠습니다. 서해안을 따라 산발적으로 약하게 소나기가 오는 곳이 있겠습니다.

바람은 오후에는 5에서 8노트로 북서풍이 불겠고 온도는 전국적으로 30에서 35도로 올라가겠습니다. 그러나 서울은 40도까지 더워지겠습니다.

오늘 밤하늘은 맑고 부분적으로 구름이 끼겠고 바람은 가볍고 왔다 갔다 하겠습니다. 현재 서울의 온도는 37도입니다. 보고드리는 본인은 공군 부사관 케빈 영이고 여기는 미군 한국 방송망입니다.

QUESTION

1. Can you tell me tomorrow's weather forecast, including skies, winds, temperatures, rain and the current temperature?
→ Taking a look at the tomorrow's weather forecast.
Skies will be fair to partly cloudy and winds'll be light and variable. The temperatures will climb to the 38 degree-mark nationwide. There'll be some light rain in Seoul area. Currently the temperature is 32 degrees.

2. Presently, how are the skies and winds?
→ Having a look at the skies, the skies are fair to partly cloudy and winds are strong and variable.

3. Do you think there'll be some isolated snow or rain in the southern area?
→ I think there'll be some isolated light rain in the southern area.

4. Do you suppose the temperatures will climb or drop tomorrow morning?
→ I suppose the temperatures will climb. As I might guess.

5. On the way here, was there a strong or gusty wind?
→ On my way here, there was a light wind.

6. Do you suppose tomorrow skies will be fair to partly cloudy or is it going to rain?
→ I suppose tomorrow skies will be fair to partly cloudy.

3. 대화주제: 폭발

Good Afternoon, I am specialist Bill Jay reporting from Seoul.
Authorities in suburban Toronto said they received anonymous telephone warning minutes before the truck loaded with dynamite exploded outside factory today. The factory mixed guidance system for the U.S. cruise missile.
Several people were injured in the blast which official said caused heavy damage. Police spokesman said the explosion took place shortly after police arrived at the plant to investigate the telephone threat.

질문

1. 당신은 익명의 전화 협박을 받은 적이 있습니까?
→ 아니요, 나는 어떤 전화 협박도 받은 적이 없습니다.

2. 당신은 정부 당국과 협조합니까, 아니면 비협조합니까?
→ 나는 정부 당국과 협조합니다.

3. 트럭은 오늘 공장 밖에서 폭발한 다이너마이트를 적재했었습니다. 누가 그것을 폭발시켰나요?
→ 어떤 테러 분자가 다이너마이트를 폭발시켰습니다.

4. 폭발로 여러 명이 다쳐서 큰 피해를 입었습니다. 그들은 회복이 될까요, 아니면 불구가 될까요?
→ 나는 그들이 불구가 될 것 같습니다.

5. 경찰은 협박 전화를 수사하기 위해서 공장에 도착했습니다. 그들은 혐의자를 체포했습니까?
→ 경찰이 공장에 도착하기 직전에 폭발이 발생했습니다. 따라서, 경찰은 혐의자를 체포할 수 없었습니다.

3. TOPIC: EXPLOSION

안녕하십니까? 서울에서 보고하는 저는 특수병과 빌 제이입니다. 토론토 교외 당국은 오늘 다이너마이트를 실은 트럭이 공장 밖에서 폭발하기 몇 분 전에 익명의 전화 경고를 받았다고 말했습니다. 그 공장은 미국 순항 미사일을 위한 유도장치를 조립하고 있었습니다.

수 명이 그 폭발에서 부상 당하고 심한 손해를 초래했다고 관계자는 말했습니다.

경찰 대변인은 전화 위협을 조사하기 위해 경찰이 공장에 도착한 직후 폭발이 일어났다고 말했습니다.

QUESTION

1. Have you ever received anonymous telephone threat?
→ No, I've never received any telephone threat.

2. Do you co-operate with the government authorities or oppose the government authorities?
→ I always co-operate with the government authorities.

3. The truck was loaded with dynamite exploded outside factory today. Who exploded it?
→ Any terrorist exploded the dynamite.

4. Several people were injured in the blast which caused heavy damage. Will they be recovered or disabled?
→ I suppose they will be disabled.

5. Police arrived at the plant to investigate the telephone threat. Did they capture the suspect?
→ The explosion took place shortly after police arrived at the plant. So, police couldn't capture the suspect.

4. 대화 주제: 일기예보 2

훈련횟수 ☐ ☐ ☐

The weather forecast this afternoon is calling for fair to partly cloudy skies in the northwest and variably cloudy skies with isolated light rain throughout the nation. Winds will be variable 5 to 10 knots and high temperatures will be in the 40's to high 43's.

Seoul is expecting high 39 degrees. Later this evening'll be for fair to partly cloudy skies nationwide. Winds west to northwest. 5 to 10 knots and temperatures drop into mid 40's to mid 50's.

Seoul expecting cool to 33 degrees. The outlook for Saturday is for fair to partly cloudy skies and some cooler temperatures.

Currently temperatures in Seoul is 37 degrees.

질문

1. 당신은 토요일에 대한 전망은 맑고 부분적인 구름 낀 하늘이 될 것 같습니까, 잔뜩 구름이 낀 하늘이 될 것 같습니까?
→ 나는 토요일에 대한 전망은 맑고 부분적인 구름이 낀 하늘이 될 것 같습니다.

2. 당신은 전국적으로 약한 비나 눈이 내릴 것으로 보십니까?
→ 나는 전국적으로 약한 비가 조금 내릴 것으로 보입니다.

3. 당신은 내일은 맑고 부분적인 구름 낀 하늘이 될 것 같습니까?
(내일을 주어로 하면 for fair to가 되는 것에 주의하면서 답을 할 것)
→ 예, 나는 내일은 맑고 부분적인 구름 낀 하늘이 될 것 같습니다.

4. 바람은 5에서 10노트가 될 겁니다. 바람은 가변적일까요, 아니면 강할까요?
→ 바람은 5에서 10노트로 가변적일 겁니다.

5. 서울은 현재 더워지고 있습니까, 아니면 시원해지고 있습니까?
→ 서울은 현재 더워지고 있습니다.

6. 서울은 30도까지 예상하고 있습니다. 현재 온도는 얼마입니까?
→ 현재 서울의 온도는 20도입니다.

4. TOPIC: WEATHER FORECAST 2

오늘 오후 일기예보에서는 북서쪽 하늘은 맑거나 부분적으로 흐리고 구름이 많이 낀 하늘과 전국적으로 비가 조금 내릴 것으로 예상됩니다. 바람은 가변 형태의 5부터 10노트이고 높은 온도는 40부터 43도가 될 것입니다.

서울은 39도를 예상하고 있습니다. 밤늦게는 전국적으로 맑고 부분적으로 흐린 하늘이겠습니다. 바람은 5부터 10노트로 북북서이고, 온도는 35에서 38도 사이로 떨어집니다.

서울은 33도까지 시원해질 것으로 기대됩니다. 토요일에 대한 전망은 맑고 구름 낀 하늘에 더 시원한 온도가 될 것입니다.

현재 서울의 온도는 37도입니다.

QUESTION

1. Do you think the outlook for Saturday is for fair to partly cloudy skies or mostly cloudy skies?
→ I think the outlook for Saturday is for fair to partly cloudy skies.

2. Do you think there'll be some isolated light rain or snow throughout the nation?
→ I think there'll be some isolated light rain throughout the nation.

3. Do you suppose tomorrow will be for fair to partly cloudy skies?
→ Yes, I suppose tomorrow will be for fair to partly cloudy skies.

4. Winds will be 5 to 10 knots. Will winds be variable or strong?
→ Winds will be variable 5 to 10 knots.

5. Is Seoul warming or cooling at present?
→ Seoul is warming at this moment.

6. Seoul is expecting high 30 degrees. What is the current temperatures?
→ Currently temperatures in Seoul is 20 degrees.

5. 대화 주제: 공지사항   훈련횟수 ☐ ☐ ☐

Lying on your back in hospital is no fun. One of the best way to avoid that pain is to observe safety rules. Remind others of there being unsafe. It saves time and being sitting around is for nothing.

(일기예보) Otherwise, the forecast for today is for skies remain for fair to partly cloudy with winds being from northeast and 5 to 10 knots. And temperatures'll climb into the low 37's to low 40's with Seoul reaching high of 42 degrees. Tonight the skies will be clear or partly cloudy with light and variable winds. Currently the temperatures in Seoul is 38 degrees.

(공지사항) No one set a life easy. For drugs, don't make life any easier. The only way to face problem in your life is to meet them head on. Face life. Don't use drug as an escape.

질문

1. 병원에서 등대고 누워있는 것이 재미있나요, 아니면 지겨운가요?
→ 병원에서 등 대고 누워있는 것은 지겨운 일입니다.

2. 당신은 집에 있을 때, 등 대고 누워있고 싶나요, 배를 대고 눕고 싶나요?
→ 나는 집에 있을 때, 등을 대고 누워있고 싶습니다.

3. 고통을 피하는 최선의 길중 하나는 안전 규칙을 준수하는 것입니다. 당신은 안전 규칙을 지킵니까?
→ 고통을 피하기 위하여, 나는 안전 규칙을 준수하려고 노력합니다.

4. 교통사고나 재앙을 피하는 좋은 방법의 하나는 교통법을 준수하는 것이다. 당신은 교통법을 준수합니까, 아니면 어깁니까?
→ 나는 재앙과 비극을 피하기 위하여 교통법을 준수하려고 노력합니다.

5. 해마다, 당신은 내 생일을 나에게 상기시켜줄 수 있습니까?
→ 비록 당신 생일을 나에게 알려 주어도 나는 당신 생일을 항상 상기시켜줄 수가 없습니다.

6. 당신은 한국전쟁을 상기해야 합니까, 아니면 잊어야 합니까?
→ 나는 한국전쟁을 상기해야 합니다. 잊을 수가 없습니다.

7. 내가 당신 어머니를 상기시키나요? (나를 보면 당신 어머니가 생각납니까?)
→ 당신은 나의 어머니를 상기시키지 않습니다.

8, 당신은 현지의 것들을 알고 싶나요, 외국의 것들을 알고 싶나요?
→ 나는 현지의 것들을 알고 싶습니다.

5. TOPIC: ANNOUNCEMENTS

병원에 등을 대고 드러누워 있는 것은 재미있는 일이 아닙니다. 그 통증을 피하는 최선의 방법중의 하나는 안전 규칙을 준수하는 것입니다. 불안전한 것이 있다는 것을 남에게 상기시키십시오. 그것이 시간을 아껴주며, 앉아 있기만 하는 것은 별 볼 일 없는 것입니다.

또한, 오늘 일기예보는 5에서 10노트의 북동풍의 바람과 함께 하늘은 맑고 구름이 끼겠습니다. 온도는 37에서 40도까지 올라 갈 것이며 서울은 42도까지 도달하겠습니다. 오늘 밤 하늘은 맑거나 부분적으로 흐리겠고 바람은 약해지고 변동이 심하겠습니다. 현재 서울의 온도는 38도입니다.

아무도 인생을 편안하게 해놓지는 않습니다. 마약으로, 인생을 편안하게 만들지 마십시오. 당신 삶 속의 문제를 직면하는 유일한 방법은 그것을 직접 머리로 부딪치는 것입니다. 인생을 맞부딪치십시오. 마약을 도피 수단으로 사용하지 마세요.

QUESTION

1. Is lying on your back in hospital fun or boring?
→ Lying on my back in hospital is boring.

2. While you are at home, would you like to lie down on your back or on your belly?
→ While I am at home, I'd like to lie down on my back.

3. One of the best way to avoid the pain is to observe safety rules. Do you observe safety rules?
→ In order to avoid the pain, I try to observe safety rules.

4. One of the best way to avoid the traffic accident and disaster is to observe the traffic law. Do you observe or violate the traffic law?
→ I make every efforts to observe the law in order to avoid the disaster and tragedy.

5. Are you able to remind me of my birthday every year?
→ Although you let me know your birthday, I am not able to remind you of your birthday all the time.

6. Do you have to be reminded of the Korean War or forget the war?
→ I have to be reminded of the Korean War. I can't forget it.

7. Do I remind your mother?
→ No, you don't remind my mother.

8. Would you like to know the local things or foreign things?
→ I'd like to know the local things.

9. 당신은 흥미로운 어떤 것을 갖고 있다면, 전달하고 싶나요, 혼자만 간직하고 싶나요?

→ 내가 흥미로운 어떤 것을 갖고 있다면, 나는 전달하고 싶습니다.

10. 당신 생활에서 문제를 해결하는 유일한 길은 그것을 만나는 것입니까, 아니면 도망가는 것입니까?

→ 내 생활에서 문제를 해결하는 유일한 길은 그것을 직면하는 것입니다.

11. 당신은 당신의 삶을 더 편하게 하기 위해 마약을 사용합니까?

→ 아니요, 나는 마약에 손대지 않습니다. 비록 나는 내 삶을 더 편하게 만들고 싶어도.

9. If you have something of interest, would you like to pass along or keep it by yourself?
→ If I have something of interest. I'd like to pass along.

10. Is the only way to solve problems in your life to meet them or to escape?
→ The only way to resolve problems in my life is to face them.

11. Do you use drugs to make your life easier?
→ No, I never touch drugs. Although I'd like to make my life easier.

6. 대화 주제: 음주 및 운전   훈련횟수 ☐ ☐ ☐

(일기예보) This morning skies remaining partly cloudy to most cloudy throughout the morning. And skies'll become fair to partly cloudy during the afternoon. There'll be some isolated light rain along the west coast thru the mid-morning hours. The winds'll be west north to westerly at 5 to 8 knots this afternoon.

Seoul warming to 43. The outlook for tonight skies'll be fair to partly cloudy. Currently the temperatures in Seoul is 38 degrees. I'm Air force sergeant Cavin Young reporting and this is the American Forces Korean Network.

(공지사항) Drinking and driving don't mix. Are you willing to take a chance with your life as a life of others? That's really quite simple. If you drive, don't drink. When you drink, don't drive. Funerals are set up there.

(공지사항) Paradoxical as it may sound, one of the biggest dangerous of cold weather is heat. Heat means warmth and comfort, right. But it also could mean danger and death. Make sure your heating devices work properly. Check all your Venson heating equipment to be sure. And make this winter a safe one.

(공지사항) Promotions are passing you by. Are your buddies going to service school without you? Do you have a high school diploma? Maybe you better think about it. You can get a high school diploma while in service. See your education officer and get all the details. Your education is an important part of your future. News is next.

질문

1. 오늘 아침 하늘은 대체로 흐리겠습니다. 오후 하늘은 대부분 구름이 낄까요, 아니면 부분적으로 흐릴까요?
→ 나는 오늘 오후 하늘은 부분적으로 흐릴 것 같아요.

2. 서해안을 따라서 단비가 조금 내리겠습니다. 당신은 동해안을 따라서는 지역적으로 눈이 있을 것 같나요?
→ 물론입니다. 나도 그렇게 생각합니다. 동해안을 따라서는 지역적으로 눈이 있을 것 같습니다.

3. 바람은 5 내지 8노트로 북서풍이 될 것 같습니다. 바람이 강할까요, 약할까요?
→ 나는 바람은 강할 것으로 생각합니다.

4. 당신은 술과 운전을 혼합시킵니다. 그래서 당신은 당신 생명을 걸고 모험을 할 수 있나요?
→ 나는 술과 운전을 혼합시키지 않습니다. 나는 내 생명을 걸고 모험을 할 수 없습니다.

5. 당신이 술 마시고 운전하면, 장례와 결혼식 중 어느 것이 준비될까요?
→ 내가 술 마시고 운전하면, 장례식이 준비될 겁니다.

6. TOPIC: DRINKING AND DRIVING

오늘 아침 하늘은 조금 구름이 꼈다가 많은 구름이 끼겠습니다. 그리고 오후에는 맑고 구름이 끼겠습니다. 아침 중순쯤에는 서해안을 따라서 지역적으로 가벼운 비가 있겠습니다. 바람은 오늘 오후 5에서 8노트로 서북 서풍이 될 것입니다.

서울은 43도까지 더워지겠습니다. 오늘 밤 하늘의 전망은 대체로 흐리겠습니다. 현재 서울 온도는 38도입니다. 저는 공군 부사관 캐빈 영입니다.

술과 운전을 혼합시키지 마십시오. 당신의 생명에다 다른 사람의 생명처럼 기꺼이 모험을 거시겠습니까? 그것은 아주 간단합니다. 당신은 운전할 때, 술을 마시지 마십시오. 술을 마실 땐, 운전하지 마십시오. 장례식이 준비되어 있습니다.

역설적으로 들릴지 모르지만 추운 날씨의 가장 위험한 것 중 하나는 열입니다.
열은 따뜻함과 안락함을 의미합니다. 옳습니다. 그러나 그것은 또한 죽음과 위험을 뜻합니다. 당신의 열기구를 적절히 작동하도록 확실히 해놓으십시오. 안전하게 하기 위하여 벤슨 열 장비를 확인하십시오. 이번 겨울을 안전한 겨울로 만드십시오.

진급이 당신 곁을 지나고 있습니다. 당신 친구들은 당신 몰래 직업 학교에 다니고 있습니까? 당신은 고등학교 졸업장이 있습니까? 그것을 생각해 보는 것이 어떻겠습니까? 군 복무 중에 고등학교 졸업장을 얻을 수 있습니다. 교육 장교를 만나서 자세한 내용을 알아보십시오. 당신의 교육은 당신의 미래의 중요한 부분입니다. 다음은 뉴스입니다.

QUESTION

1. This morning skies will be remaining partly cloudy to mostly cloudy.
Will this afternoon skies be mostly cloudy or partly cloudy?
→ I suppose this afternoon skies will be partly cloudy.

2. There'll be some isolated light rain along the west coast. Do you suppose there'll be some isolated snow along the east coast?
→ Sure, I think so. There'll be some isolated snow along the east coast.

3. The winds will be west-north to westerly 5 to 8 knots. Will the winds be strong or weak?
→ I think the winds will be strong.

4. You mix drinking and driving. So, can you take a chance on your life?
→ No, negative. I don't mix drinking and driving. I can't take a chance on my life.

5. When you drink and drive, which will be set up, a funeral or a wedding?
→ When I drink and drive, the funeral will be set up (be ready).

6. 역설처럼 들리겠으나, 추운 날씨의 가장 위험한 것 중의 하나는 열입니다.
내 말이 맞습니까, 아니면 틀립니까?
→ 당신 말이 맞습니다. 추운 날씨의 가장 위험한 것 중의 하나는 열 입니다.

7. 열은 따뜻함과 편안함을 의미합니다. 그것은 또한 위험과 죽음을 의미합니다. 당신은 그것도 역시 이해할 수 있나요?
→ 물론. 열은 따뜻함과 편함을 의미합니다. 그러나 또한 위험과 죽음을 의미합니다.

8. 매년 겨울이 오면, 당신은 열기구를 점검합니까?
→ 아니요, 나는 그럴 필요가 없습니다.
나는 아파트에 살기 때문에, 어떤 열기구도 없습니다.

9. 당신은 매년 겨울을 안전한 것으로 만듭니까, 아니면 위험한 것으로 만듭니까?
→ 나는 매년 겨울을 안전한 것으로 만듭니다.

10. 진급이 당신 옆을 지나고 있습니까, 아니면 진급은 당신과 멉니까?
→ 나는 직업이 없습니다. 나는 진급에 대하여 생각할 필요도 없습니다.

11. 당신 친구들은 직업 학교에 다닙니까, 아니면 대학교에 다닙니까?
→ 내 친구들은 벌써 대학교를 졸업했습니다.

12. 군 복무 중에 당신은 고등학교 졸업장을 얻었나요, 아니면 군 입대 전에 당신은 그것을 얻었나요?
→ 나는 고등학교 졸업장을 군 입대 전에 얻었습니다.

13. 당신의 교육은 당신의 미래에 중요한 부분인가요, 하찮은 부분인가요?
→ 나의 교육은 나의 미래에 중요한 부분입니다.

14. 당신은 대학교 졸업장이 필요합니다. 어디서 자세한 내용을 얻을 수 있나요?
→ 나는 대학교에 가서 자세한 내용을 얻을 수 있습니다.

6. Paradoxical as it may sound, one of the biggest dangers of cold weather is heat. Am I right or wrong?
→ You're right. One of the biggest dangers of cold weather is heat.

7. Heat means warmth and comfort. It also means danger and death. Can you understand it, too?
→ Of course. Heat means warmth and comfort but it also means danger and death.

8. Every year winter comes, do you check your heating devices?
→ No, I don't have to do that. Because I live in an apartment, I don't have any heating devices.

9. Do you make each winter a safe one or a dangerous one?
→ I make each winter a safe one.

10. Are promotions passing you by or are promotions far from you?
→ I don't have a job. I don't need to think about promotions.

11. Are your buddies going to service school or university?
→ My buddies have already graduated from university.

12. While in the military service, did you get a high school diploma or before you joined the Army, did you get it?
→ I got a high school diploma before I joined the Army.

13. Is your education an important part of your future or a trifling part of your future?
→ My education is an important part of my future.

14. You need a university diploma. Where can you get all the details?
→ I can go to the university and get all the details.

7. 대화 주제: 일기해설

훈련횟수 ☐ ☐ ☐

(일기예보) Good morning. The low pressure system that brought rain to most of the nation yesterday is currently over Japan. While a large high pressure system centered in Mongolia is beginning to dominate the Korean peninsula weather. The forecast is patch fog and haze early this morning to burn off by late morning. Lingering high level cloudiness will cover much of the nation during today. But it'll still be mostly sunny.

Winds will be from the northwest at 10 to 15 knots with coast of gust 25 knots. High temperatures today will be in the high 40's to the mid 43's in the north and the mid high 40's down south with a high in Seoul of 42. Low's tomorrow morning will be in the low to the mid 37's up north and the high 35's to low 40's down south and in the capital 32.

Currently at Taegu 39, Kunsan has 41, at Osan it's 39 and in Seoul 37. The outlook for Sunday is for fair to partly cloudy skies and mild temperatures. The sun will set at 6:50 this evening and rise tomorrow morning at 6:25. This has been the official early morning weather forecast as prepared by the air weather service at Youngsan. I'm air force Sgt Greg Breynard.

질문

1. 어제 비를 가져왔던 저기압은 현재 일본 위에 있습니다. 한편 고기압은 몽골리아에 중심을 두고 있습니다. 저기압은 우리나라에 무엇을 가져왔습니까?
→ 저기압은 우리나라에 비를 가져왔습니다.

2. 겨울 계절에는 무엇이 한반도 날씨를 지배합니까?
→ 겨울에는 몽골 고기압이 한반도 날씨를 지배합니다.

3. 아침에는 군데군데 안개와 연무가 있습니다. 서울지역은 안개가 많이 낍니까?
→ 아니요, 비교적, 서울지역은 안개가 끼지 않습니다.

4. 높은 수준의 흐린 하늘이 오늘 동안 전국을 덮을 것이다. 그렇다면, 안개도 전국을 덮을 수 있다고 생각합니까?
→ 아니요, 흐린 하늘은 전국을 덮을 수 있으나, 안개는 전국을 덮을 수 없습니다.

5. 오늘 최고 기온은 40도를 웃돌겠습니다. 서울은 50도에 이르고 있습니다. 그것이 맞습니까?
→ 틀립니다. 서울은 50도까지 도달하지 않습니다.

6. 일요일은 맑다가 부분적으로 흐리겠습니다. 당신은 춥고 흐린 하늘을 좋아하나요?
→ 일요일은 맑거나 부분적으로 흐린 하늘이 될 것입니다. 나는 맑은 하늘을 좋아합니다.

7. 해는 오늘 저녁 6시에 질 것이고, 내일 아침 7시에 뜰 것입니다. 그런가요?
→ 글쎄요. 해가 몇 시에 떠서 몇 시에 지는지 정확히 모르겠습니다.

7. TOPIC: WEATHER EXPLANATION

안녕하십니까? 어제 전국적으로 비를 가져왔던, 저기압은 현재 일본 상공에 있습니다. 한편, 몽골에 중심을 두고 있는 커다란 고기압은 한반도의 기후를 지배하기 시작하고 있습니다. 일기예보는, 여기저기 흩어진 안개와 몽롱함이 이른 아침에 계속되다 아침 늦게는 사라지겠습니다. 높이 떠서 꾸물대는 구름은 오늘 동안은 전국을 대부분 뒤덮겠습니다. 그러나 대부분 햇빛이 나겠습니다.

바람은 10에서 15노트로 25노트의 해안 돌풍과 함께 북서풍이 되겠습니다.
오늘 최고 온도는 북에서는 40도에서 43도가 되겠고, 서울의 42도와 함께 남쪽에서는 40도가 되겠습니다. 내일 아침 낮은 온도는 북에서는 37도가 될 것이고, 남쪽에서는 35도에서 40도가 되겠으며, 서울은 32도가 될 것입니다.

현재 대구 39도, 군산 41, 오산 39도, 서울은 37도입니다. 일요일에 대한 전망은 맑고 구름 낀 하늘이 될 것이고 온화한 온도가 될 것입니다. 해는 저녁 6시 50분에 질 것이고 내일 아침 6시 25분에 뜰 것입니다. 이것은 용산에 있는 공군 기상대에서 준비한 이른 아침 공식 일기예보입니다. 저는 공군 부사관 그랙 부레이너 입니다.

QUESTION

1. The low pressure system that brought rain yesterday is over Japan. While a high pressure system is centered in Mongolia. What did the low pressure system bring to our nation?
→ The low pressure system brought rain to our nation.

2. In winter season, what dominates the Korean peninsula weather?
→ In winter, the high pressure system in Mongolia dominates the Korean peninsula weather.

3. There is patch fog and haze in the morning. Does Seoul area get much foggy?
→ No, comparatively, Seoul area doesn't get much foggy.

4. High level cloudiness will cover much of the nation during today. Then, do you suppose fog will cover much of the nation?
→ No, cloudiness can cover much of the nation but fog cannot cover most of our nation.

5. The high temperatures today will be in the high 50's. Seoul is reaching of 70 degrees. Is that right?
→ That's wrong. Seoul is not reaching of 50 degrees.

6. Sunday will be for fair to partly cloudy skies. Do you like cold and most cloudy skies?
→ Sunday will be for fair to partly cloudy skies. I like fair skies.

7. The sun'll set at 6 this evening and rise tomorrow morning at 7. Is that so?
→ Well, I have no idea what time the sun will rise and set.

8. 대화 주제: 예산

훈련횟수 ☐ ☐ ☐

(뉴스) Good morning. That's 9 o'clock. Here is a latest news from American entertainment network. Bill Briyan supporting.

Compromised budget of President Biden's tax package passed overwhelmingly Senate today by vote 6 to 78. Legislation now goes on to the House for vote tomorrow. It could be on the President's desk later on today.

If you have a drinking in your hand right now, you might want to turn your radio off, Alcoholism is a serious problem in this country, for the next two weeks, ABC News will feature serious report on the subject. ABC George Angle.

질문

1. 여기 미국 연예 네트워크에서 온 최신 소식이 있습니다. 절충된 예산안이 투표에 의해 압도적으로 상원을 통과했습니다. 상원과 더불어 미국 의회에는 무엇이 있습니까?
→ 미국 의회에는 상원과 더불어 하원이 있습니다.

2. 입법안은 투표를 위해서 하원으로 갑니다. 한국 국회에도 하원이 있습니까?
→ 한국 국회에는 하원이 없습니다.

3. 만일 당신 손안에 지금 술을 갖고 있다면, 당신은 라디오를 끄고 싶나요, 아니면 틀고 싶나요?
→ 만일 내 손안에 술을 갖고 있다면 나는 라디오를 틀고 싶습니다.

4. 알코올 중독은 미국에서 심각한 문제입니다. 그러나 그것은 우리나라에서는 문제가 되지 않습니다. 맞습니까?
→ 글쎄요, 알코올 중독이 우리나라에서 심각한 문제인지 아닌지 모르겠습니다. 나는 그것에 대한 통계를 들은 적이 없습니다.

5. 알코올 중독에 걸린 사람은 어떤 증상을 보입니까?
당신은 혹시 그것에 대하여 아십니까?
→ 아니요, 모릅니다. 나는 알코올 중독의 증상에 대하여 말을 못 하겠습니다.

6. 당신은 얼굴이나 몸에 어떤 특징이 있습니까?
→ 아니요, 나는 얼굴이나 몸에 특징이 없습니다.

8. TOPIC: BUDGET

9시입니다. 이것은 미국 엔터테인먼트 방송망으로부터의 최신 뉴스입니다.
빌 브라이언이 취재했습니다.

바이든 대통령의 절충된 세금 패키지 예산이 오늘 상원에서 6대 78로 압도적인 표차로 통과되었습니다. 이제 입법안은 내일 투표를 위해 하원으로 넘어갑니다. 오늘 대통령의 책상 위에 있을 수도 있습니다.

당신이 지금 손에 술을 갖고 있다면, 아마도 라디오를 끄고 싶어 할지도 모르겠습니다. 알코올 중독은 이 나라에 심각한 문제입니다. 다음 두 주 동안에, ABC 뉴스는 그 주제로 심각한 보도를 할 것입니다.

QUESTION

1. Here is a latest news from American entertainment network.
Compromised budget passed overwhelmingly the Senate by vote. What is there in the U.S congress in addition to the Senate?
→ There is the House of Representatives in addition to the Senate.

2. Legislation goes on to the House of Representatives for vote.
Is there the House of Representatives in the Korean Congress?
→ No, there is no the House of Representatives in the Korean Congress.

3. If you have a drinking in your hand right now, do you want to turn your radio off or on?
→ If I have a drinking in my hand, I want to turn my radio on.

4. Alcoholism is a serious problem in America. But it cannot become a problem in this country. Is that correct?
→ Well, I have no idea whether alcoholism is a serious problem or not in this country. I've never heard the statistics about that.

5. What symptoms does the person who has alcoholism show? Do you happen to know about that?
→ No, I have no idea. I can't say about the symptoms of that.

6. Do you have any feature in your face or body?
→ No, I don't have any feature in my body.

9. 주제 대화: 거수경례

(거수경례) It's time again for another test of professionalism. When personnel of armed forces greet each other, use the salute. The salute is the most frequently seen, military custom. When the mark respected between service members.

Now test yourself. See if you know how to give a proper salute from a following example.

    a. When saluting, palm of your hand should face upper.
    b. When you salute, little wave your hand.
    c. It doesn't matter how you execute your salute as long as you salute.

Of course, man of example sight is correct. Proper salute is proud and snappy one. Until held them until returned it acknowledged. The salute is a mark of your military professionalism. Remember. A little effort makes a big impression. Military courtesy. Another test of your professionalism.

질문

1. 다시 당신의 영어 실력을 시험할 시간이 되었나요, 아니면 집안을 손봐야 할 시간이 되었습니까?
→ 다시 나의 영어 실력을 시험할 시간이 되었습니다.

2. 군대의 직원은 서로 인사할 때 거수경례합니까, 아니면 목례를 합니까?
→ 군대의 직원은 서로 인사할 때, 그들은 거수경례합니다.

3. 거수경례는 군대 예절입니까, 아니면 민간인 예절입니까?
→ 거수경례는 군대 예절입니다.

4. 당신은 혹시 적절한 거수경례를 하는 법을 알고 있나요, 아니면 모르나요?
→ 나는 적절한 거수경례를 하는 법을 알고 있습니다. 나는 군대에서 그리고 학교에서 배웠습니다.

5. 거수경례는 군대 전문 직업인의 표시입니까, 아니면 민간인의 표시입니까?
→ 거수경례는 군대 전문 직업인의 표시입니다.

6. 때때로, 작은 인상은 큰 인상을 만듭니다. 그러나 당신은 작은 노력은 무시합니다. 왜냐하면, 좋은 인상을 만들 필요가 없으니까요. 내 말이 맞지요?
→ 나는 작은 노력을 무시하지 않습니다. 나는 모든 이에게 좋은 인상을 만들어야 합니다.

7. 당신은 언제 거수경례를 실시합니까?
→ 나는 민간인이므로 거수경례를 실시하지 않습니다.

8. 당신은 그날의 뉴스와 사건에 관해서 논평을 할 수 있습니까?
→ 물론입니다. 나는 그날의 뉴스와 사건에 대해서 논평을 할 수 있습니다. 그러나 아무도 내 논평을 듣지 않습니다.

9. TOPIC: SALUTE

직업 정신을 시험해 보는 또 다른 시간입니다. 군대의 직원은 서로 인사할 때, 거수 경계를 사용합니다. 거수경례는 군복 자간의 계급이 존경받을 때, 가장 빈번히 사용하는 군대 예절입니다.
자! 자신을 시험해 보십시오. 다음의 예로서 적당한 거수경례를 하는 법을 알고 있는지 알아봅시다.

    a. 거수경례 시는 당신의 손바닥은 올바로 위치해야 합니다.
    b. 거수경례를 할 때는, 당신의 손을 흔들지 말아야 합니다.
    c. 당신이 거수경례를 하는 동안은 어떻게 당신이 경례를 실시하든지 상관없습니다.

물론, 시선은 정확해야 합니다. 적절한 경례는 의기양양하고 잽싸야 합니다. 실시하고 또 응답할 때까지는. 경례는 군인 직업 정신의 징표입니다. 기억하십시오. 조그만 노력이 큰 인상을 줍니다. 군대 예절은 또 하나의 직업 정신의 시험입니다.

QUESTION

1. Is it time again for a test of your English ability or for an improvement in the house?
→ It is time again for a test of my English ability.

2. When personnel of armed forces greet each other, do they salute or bow?
→ When personnel of armed forces greet each other, they salute.

3. Is the salute a military custom or a civilian custom?
→ The salute is a military custom.

4. Do you happen to know how to give a proper salute or don't you know that?
→ I know how to give a proper salute. I learned it in my military service and in my school.

5. Is the salute a mark of the military professionalism or a mark of civilian?
→ Naturally, the salute is a mark of the military professionalism.

6. From time to time, a little effort makes a big impression.
But you ignore a little effort. Because you don't need to make a good impression. Am I right?
→ No, I don't ignore a little effort. I must make a good impression on everybody.

7. When do you execute the salute?
→ I don't salute because I am a civilian.

8. Are you able to comment on the news and event of the day?
→ Of course. I am able to comment on the news and event of the day. But nobody listens to my commentary.

10. 대화 주제: 고명한 사람들

Address of the President at the National Assembly

Speaker Chae, Vice Speaker Yun, Vice Speaker Koh, distinguished Members of the National Assembly, and honored guests:

I'm privileged to be among such friends. I stand in your Assembly as Presidents Eisenhower and Johnson have stood before me. And I reaffirm, as they did, America's support and friendship for the Republic of Korea and its people.

Not long after the war on this peninsula, your President paid a visit to Washington. In his remarks at the state dinner, President Eisenhower spoke of the Korean people's courage, stamina, and self-sacrifice. He spoke of America's pride in joining with the Korean people to prevent their enslavement by the North. In response, your first President expressed his country's deep, deep appreciation for what America had done. He concluded by saying, "I tell you, my friends, if I live hundreds of years, we will never be able to do enough to pay our debt of gratitude to you."

Well, I have come today to tell the people of this great nation: Your debt has long been repaid. Your loyalty, your friendship, your progress, your determination to build something better for your people has proven many times over the depth of your gratitude. In these days of turmoil and testing, the American people are very thankful for such a constant and devoted ally.
Today, America is grateful to you.

질문

1. 요즈음의 혼란과 시련 속에서, 당신은 행복하게 삽니까, 아니면 당신은 불안하게 삽니까?
→ 요즈음의 혼란과 시련 속에서, 나는 행복하게 삽니다.

2. 국회의원이 되는 것이 당신의 꿈입니다, 맞습니까?
→ 아니요, 틀립니다. 국회의원이 되는 것은 나의 소원이 아닙니다.

3. 당신은 어느 경우에 내외귀빈이 됩니까, 나에게 예를 들어보십시오.
→ 내가 결혼식에 초청받았을 때, 나는 내외귀빈이 됩니다.

4. 당신은 여기에 아무 때고 올 수 있는 특권이 있습니까?
→ 물론입니다. 나는 여기에 아무 때고 올 수 있는 특권이 있습니다.

5. 당신은 다른 반도나 대륙에 언제 갈 계획입니까?
→ 현재, 나는 어떠한 계획도 없습니다.

PART 2 -2: Conversation Drill By Using The Address Of The President

10. TOPIC: DISTINGUISHED MEMBERS

국회에서 대통령 연설문

채 의장님, 윤 부의장님, 고 부의장님, 고명하신 의원 여러분. 그리고 귀빈 여러분! 본인은 여러분과 자리를 같이하게 된 것을 영광으로 생각합니다.

본인은 본인에 앞서 아이젠하워 대통령과 존슨 대통령이 했던 것처럼 여러분의 의회를 찾아왔습니다. 또, 본인은 그분들이 그러했던 것처럼 대한민국과 그 국민들에 대한 미국의 지지와 우의를 재확인하는 바입니다.

한반도에서 전쟁이 끝난 지 얼마 지나지 않아 여러분의 대통령은 워싱턴을 예방했었습니다. 그의 정찬 연설에서 아이젠하워 대통령은 한국 국민의 용기와 저력과 희생정신에 관하여 이야기했었습니다. 아이젠하워 대통령은 한국 국민이 북한에 의해서 노예화되는 것을 막기 위해 한국 국민과 어울리게 된 것을 미국은 자랑스럽게 생각한다고 이야기했습니다. 이에 답으로, 여러분의 초대 대통령은 미국이 해준 일에 대해서 한국의 심심한 사의를 표명했습니다. 그는 "나의 친구 여러분, 본인은 몇백 년을 산다 해도 우리는 여러분으로부터 입은 은혜를 다 갚지 못할 것입니다."라고 끝을 맺었습니다.

본인은, 그 빚은 이미 오래전에 다 갚아졌음을 이 위대한 나라의 국민에게 말하기 위해 오늘 여기에 왔습니다. 여러분의 신의, 여러분의 우정, 여러분의 발전, 여러분의 국민을 위해서 무엇인가 잘되게 건설해 보겠다는 여러분 감사의 깊이는 수차례에 걸쳐서 입증했습니다. 이 격동과 혼란의 요즈음, 미국 국민은 이러한 지속적이고 헌신적인 동맹에 대하여 아주 감사드립니다.
오늘날, 미국은 당신에게 감사하고 있습니다.

QUESTION

1. In these days of turmoil and testing, do you live happily or do you live uneasily?
→ In these days of turmoil and testing, I live happily.

2. Becoming a member of the National Assembly is your dream, correct?
→ No, that's wrong. Being a congressman is not my wish.

3. In which case can you be an honored guest. Please give me an example.
→ When I am invited to a wedding, I will be an honored guest.

4. Are you privileged to come here at any time?
→ Of course. I am privileged to come here at any time.

5. When are you scheduled to go to another peninsula or continent?
→ At present, I don't have any plan.

6. 당신은 청와대로 대통령을 언제 예방할 계획입니까?
→ 나는 대통령을 예방할 어떠한 계획도 없습니다.

7. 당신은 용기와 자기 회생과 우정이 있습니까?
→ 그럼요. 나는 용기와 자기희생과 우정이 있습니다.

8. 당신은 부인과 자녀를 위해서 자신을 희생할 수 있습니까?
→ 그것은 말할 필요가 없습니다. 나는 내 아내와 자녀를 위해서 희생할 수 있습니다.

9. 나는 당신과 오늘 밤 같이 있고 싶습니다.
당신은 밤새도록 나와 어울릴 수 있습니까?
→ 물론입니다. 당신이 원한다면, 나는 당신과 오늘 밤 어울릴 수 있습니다.

10. 당신을 위해서 희생할 수 있는 헌신적이고 변함없는 친구가 있습니까?
→ 글쎄요. 나는 변함없는 친구는 있으나, 나는 나를 위해서 희생할 친구는 없습니다.

11. 그렇다면, 당신은 친구를 위해서 희생할 수 있다고 생각하십니까?
→ 아닙니다. 나는 친구를 위해서 희생하고 싶지 않습니다.

12. 미국은 우리를 보호해 주었습니다. 당신은 미국이 한 것에 깊은 감사를 표현 할겁니까?
→ 아니요. 나는 미국이 한 것에 대해 깊은 감사를 표현하지 않겠습니다.

13. 만일 당신이 수백 년을 산다면, 당신은 나에게 깊고 깊은 감사를 표현할 수 있습니까?
→ 비록 내가 수백 년을 산다고 해도, 왜 내가 당신에게 깊은 감사를 표현해야 합니까?

14. 만일 깡패가 당신을 차로 납치하려고 합니다. 당신은 어떻게 그것을 막을 수 있습니까?
→ 만일 깡패가 나를 차로 납치하려고 하면, 나는 소리 지르고 그와 싸울 것입니다.

15. 당신은 노예가 필요합니까, 아니면 당신은 경호원이 필요합니까?
→ 오늘날에는 노예가 없습니다. 그리고, 나는 노예도 경호원도 필요 없습니다.

16. 당신은 나에게 점심을 사기 위해서 여기에 왔나요, 아니면 영어를 향상시키기 위해서 왔습니까?
→ 나는 오늘 영어를 향상시키기 위해서 여기에 왔습니다.

17. 당신의 밝은 미래를 위해서 당신은 더 나은 무언가를 만들겠다는 결단력이나 발전이 있습니까?
→ 그럼요. 나는 내 미래를 위해 더 나은 것을 만들겠다는 결단력과 나의 발전이 있습니다.

18. 만일 내가 당신에게 돈을 빌려주면, 언제 당신은 그것을 나에게 갚을 겁니까?
→ 만일 당신이 나에게 돈을 빌려주면, 나는 영원히 당신에게 갚지 않을 것입니다.

19. 당신 어머니의 생일이 오면, 어떻게 당신은 그녀에게 고마워 할 것이며, 어떻게 당신의 감사를 표현할 것입니까?
→ 나의 어머니의 생일이 되면, 나는 약간의 선물로 그녀에게 고마움을 표시할 것이며, 입으로 감사를 표현할 것입니다.

6. When are you scheduled to pay a visit to the president in the Blue House?
→ I don't have any schedule to pay a visit to the president.

7. Do you have any courage, self-sacrifice and friendship?
→ Sure, I have the courage, self-sacrifice and friendship.

8. Can you sacrifice yourself for your wife and children?
→ It goes without saying. I am able to sacrifice myself for my wife and children.

9. I'd like to be with you tonight. Could you join with me all night?
→ Of course. If you want, I am able to join you tonight.

10. Do you have a constant and devoted friend who can sacrifice himself for you?
→ Well, I have a constant friend but I don't have a friend who is able to sacrifice himself for me.

11. Then, do you think you can sacrifice yourself for your friend?
→ No, negative. I don't want to sacrifice myself for my friend.

12. The U.S. has protected us. Will you express your deep appreciation for what America had done?
→ Of course not. I won't express my appreciation for what America had done.

13. If you live hundreds of years, can you express your deep, deep appreciation for me?
→ Although I live hundreds of years, why do I have to express my deep appreciation for you?

14. If a hooligan tries to abduct you in his car, how can you prevent it?
→ If a hooligan tries to abduct me in his car, I am going to shout and fight with him.

15. Do you need a slave or do you need a bodyguard?
→ Today there is no slave. And I don't need a slave as well as a bodyguard.

16. Have you come here to buy me lunch or to improve English?
→ I've come here today to improve English.

17. Have you got your progress and determination to build something better for your bright future?
→ Sure thing. I've got my progress and determination to build something better for my future.

18. If I lend you money, when will you repay it to me?
→ If you lend me money I will never repay you forever.

19. When your mother's birthday comes, how will you be grateful to her and how will you express your gratitude?
→ When my mother's birthday falls, I'll be grateful to her with some presents and express my gratitude with my mouth.

11. 대화 주제: 접근

And we have long been friends. Over a hundred years ago, when American ships first approached Korea, our people knew almost nothing of each other. Yet, the first words from the Kingdom of Chosun to the emissaries from America were words of welcome and hope. I would like to read part of that greeting to the Americans, because it tells much of the Korean people's character.

"Of what country are you? Are you well after your journey of ten thousand Li through winds and waves? Is it your plan to barter merchandise? or do you rather wish to pass by to other places and to return to your native land? All under heaven are of one original nature. Clothes and hats are very different. And language is not the same. Yet, they can treat each other with mutual friendship. What your wish is, please make it known."

The journey from America is now swift. The winds and waves no longer endanger our way. But the rules of conduct which assist travelers are the same today as they were over a century ago, or even in ancient times. The weary are restored, the sick healed, the lost sheltered and returned safely to their way. This is so on all continents among civilized nation.

질문

1. 우리는 오랫동안 친구였어요. 정확히 우리가 서로 안 지 얼마나 되었나요?
→ 정확히, 우리는 2달간 서로 알아 왔습니다.

2. 당신의 얼굴은 당신의 성격을 많이 말해줍니다. 그래서 당신은 항상 진하게 화장합니까?
→ 비록 내 얼굴이 많은 나의 성격을 많이 말해주어도, 나는 진한 화장을 하지 않습니다.

3. 만일 당신의 소원이 있다면, 당신은 그것을 알게 해줄 수 있습니까?
→ 비록 내 소원을 당신에게 알려 주어도, 당신은 그것을 실현시켜 줄 수 없습니다.
그 결과, 나는 그것을 알게 할 필요가 없습니다.

4. 옷과 모자가 다릅니다. 그리고 언어도 같지 않습니다. 그런데도 당신은 상호우정으로 미국인들을 대접할 수 있습니까?
→ 물론입니다. 당신이 말한 것처럼, 옷과 모자가 다릅니다. 언어도 같지 않습니다.
그러나 나는 미국인을 상호우정으로 대접할 수 있습니다.

5. 바람과 파도는 당신 미래를 위험하게 합니다. 그래서 당신은 바람과 파도를 두려워합니까?
→ 바람과 파도는 나의 미래를 위험하게 하지 않습니다. 나는 바람과 파도를 두려워하지 않습니다.

6. 우리나라에서는, 무료로 병자는 낫게 되고, 지친자는 회복이 되고, 노숙자들은 무료로 보호됩니다. 우리나라는 문명국이니까요. 정확합니까?
→ 아니오, 비록 우리나라가 문명국이나, 무료로, 병자가 낫게 되지도 않고, 지친자는 회복이 되지도 않으며, 노숙자는 무료로 보호받지 못합니다.

7. 오늘날 미국으로부터의 여행이 빠릅니까, 아니면 느립니까?
→ 오늘날은, 미국으로부터의 여행은 아주 빠릅니다.

11. TOPIC: APPROACH

그리고 우리 양국은 오랜 친구입니다. 수백 년 전 미국의 배가 처음으로 한국에 접근했을 시에는 우리 양국 국민은 상대방에 대해서 거의 아는 것이 없었습니다. 그러나 미국의 사절에 대한 조선 왕국의 첫 인사말은 환영과 희망의 말이었습니다. 미국인에 대한 그 첫 인사말은 한국 국민의 특성을 많이 나타내 주는 것이기 때문에 본인은 그 일부분을 읽어 보고자 합니다.

"그대들은 어느 나라 사람들이십니까? 수만 리 풍파 여행에 안녕하십니까? 상품을 교환할 계획이십니까? 아니면 이곳을 지나 다른 곳으로 갔다가 고국으로 돌아가기를 원하십니까?
하늘 아래 모든 사람의 근본은 같지만, 옷과 모자가 다르고, 언어 또한 같지 않습니다. 그러나 모두들 서로 우정으로 대할 수 있습니다. 그대들의 소원이 무엇인지 알려 주시오."
이제는 미국으로부터의 여행이 빨라졌습니다. 이제는 바람과 파도가 우리의 여행을 위태롭게 하지 않습니다. 그러나 여행자를 돕는 행동규범은 일 세기 전이나, 아니 심지어 고대나 지금이나 같습니다. 지친 사람은 기운을 회복시켜주고, 병든 사람이 치유되고, 잃어버린 사람들은 보호되고, 안전하게 그들의 길로 돌아갑니다. 이것은 문명 국가 중 모든 대륙에서 마찬가지입니다.

QUESTION

1. We have long been friends. Exactly how long has it been since we have known each other?
→ Exactly, we have known each other for 2 months.

2. Your face tells much of your character. So, do you wear a heavy make-up all the time?
→ Though my face tells much of my character, I don't wear a heavy make-up.

3. If you have your wish, can you make it known?
→ Even If I let you know my wish, you cannot make it come true. Therefore, I don't need to make it known.

4. Clothes and hats are different. And language is not the same. Yet, can you treat Americans with mutual friendship?
→ Of course. As you said. Clothes and hats are different. Language is not the same. But I can treat Americans with mutual friendship.

5. The winds and waves endanger your future. So, are you afraid of the winds and waves?
→ The winds and waves do not endanger my future. I am not afraid of the winds and waves.

6. In our nation, the sick are healed, the weary are restored, the homeless are sheltered free of charge. Because our country is a civilized nation, is it correct?
→ No, negative. Though our country is a civilized nation, the sick are not healed, the weary are not restored and the homeless are not sheltered free of charge.

7. Today, is journey from America swift or slow?
→ Today, the journey from America is swift.

12. 대화 주제: 묵념

훈련횟수 ☐ ☐ ☐

Our world is sadder today because these ancient and honorable practices could not protect the lives of some recent travelers. Instead of offering assistance to a lost civilian airliner, the Soviet Union attacked. Instead of offering condolences, it issued denials. Instead of offering reassurances, it repeated its threats.

Even in the search for our dead, the Soviet Union barred the way. This behavior chilled the entire world.

The people of Korea and the United States shared a special grief and anger. My nation's prayers went out to the Korean families who lost loved ones, even as we prayed for our own. May I ask you today to pause for a moment of silence for those who perished. Please join me in this tribute in which the spirit of our two peoples will be as one.

질문

1. 우리의 세계는 오늘날 더 슬픕니다. 잃어버린 민간 항공기에 도움을 주는 대신, 소련은 공격을 했습니까, 아니면 보호했습니까?
→ 우리의 세계는 슬픕니다. 소련은 잃어버린 민간 항공기를 공격했습니다.

2. 소련은 애도를 표하는 대신 부인하거나 잘못을 인정했습니까?
→ 소련은 애도를 표하는 대신 부인했습니다.

3. 일본의 행동은 전 세계를 오싹하게 했습니다. 당신은 일본을 동경합니까?
→ 아니요, 나는 일본을 증오하고 경멸합니다. 나는 일본을 동경하지 않습니다.

4. 미국과 한국 사람들은 슬픔과 분노를 같이 하고 있다고 생각합니까, 아니면 우리만 슬픔과 분노를 갖고 있다고 생각합니까?
→ 어느 면에서는, 미국과 한국 사람들은 슬픔과 분노를 같이 하고 있습니다.

5. 당신은 사랑하는 이를 잃어버린 가족들에게 당신은 기도할 수 있습니까, 당신 가족을 위해 하는 것처럼?
→ 그럼요, 나는 사랑하는 이를 잃어버린 가족들에게 기도할 수 있습니다.

6. 그럼, 당신은 죽은 사람들을 위해서 밤낮으로 기도할 수 있습니까?
→ 내가 미쳤습니까? 왜 내가 죽은 사람들을 위해서 밤낮으로 기도해야 합니까? 그것은 말도 안 돼요.

7. 당신은 식사 전이나 자기 전에 항상 기도합니까?
→ 아니요, 나는 식사 전에 기도하지 않습니다.

12. TOPIC: TRIBUTE

이러한 오래되고 명예로운 관행이 최근 일부 여행자들의 생명을 보호하지 못했기 때문에 오늘날 우리의 세계는 더 슬픕니다. 길을 잃은 민간 항공기에 도움을 주기는커녕 소련은 이를 공격했습니다. 조의를 표하는 대신 소련은 이를 계속 부인했습니다. 안심시키는 대신 소련은 위협을 되풀이했습니다.
심지어 우리 사망자 수색에 있어서도 소련은 방해했습니다. 이러한 행동은 온 세계를 떨게 만들었습니다.

한미 양국 국민은 남다른 슬픔과 분노를 같이 했습니다. 미국 국민들이 그들의 사랑하는 이를 잃은 가족들을 위해 기도를 올릴 때에 우리들의 기도는 그 사랑하는 이를 잃은 한국인 가족들을 위해서도 올려졌습니다. 이제 본인은 그때 유명을 달리한 희생자들을 위해 잠시 묵념을 드리도록 여러분에게 요청합니다. 우리 두 나라 국민의 마음을 하나로 만들 이 묵념을 여러분도 같이해주시기를 바랍니다.

QUESTION

1. Our world is sadder today. Instead of offering assistance to a lost civilian airliner, did the Soviet Union attack or protect?
→ Our world is sad today. The Soviet Union attacked the lost civilian airliner.

2. Instead of offering condolences, did the Soviet Union issue denials or admit their mistakes?
→ Instead of offering condolences, the Soviet Union issued denials.

3. The behavior of Japan chilled the entire world. Do you admire Japan?
→ No, I hate and despise Japan. I never admire Japan.

4. Do you think the people of Korea and the United States share a grief and anger or we only have a grief and anger?
→ In some way, I think the people of Korea and the United States share a grief and anger.

5. Can you have a prayer for the families who lost loved ones, even as you pray for your own?
→ Sure, I can have a prayer for the families who lost loved ones.

6. Then, can you pray for those who died day and night?
→ Am I crazy? Why do I have to pray for those who died day and night?
It doesn't make sense.

7. Do you have a prayer before eating and before going to bed?
→ No, I don't have a prayer before eating.

8. 만일 당신 친구가 당신의 미래의 길을 막으면, 당신은 그것을 참을 겁니까, 아니면 당신은 그와 싸울 겁니까?
→ 만일 어떤 이가 나의 미래의 길을 막으면, 나는 그와 싸워야 합니다.

9. 당신은 슬픔이나 기쁨을 나와 함께하고 싶나요, 아니면 그것은 나에게는 상관이 없나요?
→ 나는 기쁨은 당신과 함께하고 싶습니다. 그러나 나는 슬픔을 당신과 함께하고 싶지 않습니다.

10. 만일 당신은 잘못을 저지르면, 당신은 그것을 부정합니까, 아니면 솔직히 그것을 시인합니까?
→ 만일 내가 잘못을 저지르면, 나는 그것을 솔직히 인정합니다.

11. 당신의 가까운 친구가 죽으면, 당신은 그의 장례식에 가서 조문을 할 겁니까, 아니면 당신은 그것을 모른 척 할 겁니까?
→ 나의 가까운 친구가 죽으면, 나는 그의 장례식에 참석하여 조문을 할 겁니다. 그것은 나의 예의입니다.

8. If a friend of yours bars the way of your future, will you bear it or will you have a fight with him?
→ If anyone bars the way of my future, I must fight him.

9. Would you like to share a grief and joy with me or doesn't it make any difference to me?
→ I'd like to share a joy with you. But I don't want to share a sorrow with you.

10. If you commit a wrongdoing, do you deny it or admit it frankly?
→ If I commit a wrongdoing, I admit it frankly.

11. When your close friend dies, will you go to his funeral and express your condolences or will you pretend not to know it?
→ When my close friend dies, I will attend his funeral and offer my condolences. That is my manner.

13. 대화 주제: 분노와 슬픔

We in the United States have suffered a similar savage act of terrorism in recent weeks. Our marines in Lebanon were murdered by madmen who cannot comprehend words like reason or decency. They seek to destroy not only peace, but those who search for peace. We bear the pain of our losses just as you bear the pain of yours. As we share friendship, we also share grief.

I know citizens of both our countries, as well as those of other nations, do not understand the meaning of such tragedies. They wonder why there must be such hate. Of course, regrettably, there is no easy answer. We can place greater value on our true friends and allies.

We can stand more firmly by those principles that give us strength and guidance and we can remember that some attack us because we symbolize what they do not: hope, promise, the future. Nothing exemplifies this better than the progress of Korea. Korea is proof that people's lives can be better. And I want my presence today to draw attention to a great contrast: I'm talking about the contrast between your economic miracle in the south and their economic failure in the north.

질문

1. 최근 수 주 동안에, 당신은 테러 분자들의 야만적인 행동을 당해왔습니다. 당신은 저명한 사람이니까요, 맞습니까?
→ 아니요, 나는 테러 분자들의 야만적인 행동을 당해오지 않았습니다. 나는 저명한 사람이 아닙니다.

2. 당신은 정중함이나 이유 같은 말을 이해할 수 없는 미친 사람입니까?
→ 아니요, 나는 미친 사람이 아닙니다. 나는 정중함이나 이유를 이해할 수 있습니다.

3. 당신은 평화뿐만 아니고 그들 가정을 파괴하기 위하여 찾고 있는 깡패입니까, 아니면 당신은 선량한 시민입니까?
→ 나는 선량한 시민입니다. 나는 가정을 파괴하는 깡패가 아닙니다.

4. 내가 나의 고통을 참는 것처럼, 당신은 당신의 고통을 참을 수 있습니까?
→ 물론입니다. 나는 나의 고통을 참을 수 있습니다.

5. 우리가 우정을 나누는 것처럼, 당신은 슬픔과 기쁨도 공유할 수 있습니까?
→ 만일 당신이 원한다면, 우리는 슬픔과 기쁨을 공유할 수 있습니다.

6. 비록 당신은 비극을 당한 적이 없어도, 당신은 남의 비극을 이해할 수 있습니까?
→ 유감스럽게도, 거기에는 쉬운 답이 없습니다. 나는 비극을 당한 적이 없으므로, 나는 남의 비극을 이해한다는 것은 어려울 것 같습니다.

13. TOPIC: ANGER AND SORROW

미국의 우리들은 최근 몇 주일 동안에 그와 비슷한 야만스러운 테러행위를 겪었습니다. 레바논에 가 있던 우리 해병대들이 이성이나 정중함 같은 말의 뜻을 이해하지 못하는 미친 사람들에 의해 살해되었습니다. 그들은 비단 평화뿐 아니라 평화를 탐색하는 사람들까지도 파멸시키려 듭니다. 여러분이 여러분의 손실 고통을 참는 것처럼, 우리도 우리의 손실의 고통을 참고 있습니다. 우리는 우정을 나누듯 슬픔도 나누고 있습니다.

우리 양국 국민은 물론 다른 나라 국민들도 그러한 비극의 의미를 이해할 수 없다는 것을 본인은 알고 있습니다. 그들은 어찌하여 이런 증오가 존재해야 하는지, 의아하게 생각합니다. 물론, 유감스럽게도 그에 대한 손쉬운 대답은 없습니다. 우리는 우리의 진정한 우방과 맹방에 더욱 큰 가치를 부여할 수 있습니다.

우리는 우리에게 힘을 주고, 우리를 인도해주는 제반 원칙들을 더욱 확고히 지킬 수 있습니다. 그리고 우리는 희망, 밝은 미래 등 그들이 상징하지 않는 것을 우리가 상징하기 때문에 우리를 공격하는 자도 있다는 사실을 상기할 수 있습니다. 한국의 발전보다 이를 더 잘 보여주는 것은 없습니다. 한국은 국민의 삶이 개선될 수 있다는 좋은 증거입니다. 그래서 본인은 오늘 본인이 이곳에 옴으로 해서 남한의 여러분과 북한의 경제적 실패 사이의 큰 대조에 이목이 집중되기를 바랍니다.

QUESTION

1. In recent weeks, you have suffered a savage act of terrorism. Because you are a distinguished person, correct?
→ No, I haven't suffered a savage act of terrorism. Because I am not a distinguished man.

2. Are you a madman who cannot comprehend words like reason or decency?
→ No, I am not a madman. I can comprehend reason and decency.

3. Are you a hooligan who is seeking to destroy not only peace but also their family or are you an innocent citizen?
→ I am an innocent citizen. I am not a hooligan who destroys families.

4. Can you bear your pain just as I bear my pain?
→ Of course, I am able to bear my pain.

5. As we share friendship, can we also share grief and joy?
→ If you want, we can share grief and joy.

6. Although you never suffered tragedies, can you comprehend other's tragedies?
→ Regrettably, there is no easy answer about that. Since I had never suffered tragedies, I think it is hard to comprehend other's tragedies.

7. 만일 당신이 노벨상을 받는다면, 당신은 부모에게 큰 가치를 부여할 것입니까, 아니면 친구에게 가치를 부여할 겁니까?

→ 만일 내가 노벨상을 받는다면, 나는 부모에게 큰 가치를 부여할 겁니다.

8. 당신은 많은 군중 앞에서, 당신은 현저하게 관심을 끌고 싶나요, 아니면 당신은 남에게 관심을 주고 싶나요?

→ 나는 많은 군중 앞에서, 현저하게 관심을 끌고 싶지 않습니다.

9. 한국은 사람들의 생활이 더 좋아질 수 있다는 증거입니다. 한국은 경제 기적을 만들었나요, 아니면 경제 실패를 만들었나요?

→ 한국은 경제 기적을 만들었습니다. 한국은 사람들의 생활이 더 좋아질 수 있다는 증거입니다.

7. If you are awarded a Nobel prize, are you going to place greater value on your parents or will you place value on your friend?
→ If I am awarded a Nobel prize, I'll place greater value on my parents.

8. In front of a big crowd, do you want to draw attention to a great contrast or do you want to pay attention to others?
→ I don't want to draw attention to a great contrast in front of a big crowd.

9. Korea is proof that people's lives can be better. Did Korea make an economic miracle or an economic failure?
→ Korea made an economic miracle. Korea is proof that people's lives can be better.

14. 대화 주제: 민주주의와 공산주의

In the early years following World War II, the future of Korea-and all of Asia was very much in doubt. Against the hopes of Korea and other new nations for prosperity and freedom stood the legacies of war, poverty and colonial rule.

In the background of this struggle, the great ideological issues of our era were heard: Would the future of the region be democratic or totalitarian? Communism, at that time, seemed to offer rapid industrialization. The notion that the people of the region should govern their own lives seemed to some an impractical and undue luxury.

But Americans and the people of Korea shared a different vision of the future. Then North Korea burst across the border intent on destroying this country.

We were a world weary of war, but we did not hesitate. The United States, as well as other nations of the world, came to your aid against the aggression, and tens of thousands of Americans gave their lives in defense of freedom.

질문

1. 이차대전 직후 수년간, 한국의 미래는 암담했나요, 아니면 약속이 돼 있었나요?
→ 이차대전 직후 수년간, 한국의 미래는 많이 암담했습니다.

2. 전쟁의 유산, 빈곤, 식민 통치는 우리나라와는 거리가 멀었습니다, 맞습니까?
→ 틀립니다. 전쟁의 유산, 빈손, 식민 통치는 우리의 문제였습니다.

3. 이러한 갈등을 배경으로 하여, 우리 시대의 이념적 문제는 없었습니까?
→ 예, 우리 시대의 이념적 문제가 들려 왔습니다, 이런 갈등을 배경으로 하여.

4. 당신은 어느 것이 급속한 번영과 산업화를 제공한다고 생각합니까, 민주주의와 공산주의 중?
→ 나는 민주주의가 번영과 산업화를 제공한다고 생각합니다.

5. 당신은 비현실적이고 과도한 사치를 즐긴다고 생각합니까?
→ 아니요, 나는 비현실적이고 과도한 사치를 즐길 수 없습니다. 나는 그런 여유가 없습니다.

6. 수만 명의 미국인은 자유를 수호하기 위해서 그들의 목숨을 바쳤습니다. 당신은 이 나라를 위해 목숨을 바칠 수 있습니까?
→ 그럼요, 나도 기꺼이 이 나라를 지키기 위하여 목숨을 바칠 수 있습니다.

7. 당신의 미래는 의심스럽고 그리고 좌절상태에 있습니다, 그렇지요?
→ 아니요, 나의 미래는 의심스럽거나 좌절 상태가 아닙니다.

14. TOPIC: DEMOCRACY COMMUNISM

2차 대전 직후 수년 동안만 해도, 한국 그리고 아시아 전역의 장래는 매우 암담했습니다. 한국을 비롯한 기타 신생 국가들은 번영과 자유를 희망했건만 전쟁과 빈곤과 식민 통치의 유산이 남아 있었습니다. 이 갈등의 배경에서 이 지역의 미래는 민주적일 것인가, 아니면 전체주의적일 것인가? 라는 우리 시대의 위대한 이념적 문제가 들려왔습니다. 그 당시 공산주의는 급속한 산업화를 약속하는 것처럼 보였습니다. 그 지역 국민이 그들 자신의 삶을 결정해 나가야 한다는 생각은 비현실적이고 당치도 않는 사치라고 보는 사람도 있었습니다.

그러나 미국 국민과 한국 국민은 이 지역의 미래에 대한 다른 비전을 공유했습니다. 그러자 북한은 이 나라를 파괴하겠다는 일념으로 남침해 왔습니다. 그 당시 우리 세계는 전쟁에 싫증을 느끼고 있었지만 우리는 주저하지 않았습니다. 미국뿐 아니라 세계의 다른 나라들도 이 침략으로부터 여러분을 돕기 위해 달려왔고, 그리하여 수만 명의 미국인이 자유를 지키기 위해 목숨을 바쳤습니다.

QUESTION

1. In the early years following World War 2, was the future of Korea in doubt or in promise?
→ In the early years following World War 2, the future of Korea was in much doubt.

2. The legacies of war, poverty and colonial rule were far from our nation, correct?
→ That's wrong, the legacies of war, poverty and colonial rule were our problems.

3. In the background of this struggle, wasn't there the ideological issues of our era?
→ Yes, the ideological issues of our era were heard in the background of this struggle.

4. Which side do you think offers rapid industrialization and prosperity, democracy or communism?
→ I think democracy offers rapid industrialization and prosperity.

5. Do you think you enjoy an impractical and undue luxury?
→ No, I can't enjoy an impractical and undue luxury. I can't afford it.

6. Tens of thousands of Americans gave their lives in defense of freedom. Are you able to give your life in defense of this nation?
→ Sure, I am able to give my life in defense of this country.

7. Your future is in doubt and state of frustration, isn't it?
→ No, my future is not in doubt and state of frustration.

8. 한국은 아직도 빈곤과 식민 통치의 유산이 남아있습니까?

→ 내 의견으로는, 한국은 빈곤과 식민 통치의 유산이 남아있지 않습니다.

9. 당신의 대학 시절에, 당신은 투쟁 배경과 이념 문제를 갖고 있었습니까?

→ 아니요, 나는 학교 시절에, 투쟁 배경이나 이념 문제를 갖고 있지 않았습니다. 나는 오로지 공부에만 몰두했습니다.

10. 북한이 국경을 넘어 이 나라를 파괴했습니까, 아니면 남한이 북한을 침략했습니까?

→ 모든 상황을 고려해보면, 북한이 남한을 파괴하면서 국경을 침입했습니다.

8. Does Korea still have the poverty and legacies of colonial rule left?
→ In my opinion, Korea doesn't have the poverty and legacies of colonial rule remaining.

9. In your university days, did you have the struggle background and ideological issues?
→ No, I didn't have any struggle background and ideological issues in my school days. I was only devoted to my studies.

10. Did North Korea burst across the border destroying this country or did South Korea invade North side?
→ Considering all circumstances, North Korea burst acrosss the border destroying the South.

15. 대화 주제: 피난민

As heavy as this price was, the Korean people paid an even heavier one. Civilian deaths mounted to the hundreds of thousands. President Johnson said before this very Assembly. "Who will ever know how many children starved?" How many refugees lie in unmarked graves along the roads south? There is hardly a Korean family which did not lose a loved one in the assault from the north.

In 1951, in the midst of the war, General Douglas MacArthur addressed a joint session of our Congress. He spoke of you saying, "The magnificence of the courage and fortitude of the Korean people defies description." As he spoke those words, our Congress interrupted him with applause for you and your people.

질문

1. 민간인 사망자의 수는 수십만 명에 달했습니다. (쌓였다) 한국전쟁에서 군인은 몇 명이나 죽었습니까?
→ 글쎄요, 나는 한국전쟁에서 군인이 몇 명이나 죽었는지 숫자는 모릅니다.

2. 금고에 있는 당신의 돈은 산 만큼 쌓여있습니다. 당신은 뇌물을 받았습니다. 내 말이 맞습니까, 틀립니까?
→ 틀립니다. 나는 금고가 집에 없습니다. 내가 뇌물을 받을 수 있는 입장이었으면 좋겠네요.

3. 요즈음도, 굶어 죽는 사람이 있다고 당신은 생각합니까?
아니요, 한국에는 굶어 죽는 사람은 없습니다.

4. 당신이 부인과 싸울 때, 그녀는 당신과 자녀를 굶깁니까?
→ 비록 내가 내 아내와 싸워도, 그녀는 나를 굶기지 않습니다.

5. 현충일 날, 당신은 이름 없는 묘지를 방문한 적이 있습니까?
→ 예, 나는 고등학교 시절에, 이름 없는 묘지를 방문한 적이 있습니다.

6. 한국전쟁이 다시 일어날 수 있다고 당신은 믿습니까?
→ 아니요, 나는 한국전쟁이 다시는 일어나지 않을 것이라고 믿습니다.

7. 만일 한국전쟁이 다시 일어난다면, 당신은 피난민이 될 겁니까, 아니면 군인이 될 겁니까?
→ 만일 한국전쟁이 다시 일어난다면, 나는 피난민이 될 수 없습니다. 우리는 현 위치에 있어야 합니다.

8. 1951년 한국전쟁이 한창 일 때, 당신은 어디서 무엇을 했습니까?
→ 한국전쟁이 한창 일 때, 나는 아기였습니다. (나는 태어나지 않았습니다.)

15. TOPIC: REFUGEE

이것은 큰 대가였습니다만, 한국 국민은 이보다 더한 대가를 치렀습니다. 민간인 사망자 수는 수십만 명에 달했습니다. 존슨 대통령은 바로 이 국회에서 다음과 같이 말했습니다. "얼마나 많은 어린애들이 굶어 죽었는지 누가 알 수 있겠습니까? 남으로 가는 도로 연변의 이름 없는 무덤 속에 얼마나 많은 피난민이 묻혀 있는지? 북으로부터의 침공받아 사랑하는 이를 잃지 않는 한국 가정은 거의 없었습니다."

1951년 한국전쟁이 한창일 때, 더글라스 맥아더 장군은 미국 의회 상하 양원 합동 회의에서 연설했습니다. 그분은 한국인에 대해서 말하기를, "한국 국민의 용기와 불굴의 의지는 이루 말할 수 없습니다."라고 말했습니다. 맥아더 장군이 이 말을 했을 때 우리 의회는 여러분과 여러분의 국민에 대한 박수갈채로 그분이 말을 잇지 못하게 했습니다.

QUESTION

1. Civilian deaths mounted to the hundreds of thousands. How many soldiers died in the Korean War?
→ Well, I have no idea how many soldiers died in the Korean Wax.

2. Your money in the safe mounted up to mountains. You got bribes. Am I right or wrong?
→ You're wrong. I don't have any safe in my house. I do wish I were in a position to get a bribe.

3. In these days, do you think there are people who are starved?
→ No, negative. There aren't people who are starved in Korea.

4. When you fight with your wife, does she starve you and your children?
→ Although I fight my wife, she doesn't starve me.

5. On Memorial Day, have you ever visited unmarked graves?
→ Yes, in my high school days, I ever visited unmarked graves.

6. Do you believe that the Korean War will take place again?
→ No, I don't believe that the Korean War will take place again.

7. If the Korean War takes place again, will you be a refugee or a soldier?
→ If the Korean War breaks out again, I cannot be a refugee. We should stay at the current site.

8. In 1951, in the midst of the War, where were you and what did you do?
→ In the midst of the War, I was a baby. (I wasn't born.)

**9. 한국인의 불굴 의지와 용기는 말로 형용할 수 없습니다.
당신은 불굴의 의지와 용기가 남보다 더 있다고 생각합니까?**
아니요, 나는 남보다 더 불굴의 의지와 용기가 있다고 생각하지 않습니다.

10. 당신은 친구와 대화를 할 때, 당신은 그의 말에 끼어듭니까, 아니면 끝까지 그의 말을 듣고 있습니까?
→ 나는 친구와 대화를 할 때, 그의 말에 끼어들지 않습니다.

11. 당신은 언제 박수를 치거나 갈채를 보냅니까?
→ 내가 좋은 연설을 듣거나, 노래를 들으면 나는 박수를 칠 겁니다.

9. The courage and fortitude of the Korean people defies description. Do you have more courage and fortitude than other people?
→ No, I don't think I have more courage and fortitude than other people.

10. When you have a conversation with your friend, do you interrupt him or do you listen to him all the way?
→ When I have a conversation with my friend, I don't interrupt him.

11. When do you clap your hands(give a big hand) and applaud?
→ When I listen to a good speech or song, I'll give a big hand.

16. 대화 주제: 불굴의 의지

After the war, Koreans displayed that same fortitude. Korea faced every conceivable difficulty. Cities were in ruins; millions were homeless and without jobs; factories were idle or destroyed; hunger was widespread; the transportation system was dismembered; and the economy was devastated as a result of all these plagues.

And what did the Korean people do? You rebuilt your lives, your families, your homes, your towns, your businesses, your country. And today the world speaks of the Korean economic miracle. The progress of the Korean economy is virtually without precedent. With few natural resources other than the intelligence and energy of your people, in one generation you have transformed this country from the devastation of war to the threshold of full development.

Per capita income has risen from about $80 in 1961 to more than 20 times $34,000 today. Korea has become an industrial power, a major trading nation, and an economic model for developing nations throughout the world.

질문

1. 전쟁 후에, 한국은 모든 생각 할 수 있는 난관에 직면했습니다. 우리는 그것을 극복했나요, 아니면 우리는 좌절했나요?
→ 전쟁 후에, 우리는 모든 생각 할 수 있는 난관에 직면했습니다. 그러나 우리는 그것을 극복했습니다.

2. 도시는 황폐화 되었고, 수백만은 집을 잃고, 공장은 유휴 상태이거나 파괴되었습니다. 이것은 거짓말입니까, 아니면 진실입니까?
→ 그것은 진실이었습니다. 도시는 황폐화 되었고, 수백만은 집을 잃었고 공장은 파괴되었습니다.

3. 교통수단은 마비되었고, 전쟁의 결과로 굶주림은 널리 퍼져 있었습니다. 이것이 진실이었습니까, 아니면 거짓이었습니까?
→ 그것은 진실이었습니다. 전쟁의 결과로, 교통수단은 마비되었고, 굶주림은 널리 퍼져 있었습니다.

4. 세계는 한국의 경제 기적을 말합니다. 한국의 경제 발전은 사실상 선례가 없습니다. 당신은 이 말을 믿습니까?
→ 예, 믿습니다. 한국의 경제 발전은 사실상 선례가 없습니다.

5. 한국에는 인력과 지능 말고는 천연자원이 많나요, 아니면 빈곤한가요?
→ 한국에는 인력과 지능 말고는 천연자원이 빈곤합니다.

6. 우리는 전쟁의 황폐에서 완전한 발전으로 이 나라를 변형시켰습니다. 그것이 일세기 만인가요 삼세기 만인가요?
→ 일세기 만에, 우리는 전쟁의 황폐에서 완전한 발전으로 이 나라를 변형시켰습니다.

16. TOPIC: FORTITUDE

전쟁이 끝난 뒤에도 한국 국민은 바로 그 불굴의 의지를 보여주었습니다. 한국은 상상할 수 있는 온갖 난관에 직면했습니다. 도시는 폐허가 되어있었고, 집이 없고, 일자리가 없는 사람이 수백만 명이었으며, 공장은 돌아가지 않거나, 파괴되어 있었고, 굶주린 사람이 많았고, 교통망은 절단되어 있었으며, 그리고 이 모든 재앙의 결과로 경제는 황폐해졌습니다.

그래서 한국 국민은 어떻게 했습니까? 여러분은 여러분의 삶과 여러분의 가족, 여러분의 집, 여러분의 마을, 여러분의 사업체, 여러분의 나라를 재건했습니다. 그리하여 오늘날 세계는 한국의 경제 기적에 대해서 이야기하고 있습니다. 한국 경제의 발전은 거의 전례가 없습니다. 여러분의 국민의 지성과 에너지 밖에는 천연자원이 거의 없는 상황에서 여러분은 한 세대 동안에 이 나라를 전쟁의 황폐화로부터 완전 개발의 문턱으로까지 변모시켜 놓았습니다.

국민 개인소득은 1961년의 약 80불에서 오늘날의 34,000불로 늘어났습니다.
한국은 산업 강국, 주요 무역국 그리고 전 세계 개발 도상국의 경제적 모델이 된 것입니다.

QUESTION

1. After the war, Korea faced every conceivable difficulty.
Did we overcome it or were we frustrated?
→ After the war, we faced every conceivable difficulty. However, we overcame it.

2. Cities were in ruins; millions were homeless; factories were idle or destroyed. Was that a lie or was that true?
→ It was true. Cities were in ruins; millions were homeless and factories were destroyed.

3. The transportation system was dismembered; hunger was widespread as a result of the war. Was that true or was that a lie?
→ It was true. The transportation system was dismembered and hunger was widespread as a result of the war.

4. The world speaks of the Korean economic miracle. The progress of the Korean economy is virtually without precedent. Do you believe in this word?
→ Yes, I do. The progress of the Korean economy is virtually without precedent.

5. Is Korea rich or poor in natural resources other than the intelligence and energy of your people?
→ Korea is poor in natural resources other than the intelligence and energy of our people.

6. We have transformed this country from the devastation of war to the full development. Was it in one generation or was it in three generations?
→ In one generation we have transformed this country from the devastation of war to the full development.

7. 한국은 전 세계를 통틀어, 개발 도상국에 대한 경제모델이며, 중요한 무역국이 되었습니다. 당신은 내 의견에 동의합니까, 아니면 반대합니까?

→ 나는 당신의 의견에 동의합니다. 한국은 전 세계를 통틀어 개발 도상국에 대한 경제모델이며, 중요한 무역국이 되었습니다.

8. 당신은 올해 우리나라의 1인당 국민소득이 얼마나 되는지 아십니까?

→ 통계에 의하면, 우리나라의 올해 1인당 소득은 34,000불입니다.

7. Korea has become a major trading nation and an economic model for developing nations throughout the world. Are you for my opinion or are you against my opinion?
→ I am for your opinion. Korea has become an economic model for developing nations and a major trading nation throughout the world.

8. Do you know how much per capita income of our nation this year is?
→ According to the statistics, per capita income this year is $34,000.

17. 대화 주제: 침체 훈련횟수 ☐ ☐ ☐

And you have earned the growing respect of the international community. This is recognized in your expanding role as host to numerous international events, including the 1986 Asian Games and the 1988 Olympics.

Now, as the years have passed, we know our vision was the proper one. North Korea is one of the most repressive societies on earth. It does not prosper? It arms.
The rapid progress of your economy and the stagnation of the north has demonstrated, perhaps more clearly here than anywhere else, the value of a free economic system.
Let the world look long and hard at both sides of the 38th parallel, and then ask: which side enjoys a better life?

The other side claims to be the wave of the future. Well, If that is true, why do they need barriers, troops and bullets to keep their people in? The tide of history is a freedom tide, and communism cannot and will not hold it back.

질문

1. 세월이 지나면서, 북한은 지상에서 가장 억압적인 사회 중의 하나입니다. 북한은 발전합니까, 아니면 무장만 합니까?
→ 세월이 지나면서, 북한은 무장만 합니다. 북한은 지상에서 가장 억압적인 사회입니다.

2. 우리나라는 여러 국제 경기의 주체국이었습니다. 우리는 국제 사회의 존경을 얻었나요, 아니면 존경을 잃었나요?
→ 우리나라는 여러 국제 경기의 주체국이었습니다. 그 결과, 우리는 국제 사회의 존경을 얻었습니다.

3. 우리 경제의 급속한 발전과 북한의 침체, 어느 쪽이 더 좋은 삶을 즐깁니까?
→ 남한 쪽이 더 좋은 삶을 즐깁니다. 북한은 침체에 들어있습니다.

4. 38선 양쪽을 당신은 언제 가 볼 수 있을 것 같습니까?
→ 통일이 되면, 나는 38선 양쪽을 가 볼 수 있을 것 같습니다.

5. 북한은 미래의 평화를 사랑한다고 주장합니다. 그것이 사실이라면, 왜 그들은 장벽, 군대 그리고 총탄이 필요합니까?
→ 북한은 거짓말을 하고 있습니다. 그들에게 기회만 주어지면, 그들은 무력으로 통일하기를 원합니다.

6. 역사의 물결은 자유물결입니다. 공산주의는 그것을 막을 수 있을까요?
→ 공산주의는 자유 물결을 막을 수 없습니다. 결과적으로, 공산주의는 붕괴되었습니다.

17. TOPIC: STAGNATION

따라서 여러분은 국제사회의 존경을 더욱더 받게 되었습니다. 이것은, 1986년의 아시안 게임과 1988년의 올림픽을 포함한 많은 국제적 행사들의 주최국으로서의 귀국의 역할 확대에서도 알 수 있습니다.

이제 해가 거듭함에 따라, 우리는 우리들의 비전이 올바른 것이었음을 알게 되었습니다. 북한은 지구상에서 가장 억압적인 사회 중 하나입니다. 북한은 번영을 외면한 채, 군비만을 일삼고 있습니다. 귀국의 급속한 발전과 북한의 침체는 자유 경제 체제의 가치를, 아마도 다른 어느 그곳에서보다 이곳에서 더욱 분명하게 보여주었다고 할 수 있을 것입니다. 세계는 38선 양쪽을 오랫동안 자세히 살펴본 후, 어느 쪽이 더 훌륭한 생활을 누리고 있는가를 따져 보아야 할 것입니다.

북쪽에서는 자기들이 미래의 물결이라고 주장합니다. 만약 그것이 사실이라면 무엇 때문에 장벽과 군대와 총탄으로 자국민을 가두어 두어야 합니까?
역사의 조류는 자유의 물결이며 공산주의는 이 물결을 감히 막으려 들 수도 없고, 막지도 못할 겁니다.

QUESTION

1. As the years have passed. North Korea is one of the most repressive societies on earth. Does it prosper or arm?
→ As the years have passed. North Korea only arms. And it is one of the most repressive societies on earth.

2. Our country was the host nation of numerous international events. Have we earned or lost the respect of the international community?
→ Our country was the host nation of numerous international events. Therefore, we have earned the respect of the international community.

3. The rapid progress of our economy and the stagnation of the North. Which side enjoys a better life?
→ South side enjoys a better life. The North is in stagnation.

4. When do you think you'll be able to go see both sides of the 38th parallel?
→ After unification is achieved, I'll be able to go see both sides of the 38th parallel.

5. North claims to love the peace of the future. If that is true, Why do they need barriers, troops and bullets?
→ North is telling a lie. They want to make a unification by force. When the opportunity is given to them.

6. The tide of history is a freedom tide. Can communism hold it back?
→ Communism cannot hold it back. Therefore, communism collapsed.

7. 한국 경제는 침체에 들어있나요, 아니면 회복에 들어가고 있나요?
→ 내 생각으로는, 한국 경제는 침체를 벗어나서 점차로 회복에 들어가고 있습니다.

8. 이 세계는 증가하는 교통 문제, 인구문제 그리고 식량문제를 갖고 있습니다. 우리는 그것들과는 관계가 없다고 생각합니까?
→ 증가하는 교통 문제, 인구문제 그리고 식량문제는 우리와 많은 관계가 있습니다. 그것들 역시 우리의 문제입니다.

9. 올림픽이 끝난 후에, 한국은 좋은 나라로 인식이 되었나요, 아니면 후진국으로 인식이 되었나요?
→ 한국은 좋은 나라로 인식이 되었습니다.

7. Is the Korean economy in stagnation or restoration?
→ As I might say, the Korean economy is out of stagnation and in restoration gradually.

8. This world has growing traffic, population and food problems. Do you think we have nothing to do with them?
→ Growing traffic, population and food problems have much to do with us. They are also our problems.

9. After the Olympic game was over, is Korea recognized as a nice country or an underdeveloped nation?
→ Korea is recognized as a ~

18. 대화 주제: 경제원조

The United States knows what you have accomplished here. In the twenty-five years following the war, America provided almost five and half billion dollars in economic aid. Today that amounts to less than 6 month's trade between us; trade that is virtually in balance. We are at once Korea's largest market and largest source of supplies. We're a leading source of the investment and technology needed to fuel further development. Korea is our ninth largest trading partner and our trade is growing.

Korea's rapid development benefitted greatly from the free flow of trade which characterized the 1960's and 1970's. Today, in many countries, the call for protectionism is raised. I ask Korea to join with the United States in rejecting those protectionist pressures to ensure that the growth you have enjoyed is not endangered by a maze of restrictive practices.

질문

1. 미국은 우리가 여기서 이룩한 것을 압니다. 당신은 미국이 이룩한 것을 압니까?
→ 유감스럽게도, 나는 미국이 이룩한 것을 모릅니다.

2. 미국은 전쟁 후 경제 원조로 많은 달러를 제공했습니다. 당신은 우리가 그것을 갚아야 한다고 생각합니까?
→ 아니요, 나는 미국이 우리에게 제공한 경제원조를 갚아야 한다고 생각하지 않습니다.

3. 한국과 미국 간의 무역은 실질적으로 균형을 이루고 있나요, 아니면 불균형인가요?
→ 내 생각으로는, 한국과 미국 간의 무역은 실질적으로 균형을 이루고 있습니다.

4. 미국은 한국의 가장 큰 시장이고 최대의 공급원입니다. 한국의 두 번째 교역 상대국은 어디입니까?
→ 내가 잘 알기로는, 한국의 두 번째 교역 상대국은 중국입니다.

5. 미국은 투자와 기술의 원천입니다. 우리의 무역은 성장합니까, 내려갑니까?
→ 시간이 갈수록, 우리의 미국에 대한 무역은 성장합니다.

6. 우리나라는 남의 나라에 돈을 경제원조로 제공했습니다. 그것은 어느 나라입니까?
→ 내 기억으로는, 우리는 소련에 돈을 경제원조로 제공했습니다.

7. 우리나라도 투자와 기술을 이끌 수 있다고 생각합니까, 아니면 남의 기술을 계속해서 사용할 것이라고 생각합니까?
→ 내 의견으로는, 우리나라는 가까운 미래에 투자와 기술을 이끌 것입니다.

18. TOPIC: ECONOMIC AID

미국은 여러분들의 업적을 잘 알고 있습니다. 동란 후 25년 동안, 미국은 경제원조로 약 25억 불을 제공했습니다. 오늘날 그것은 우리 사이의 6개월 미만의 무역에 해당합니다. 우리는 한국에 대한 최대의 시장임과 동시에 또한 최대의 공급선이기도 합니다. 우리는 가일층의 발전을 촉진하는데 필요한 투자와 기술의 유력한 제공국이기도 합니다. 또한 한국은 우리들의 아홉 번째로 큰 교역 상대국이며, 우리들의 무역은 증대 일로에 있습니다.

한국의 급속한 발전은 1960년대 및 1970년대를 특징지었던 자유무역에 크게 힘입은 것입니다. 오늘날, 많은 국가에서 보호무역주의의 소리가 높아가고 있습니다. 본인은 한국에 대해, 여러분이 누렸던 발전이 복잡한 규제적 행동으로 위태롭게 되는 일이 없도록 하기 위해서 이 같은 보호주의의 압력을 물리치는 미국과 합세하여 주기를 당부 드립니다.

QUESTION

1. The United States knows what we have accomplished here.
Do you know what the U.S. has accomplished?
→ Regrettably, I don't know what America has accomplished.

2. America provided lots of dollars in economic aid after the war.
   Do you think we must repay it?
→ No, I don't think we repay the economic aid that the U.S. offered us.

3. Is the trade between Korea and the U.S. virtually in balance or unbalance?
→ As I might say, the trade between Korea and the U.S. is virtually in balance.

4. America is Korea's largest market and largest source of supplies. Which country is the second trading partner of Korea?
→ To my best knowledge, Korea's second trading partner is China.

5. The U.S. is a source of the investment and technology.
Is our trade growing or lowering?
→ As time goes, our trade toward America is growing.

6. Our country offered money to another country in economic aid. Which country is it?
→ As I recall, we offered money to the Soviet in economic aid.

7. Do you suppose our nation is able to lead the investment and technology or we will constantly use other's technology?
→ In my opinion, our nation will be able to lead the investment and technology in the near future.

8. 한국의 급속한 발전은 자유 무역의 혜택을 많이 받았습니다. 우리는 계속해서 보호무역주의가 필요하다고 당신은 생각합니까?

→ 보호무역주의는 좋습니다. 하지만 우리는 자유 무역을 따라야 합니다.

9. 나는 당신에게 오늘 밤 같이 어울릴 것을 요청합니다. 당신은 그것을 거절할 겁니까, 아니면 그것을 승낙할 겁니까?

→ 만일 당신이 나와 같이 어울리고 싶다면, 나는 승낙합니다.

10. 국가 경제의 성장은 개인경제의 성장과 많은 상관이 있나요, 아니면 그것은 아무 상관도 없나요?

→ 내 견해로는, 국가 경제의 성장은 개인경제의 성장과 많은 상관이 있습니다. 만일 한 국가가 부유해지면, 각 개인도 부유해지는 것은 당연할 것입니다.

8. Korea's rapid development benefitted greatly from the free trade. Do you suppose we constantly need protectionism?

→ Protectionism is good. But we've got to follow the free trade.

9. I ask you to join with me tonight. Are you going to reject it or accept it?

→ If you want to join with me, I accept it.

10. Does the growth of the national economy make much difference to the growth of the individual economy or doesn't it make any difference?

→ From my point of view, the growth of the national economy makes a great difference to the growth of the individual economy.

If a nation gets rich, it is natural that a private individual also becomes rich.

19. 대화 주제: 번영과 안보

훈련횟수 ☐ ☐ ☐

And just as we work together toward prosperity, we work toward security. Let me make one thing very plain: you are not alone, people of Korea. America is your friend and we are with you. This year marks the 30th anniversary of the Mutual Defense Treaty between the United States and the Republic of Korea. The preamble to that treaty affirms the determination of our two countries to oppose aggression and to strengthen peace in the Pacific. We remain firmly committed to that treaty. We seek peace on the peninsula.

And that is why United States soldiers serve side by side with Korean soldiers along your demilitarized zone. They symbolize that United States' commitment to your security and the security of the region. The United States will stand resolutely by you, just as we stand with our allies in Europe and around the world.

질문

1. 우리가 번영을 향해서 함께 일하는 것처럼, 당신은 안보를 향해서 나와 함께 일할 수 있습니까?
→ 물론입니다. 나는 번영과 안보를 향해서 당신과 함께 일할 수 있습니다.

2. 한 가지만 명확히 합시다. 당신은 혼자입니까 아니면 내가 당신의 친구이고 당신과 함께 있습니까?
→ 당신 말이 맞습니다. 당신은 나의 친구이며, 나와 같이 있습니다.

3. 한국과 미국 사이에는 상호방위 조약이 있습니다. 이제는 이것을 폐지해야 합니까, 아니면 이것이 계속 필요합니까?
→ 당신이 말한 것처럼, 한국과 미국 사이에는 상호방위 조약이 있습니다. 이것은 당분간은 필요합니다. 그것은 지금 폐지해서는 안 됩니다.

4. 그 조약의 서문은 두 나라가 침략에 반대하고 태평양의 평화를 강화한다고 확언합니다. 우리나라는 평화를 강화했습니까?
→ 그렇습니다. 우리나라는 침략을 반대하고 평화를 강화했습니다.

5. 우리는 이 반도에서 평화를 찾고 있나요, 아니면 전쟁을 찾고 있습니까? 당신은 현실을 잘 알고 있으므로, 견해를 말해주세요.
→ 물론입니다. 나는 우리나라의 현실을 잘 알고 있습니다.
우리는 지금까지 이 반도에서 평화를 찾고 있습니다.

6. 미국 군인은 비무장 지대를 따라서 한국 군인과 나란히 복무합니다. 그것들은 그 지역의 안보에 대한 미국의 약속을 상징합니다. 당신은 그게 맞다고 생각합니까?
→ 맞다고 생각합니다. 미국 군인은 비무장 지대를 따라서 복무합니다. 그것들은 우리의 안보에 대한 미국의 약속을 상징합니다.

19. TOPIC: PROSPERITY AND SECURITY

그리고 우리는 번영을 위해 함께 노력하고 있듯이, 안보를 위해서도 노력하고 있습니다. 한가지 매우 분명하게 해둘 것이 있습니다. 즉, 한국민들인 여러분은 혼자가 아닙니다. 미국은 여러분의 친구이며 우리는 여러분과 함께 있습니다. 올해는 한·미 양국 간의 상호방위조약 체결 30주년이 되는 해입니다. 이 조약의 서문은 침략에 대항하고, 태평양지역에서 평화를 강화하기 위한 우리 양국의 결의를 다짐하고 있습니다. 우리는 이 조약을 계속 확고하게 준수할 것입니다. 우리는 한반도의 평화를 추구합니다.

그 때문에 미군 병사들이 귀국의 비무장 지대를 따라 한국 병사들과 어깨를 나란히 근무하고 있는 것입니다. 이들 미군 병사들은 귀국의 안보와 이 지역의 안보에 대한 미국의 공약을 상징합니다. 미국은 우리가 유럽과 세계의 동맹국들과 함께 서 있는 것처럼 단호하게 여러분을 지지할 것입니다.

QUESTION

1. Just as we work together toward prosperity, can you work together toward security?
→ Of course. I can work together toward prosperity and security.

2. Let me make one thing very plain. Are you alone or am I your friend and am I with you?
→ You're right. You are my friend and you are with me.

3. There is the Mutual Defense Treaty between the United States and the Republic of Korea. Now should it be abolished or is it still needed?
→ As you said, there is the Mutual Defense Treaty between the United States and the Republic of Korea. It is needed for the time being. It shouldn't be abolished now.

4. The preamble to that treaty affirms two countries oppose aggression and strengthen peace in the Pacific. Have we strengthened peace?
→ That's right. Our country has opposed aggression and strengthened peace.

5. Do we seek peace on the peninsula or do we seek war? Because you know the reality well, please tell me your point of view.
→ Of course. I know well about the reality of our country. We seek peace on the peninsula so far.

6. United States soldiers serve side by side with Korean soldiers along the demilitarized zone. They symbolize that United States' commitment to the security of the region. Do you think that's right?
→ Yes, I think that's right. United States soldiers serve along the demilitarized zone. They symbolize the United States' commitment to our security.

7. 미국은 세계도처에서 그들의 동맹국을 지지하는 것처럼, 우리를 굳건히 지지할 것 같습니까?
→ 그렇습니다. 우리가 맹방인 이상 그들은 우리를 지지할 것입니다.

8. 우리는 오랫동안 친구입니다. 내가 무엇을 하든지, 당신은 굳건히 나를 지지할 수 있습니까?
→ 그럼요. 나는 항상 굳건히 당신을 지지할 수 있습니다.

7. Do you suppose America will stand resolutely by us, just as they stand with their allies around the world?

→ Yes, I do. America will stand by us as long as we have been friends.

8. We have long been friends. Whatever I do, can you stand resolutely by me?

→ Sure, I can stand resolutely by you all the time.

20. 대화 주제: 약자의 고통

In Korea, especially, We have learned the painful consequences of weakness. I am fully aware of the threat you face only a few miles from here. North Korea is waging a campaign of intimidation. Their country is on a war footing, with some 50 divisions and brigades and 750 combat aircraft. The North has dug tunnels under the demilitarized zone in their preparations for war. They are perched and primed for conflict. They attacked you in Rangoon and yet, in spite of such constant threats from the north, you have progressed.

Our most heartfelt wish is that one day the vigil will no longer be needed. America shares your belief that confrontation between North and South is not inevitable. Even as we stand with you to resist aggression from the north, we will work with you to strengthen the peace on the peninsula.

질문

1. 한국전쟁의 결과로, 우리는 약한 자의 쓰라린 결과를 배웠습니다. 당신 자신을 생각해 보십시오! 당신은 어떤 힘이 있다고 믿습니까?
→ 내 자신을 곰곰이 생각해 보고 생각해 보니, 나는 아무 힘이 없습니다.

2. 우리는 이 반도에서 우리가 직면하고 있는 위협을 인식해야 합니다. 당신은 전쟁의 위협을 완전히 인식하고 있습니까?
→ 말할 필요가 없습니다. 나는 우리가 직면하고 있는 위협을 인식하고 있습니다.

3. 몇 개의 사단과 여단이 한국 군대에 있습니까?
→ 글쎄요, 나는 몇 개의 사단과 여단이 한국 군대에 있는지 모릅니다.

4. 당신은 군 복무에서 제대했다고 알고 있다. 당신은 사단에서 근무했나요, 아니면 여단에서 근무했습니까?
→ 나는 군 복무에서 제대했습니다. 나는 군단에서 근무했었습니다.

5. 중대, 대대, 연대, 사단 또는 군단 중에서 어느 부대가 가장 높으며 그리고 낮습니까?
→ 중대가 가장 낮은 부대이며, 가장 높은 부대는 군단입니다.

6. 북은 비무장 지대에서 땅굴을 팠습니다. 왜 그들은 땅굴을 팠습니까?
→ 전쟁 준비를 위하여, 그들은 땅굴을 팠습니다.

7. 당신이 돈을 많이 벌면, 당신은 고개를 쳐들고 자만하게 될까요?
→ 비록 내가 돈을 많이 벌어도, 나는 고개를 쳐들고 자만하지 않을 겁니다.

8. 북으로부터의 지속적인 위협에도 불구하고, 우리는 발전했습니까, 아니면 침체했습니까?
→ 북으로부터의 지속적인 위협에도 불구하고, 우리는 발전했습니다.

20. TOPIC: THE PAIN OF WEAKNESS

특히 한국에서, 우리는 힘의 부족이 가져오는 쓰라린 결과를 배웠습니다.
본인은 여러분이 이곳에서 불과 몇 마일 떨어진 곳에 직면하고 있는 위협을 충분히 인식하고 있습니다. 북한은 협박 작전을 전개하고 있습니다. 북한은 약 50개의 사단과 여단들, 750대의 전투 비행기를 소유하고 임전 태세를 갖추고 있습니다. 북한은 전쟁 준비를 위해 비무장지대 내에서 땅굴을 팠습니다. 이들은 분쟁만을 노리며 대기하고 있습니다. 이들은 랭군에서 여러분을 공격했습니다. 하지만 끊임없는 그와 같은 북으로부터의 위협에도 불구하고, 여러분은 발전을 거듭해 왔습니다.

우리들의 가장 간절한 소원은 더 이상 경계가 필요 없는 날이 오는 것입니다. 미국은 남북한 간의 대결이 불가피한 것은 아니라는 여러분의 신념을 같이합니다. 북으로부터의 침략에 대항하기 위해서 여러분과 함께 서 있는 동안에도 우리는 이 반도의 평화를 증진하기 위해 여러분과 함께 노력할 것입니다.

QUESTION

1. As a result of the Korean War, we have learned the painful consequences of weakness. Just think about yourself! Do you believe that you have any strength?
→ Thinking over and over about myself, I don't have any power.

2. We must be aware of the threat that we face on the peninsula. Are you fully aware of the threat of war?
→ It goes without saying. I am aware of the threat that we face.

3. How many divisions and brigades are there in the Korean Forces?
→ Well, I have no idea how many divisions and brigades there are in the Korean Forces.

4. I know you got discharged from your military service. Did you serve in a division or a brigade?
→ I was discharged from my military service. I served in the Corps.

5. Which unit is the lowest and the highest, a Company, Battalion, Regiment, Division or Corps?
→ The lowest unit is a company and the highest is a corps.

6. The north has dug tunnels under the demilitarized zone. Why did they dig tunnels?
→ In their preparations for war. They dug tunnels.

7. When you make a lot of money, are you going to be perched and primed?
→ Although I make a lot of money, I am not going to be perched and primed.

8. Have we progressed or stagnated in spite of constant threats from the north?
→ In spite of constant threats, we have progressed.

9. 나의 가장 간절한 소원은 큰 집을 사는 것입니다. 당신의 가장 간절한 소원은 무엇입니까?
→ 나의 가장 간절한 소원은 돈을 많이 벌어서, 편안하고 평화롭고 행복하게 사는 것입니다.

10. 경계는 더 이상 필요 없습니다. 우리는 북과 대화를 하고 있으니까요, 맞습니까?
→ 천만의 말씀입니다. 경계는 계속 필요합니다. 대화는 경계와는 상관이 없습니다.

11. 남과 북간의 대결은 필연적인가요, 아니면 더 이상 필요 없나요?
→ 남과 북 간의 대치는 현재로서는 필연적입니다.

9. My most heartfelt wish is to buy a big house. What is your most heartfelt wish?
→ My most heartfelt wish is to make a lot of money and live comfortably, peacefully and happily.

10. The vigil is no longer needed. Because we have a conversation with the north, correct?
→ Of course not. The vigil is constantly needed. The conversation doesn't make any difference to the vigil.

11. Is the confrontation between North and South inevitable or no longer necessary?
→ The confrontation between North and South is inevitable at the moment.

21. 대화 주제: 화해   훈련횟수 ☐ ☐ ☐

Korea today remains the most firmly divided of the states whose division stemmed from World War II. I know the Korean people long for reconciliation. We believe that it must be for the people of this peninsula to work toward that reconciliation, and we applaud the efforts you've made to begin a dialogue. For our part, we would, as we've often stressed, be willing to participate in discussions with North Korea in any forum in which the Republic of Korea was equally represented. The essential way forward is through direct discussions between South and North.

Americans have watched with a mixture of sadness and joy your campaign to reunite families separated by war. We have followed the stories of sisters torn apart at the moment of their parents' deaths; of small children swept away in the tides of war; of people who have grown old not knowing whether their families live or have perished.

질문

1. 당신이 아는 한, 독일은 분단된 상태로 남아 있습니까, 아니면 통일되었습니까?
→ 내가 알기로는, 독일은 통일되었습니다.

2. 분단의 고통은 통일에 의해 완화될까요, 아니면 전쟁으로 완화될까요?
→ 분단의 고통은 통일에 의해 완화될 것입니다.

3. 당신은 두통이 있을 때, 어떻게 완화 시킵니까?
→ 나는 두통이 있을 때, 휴식을 하거나 수면을 취합니다.

4. 이 반도의 사람들은 화해를 위해 노력해야 합니까, 아니면 전쟁을 준비해야 합니까?
→ 이 반도의 사람들은 화해를 위해 노력해야 합니다.

5. 우리가 북과 대화를 시작하면, 미국은 우리가 하는 노력에 박수갈채를 보낼까요, 아니면 우리를 실망 시킬까요?
→ 우리가 북과 대화를 시작하면, 미국은 우리가 하는 노력에 박수갈채를 보낼 것입니다.

6. 어떤 포럼에서든 우리는 기꺼이 북한과의 논의에 참여해야 합니까, 아니면 논의를 피해야 합니까?
→ 어떤 포럼에서든, 우리는 기꺼이 북한과의 논의에 참여해야 합니다.

7. 남북 간의 직접 논의는 필수적인가요, 아니면 필요 없는 것인가요?
→ 남북 간의 직접 논의는 필수적입니다.

8. 당신은 부모가 죽는 순간에 찢어져 갈라진 자매의 얘기를 추적해 보았습니까?
→ 예, 나는 자매의 얘기를 추적해 보았습니다.

21. TOPIC: RECONCILIATION

오늘날 한국은 제2차 세계대전으로 인해 분단된 국가들 중 가장 확고하게 분단된 국가로 남아 있습니다. 나는 한국인들이 화해를 갈망한다는 것을 알고 있습니다. 우리는 그 화해를 위해 노력하는 것이 한반도의 국민들이 해야 할 일인 것으로 믿으며, 대화를 시작하기 위해 여러분이 쏟아온 노력에 찬사를 보냅니다. 우리 미국으로서는 자주 강조해 온 것처럼 대한민국이 동등하게 대표로 참석하는 그 어떠한 토론장에서 이루어지는 북한과의 토의에도 기꺼이 참석할 것입니다. 전진의 필수적인 길은 남북한 사이의 직접 대화입니다.

미국인들은 전쟁으로 헤어진 가족들을 재결합시키려는 여러분의 운동을 슬픔과 기쁨이 뒤섞인 심정으로 보아 왔습니다. 우리는 부모가 목숨을 잃는 즉시 서로 헤어진 자매의 이야기, 전쟁의 조류 속에 휩쓸려 가버린 어린아이들의 이야기, 가족의 생사도 알지 못한 채 나이를 먹게 된 사람들의 이야기를 들었습니다.

QUESTION

1. To your knowledge, does Germany remain divided or has she been unified?
→ As I know, Germany has been unified.

2. Will the pain of that division be eased by unification or by war?
→ I think the pain of that division will be eased by unification.

3. When you get a headache, how do you ease it?
→ When I get a headache, I take a rest or get some sleep.

4. Do the people on this peninsula have to work toward the reconciliation or have to make war preparations?
→ The people on this peninsula should work toward the reconciliation.

5. When we begin a dialogue with north, will America applaud the efforts we make or will they disappoint us?
→ When we begin a dialogue with north, America will applaud the efforts we make.

6. In any forum, do we have to participate in discussions with North willingly or do we have to avoid discussions?
→ In any forum, we've got to participate in discussions with North willingly.

7. Is direct discussions between south and north essential or not necessary?
→ Direct discussions between south and north is essential.

8. Have you followed the stories of sisters torn apart at the moment of their parents' deaths?
→ Yes, I've followed the stories of sisters.

제 2부 3장: 영화 대사를 이용한 유창한 회화 훈련

22. 대화 주제: 그것은 나를 지겹게 해요.   훈련횟수 ☐ ☐ ☐

첫 번째 영화: 슬픔은 그대 가슴에

Annie:	Look, honey! Why don't you go over to the party at the church?
Sarah-Jane:	They bore me!
Annie:	You're making a big mistake. You're young.
	You shouldn't be sittin' around. Miss Lora feels the same way.
	She'll lend you her car.
Sarah-Jane:	Oh, she will? How nice of her!
Annie:	I'd be happy knowin' You're meetin' nice young folks.
Sarah-Jane:	Busboys, cooks, chauffeurs! Humph! Like Hawkins!
	No, thank you! I've seen your nice young folks.
Annie:	I don't want to fight with you, honey.
	Not tonight. I don't feel too good.
	While I get started on the anchovies, Will you take this tray in to Miss Lora and her friends?
Sarah-Jane:	Why, certainly! Anything at all for Miss Lora and her friends.
Loomis:	But, Signor Romano, Why should she need rehearsals?
	You know her work! Her last play was a fantastic success! I'm sure—
Romano:	But Felluci always insists on two weeks rehearsal! Pictures are a different medium than the stage. She will need the rehearsal! She will-
Sarah-Jane:	Fetched you- all a, mess o' crawdads, (남부의 흑인 발음으로)
	Miss Lora, for you and your friends!
Lora:	Well, that's quite a trick, Sara Jane! Where did you learn it?
Sarah-Jane:	Oh, no trick to totin', Miss Lora. Ah Famed it from my mammy... 'fo she belonged to you!
Loomis:	Well!
Lora:	Excuse me.
Loomis:	Another drink. Signor Romano?

PART 2-3: Using Movie Dialogues

22. TOPIC: THEY BORE ME

first movie: IMMITATION OF LIFE

애니:	애야! 교회의 파티에 놀러 가지 그러니.
사라 제인:	그건 나를 지겹게 해요.
애니:	너는 큰 실수를 하고 있다. 네가 어려서 그래. 집에 쳐박혀 있어서는 안된다. 로라도 같은 식으로 느낄 것이다.
	그녀가 너에게 그녀 차를 빌려줄 것이다.
사라 제인:	그래요! 고맙기도 해라.
애니:	나는 네가 젊은 애들을 만나는 것을 알면 기쁘겠다.
사라 제인:	버스 보이, 요리사, 운전사! 흠, 호킨스네 같은 녀석들.
	필요 없어요. 엄마가 말하는 좋은 애들은 다 만나 봤어요.
애니:	애야! 너하고 싸우고 싶지 않다. 오늘 밤만이라도.
	나는 몸이 좋지 않다. 안초비를 요리하는 동안, 이 접시를 로라와 그녀 친구에게 갖다주지 않겠니?
사라 제인:	왜 안 되겠어요? 무엇이든지 로라와 그녀 친구들을 위해서라면.
루미스:	그러나, 로마노, 왜 그녀가 연습이 필요합니까? 그녀의 작품을 알지요. 그녀의 마지막 연극은 기막힌 성공이었지요-
로마노:	그러나, 펄루치는 항상 2주간의 연습을 주장합니다.
	영화와 무대와는 다릅니다. 그녀는 연습이 필요합니다.
사라 제인:	(남부의 흑인 발음으로 말하면서)당신에게 이 요리를 갖다 드립니다. 주인이신 로라 씨와 친구분들에게.
로라:	사라제인, 장난치니! 너 어디서 그것을 배웠니?
사라 제인:	장난이 아니에요. 로라 씨. 엄마가 당신에게 속하기 전에 그것을 배웠지요.
루미스:	음.
로라:	실례합니다. (손님에게)
루미스:	로마노, 한 잔 더 하겠소?

질문

1. 만일 당신은 일요일에 할 것이 없으면, 교회의 파티에 놀러 가지 그러세요?
→ 비록 나는 일요일에 할 것이 없어도, 나는 교회의 파티에 놀러 가지 않을 겁니다.
(또는, 나는 교회의 파티에 놀러 갑니다)

2. 당신이 교회에 나가면, 설교가 당신을 지겹게 합니까, 아니면 당신을 흥미롭게 합니까?
→ 내가 교회에 나가면, 설교가 나를 지겹게 합니다.
때로는 설교가 나를 흥미롭게도 합니다.

3. 당신은 현재 큰 실수를 하고 있습니까, 아니면 웃고 있는 중입니까?
보시다시피, 나는 실수를 하고 있지도 않고, 또한 웃고 있지도 않습니다.

4. 당신이 교회에 안 다니는 것은 실수입니까, 아니면 올바른 행동입니까?
→ 내가 교회에 안 다니는 것은 올바른 행동입니다. 나는 어떤 종교에도 관심이 없습니다.

5. 당신은 어리니까, 집에만 처박혀 있으면 안 됩니다.
당신도 그렇게 느낍니까, 아니면 다르게 느낍니까?
→ 나도 그렇게 느낍니다. 내가 어리다고 해서 집에만 있으면 안될 겁니다.

6. 그래서 당신은 시간이 있을 때마다, 당신은 사방으로 나돌아다녀야 합니까?
→ 물론 아닙니다. 나는 시간이 있을 때마다, 나돌아다녀서는 안 됩니다.

7. 나는 시간이 있을 때마다, 멀리 가고 싶습니다. 당신은 나에게 당신 차를 빌려줄 수 있습니까?
→ 아니요, 나는 당신에게 내 차를 빌려줄 수 없습니다. 만일 당신이 사고를 내면, 그 책임을 내가 져야 합니다.

8. 당신이 멋있는 젊은 애들을 (여자들을) 교대로 만나는 것을 당신 엄마가 알면, 그녀는 기쁠까요, 아니면 실망할까요?
→ 한국인의 사고방식으로는, 내가 멋있는 애들을 교대로 만나는 것을 우리 엄마가 알게 되면, 그녀는 실망할 겁니다.

9. 버스 운전사, 요리사, 자가용 운전사는 이 사회에서 좋은 직업인가요, 아니면 나쁜 직업인가요?
→ 버스 운전사, 요리사, 자가용 운전사는 이 사회에서 보통 직업입니다. 그것은 나쁜 직업도 아니고 좋은 직업도 아닙니다. 내 생각으로는.

10. 당신은 나와 싸우고 싶나요, 아니면 친구가 되고 싶나요?
→ 나는 당신과 친구가 되고 싶습니다.

11. 당신은 얼마나 자주 어머니와 싸웁니까?
→ 나는 어머니와 전혀 싸우지 않습니다.

12. 만일 당신은 몸이 안 좋으면, 당신은 싸울 마음이 납니까, 아니면 쉴 마음이 납니까?
→ 내가 몸이 안 좋을 땐, 나는 쉬고 싶은 마음이 듭니다.

QUESTION

1. If you have nothing to do on Sunday, why don't you go over to the party at the church?
→ Even though I have nothing to do on Sunday, I won't go over to the party at the church.

2. When you go to church, does sermon bore you or interest you?
→ When I go to church, sermon bores me. At times it interests me.

3. Are you making a big mistake or having a laugh at this moment?
→ As you see, I am not either making a mistake or having a laugh.

4. Is it a mistake or a right behavior that you don't go to church?
→ It is a right behavior that I don't go to church. I am not concerned about any religion.

5. Because you are young, you shouldn't be sitting around home. Do you feel the same way or differently?
→ I feel the same way. Just because I am young, I shouldn't be sitting around.

6. So, whenever you have time, do you have to go about all over the place?
→ Of course not. Whenever I have time, I must not go about.

7. No matter when I have time, I'd like to go far away, could you lend me your car?
→ No, negative. I can not lend you my car.
If you make an accident, I should be responsible for that.

8. Would your mother be happy or disappointed knowing You're meeting nice young folks by turns?
→ According to the way of thinking of Koreans, my mother would be disappointed knowing I'm meeting nice young folks by turns.

9. Are bus drivers, cooks and chauffeurs nice occupations or bad occupations in this society?
→ Bus boys, cooks and chauffeurs are usual occupations.
They are not bad jobs as well as good jobs. As I might say.

10. Do you want to fight with me or make friends with me?
→ I'd like to make friends with you.

11. How often do you fight with your mother?
→ I never fight with my mother.

12. If you don't feel well, do you feel like having a fight or having a rest?
→ When I don't feel well, I feel like having a rest.

13. 당신은 우리 집 부엌에서 내 옆에 있다고 가정합시다. 당신이 안초비를 시작하는 동안, 당신은 이 접시를 내 친구에게 갖다줄 수 있습니까?

→ 기꺼이, 당신이 안초비를 시작하는 동안, 나는 그 접시를 당신 친구에게 갖다 드리지요.

14. 내가 공부를 시작하는 동안에, 당신은 내 옆에 있을 수 있습니까?

→ 물론입니다. 당신이 공부를 시작하는 동안에, 나는 당신 옆에 있겠습니다.

15. 당신은 연극의 예행연습을 본 적이 있습니까?

→ 아니요, 실제로는, 나는 연극 연습을 본 적이 없습니다.

16. 당신은 마술을 할 수 있나요? 만일 당신이 못한다면, 당신은 마술 부리는 것을 배우고 싶지 않으십니까?

→ 나는 마술을 못 합니다. 나는 마술 부리는 것을 배우고 싶습니다.

13. Let's suppose you are beside me in my house kitchen.
 While I get started on the anchovies, could you take this tray to my friends?
→ Willingly. While you get started on the anchovies, I will take the tray to your friends.

14. While I get started on my study, could you be by me?
→ Of course. While you get started on your study, I'll be by you.

15. Have you ever seen rehearsals of a play?
→ No. Actually, I've never seen rehearsals of a play.

16. Can you do magic tricks? If you can't, wouldn't you like to learn how to play magic?
→ I can't do magic tricks. I'd like to learn how to play magic.

23. 대화 주제: 어떻게 되겠지

Lora	Sara Jane, why did you do that? What's the matter with you?
	Annie, did you see what she did?
Annie	I heard her.
Sarah-Jane	You and my mother are so anxious for me to be colored-
	I was going to show you I could be.
Lora	You weren't being colored! You were being childish!
	I don't understand why you would want to hurt your mother or me.
Annie	I told her she has to be patient. Things will work out.
Sarah-Jane	How! Miss Lora, you don't know what it means to be different.
Lora	Have I ever treated you as if you were different?
	Has Susie? Has anyone here?
Sarah-Jane	No, you've been wonderful, but-
Lora	Then, don't ever do this to us again!
	Or to yourself. It won't solve anything, Sara Jane.
Sarah-Jane	Mama- Oh, please! try to understand.
	I didn't mean to hurt you. I love you.
Annie	Oh, I know, baby! You're just like a puppy that's been cooped up too much.
	That's why I wanted you to go to the party.
Sarah-Jane	Oh, Mama- don't you see that won't help?

질문

1. 당신은 왜 화를 냅니까? 당신에게 무엇이 문제인가요?
→ 나는 화를 내지 않습니다. 나에게 아무 문제도 없습니다.

2. 당신은 금방 내가 하는 것을 보았나요, 아니면 못 보았나요?
→ 나는 조금 전 당신이 하는 것을 못 보았습니다.

3. 당신은 내가 흑인이 되기를 갈망합니까, 백인이 되기를 갈망합니까?
→ 나는 당신이 백인이 되기를 갈망합니다.

4. 당신은 이 순간에 유치한 짓을 하고 있습니까, 아니면 조심을 떨고 있습니까?
→ 나는 현재 순간에 조심을 떨고 있습니다.

5. 현재, 당신은 공부에 관하여 법석을 떨고 있습니까, 별나게 굴고 있습니까?
→ 현재, 나는 공부에 관하여 법석을 떨고 있습니다.

6. 내가 우리 어머니하고 싸운다고 가정합시다. 내가 왜 우리 어머니 마음을 아프게 하는지 이해할 수 있습니까?
→ 예, 나는 당신이 왜 당신 어머니를 아프게 하는지 이해할 수 있습니다.

23. TOPIC: THINGS WILL WORK OUT.

로라: 사라제인, 너 왜 그랬지? 무엇이 문제니? 애니, 이 애 하는 짓을 봤죠?
애니: 나도 들었습니다.
사라 제인: 당신과 엄마는 내가 깜둥이가 되기를 갈망했지요.
나도 될 수 있다는 것을 보여주었어요.
로라: 너는 흑인이 되는 것이 아니다. 유치한 짓을 한 거야.
네 엄마와 나를 왜 아프게 하는지 나는 이해할 수 없구나.
애니: 그 애 보고 참으라고 했습니다. 무언가 어떻게 될 테니!
사라 제인: 뭐가 어떻게 돼! 로라 씨. 당신은 다르다는 것이 무엇을 의미하는지 몰라요.
로라: 내가 너를 다르게 취급한 적 있니? 수지가? 여기 있는 어떤 이가?
사라 제인: 아니요, 당신은 잘해줬어요. 그러나, --
로라: 그렇다면, 다시는 우리에게 이 짓을 하지 마라. 너 자신에게도. 이것은 아무 해결이 안 된다.
사라 제인: 엄마, 이해해줘요. 엄마 마음을 아프게 하려는 것이 아니었어요. 사랑해요.
애니: 아가야. 나는 안다. 너는 울안에 갇힌 강아지와 같다. 그래서 나는 네가 파티에 놀러 가기를 원했다.
사라 제인: 엄마, 그건 소용이 없다는 것을 모르세요?

QUESTION

1. Why are you angry? What's the matter with you?
→ I'm not angry. Nothing's the matter with me.

2. Did you see what I did just now or didn't you see that?
→ I didn't see what you did a minute ago.

3. Are you anxious for me to be black or for me to be white?
→ I'm anxious for you to be white.

4. Are you being childish or being cautious at this moment?
→ I'm being cautious at the moment.

5. Presently, are you being fussy or particular about your study?
→ Currently, I'm being fussy about my study.

6. Suppose I'm fighting with my mother. Do you understand why I hurt my mother?
→ Yes, I understand why you hurt your mother.

7. 비록 네가 당신 자존심을 상하게 해도 당신은 관용을 베풀 수 있습니까?
→ 아니요, 당신이 내 자존심을 상하게 하면 나는 성질을 낼 겁니다.

8. 내가 여기에 올 때마다, 당신은 나를 똑같이 아니면 다르게 취급할 겁니까?
→ 나는 당신을 똑같이 대접할 겁니다. 당신이 여기에 있을 때마다.

9. 당신이 미국에 체류하는 동안, 다르게 취급된다면, 한국으로 곧바로 돌아온 건가요, 아니면 상관하지 않을 겁니까?
→ 내가 미국에서 다르게 취급된다면, 나는 한국으로 돌아올 것입니다.

10. 당신은 나를 경멸하고 중상 모략합니다, 당신은 다시 이런 짓을 나에게 할겁니까, 아니면 두 번 다시는 안 할겁니까?
→ 나는 당신을 경멸하거나 중상모략하지 않을 겁니다.

11. 당신은 울안에 갇혀 있는 강아지와 같습니다. 그래서 나는 당신에게 많은 친구를 만들기를 원합니다. 당신은 이해하십니까?
→ 나는 이해할 수 없습니다. 나는 울안에 갇혀 있는 강아지가 아닙니다. 나는 많은 사람을 사귀고 싶지 않습니다.

12. 나는 기분 전환을 위해서 당신에게 교회에 가기를 원합니다. 그러나 실제로는 그것이 도움이 안 되는 것을 아십니까?
→ 물론. 나는 압니다. 기분전환을 위해서 비록 내가 교회에 가도, 그것은 아무 도움이 안될 겁니다.

7. Can you be tolerant, even if I hurt your pride?
→ No, if you hurt my pride I'll take offense.

8. Whenever I come here, will you treat me the same or differently?
→ I'll treat you the same whenever you are here.

9. During your stay in America, if you are treated differently, will you be back to Korea right away or won't you care about that?
→ During my stay in America, if I'm treated differently I'll be back to Korea.

10. You despise and slander me. Are you going to do this to me again or never do this again?
→ I'm not going to despise and slander you again.

11. You are just like a puppy that's been cooped up. So, I want you to make friends with many people. Do you understand?
→ No, I don't understand. I am not like a puppy that's been cooped up. I don't want to keep company with a lot of people.

12. I'd like you to go to church for relaxing. But in effect, do you see that won't help?
→ Of course I see. Although I go to church for relaxing. It won't help any.

24: 대화 주제: 나는 당신이 안 오는 줄 알았지.

Sarah-Jane	Frankie! You're late! I thought you'd never get here. Well, Let's walk down by the river. I want to talk to you.
Frankie	We can talk here.
Sarah-Jane	Frankie—I'm - I'm having trouble at home.
Frankie	Your mother?
Sarah-Jane	Yes, Frankie,- you said you wanted to take a job in Jersey. Couldn't we run away? I'd do anything to be with you. Anything?
Frankie	That's not a bad idea. That's not a bad idea at all. Just tell me one thing.
Sarah-Jane	Yes?
Frankie	Is it true?
Sarah-Jane	Is what true?
Frankie	Is your mother a nigger? Tell me!
Sarah-Jane	What difference does it make? You love me-
Frankie	All the kids talking behind my back! Is it true?
Sarah-Jane	No!
Frankie	Are you black?
Sarah-Jane	No, I'm as white as you!
Frankie	You're lying!
Sarah-Jane	No, I'm not!
Frankie	You're lying!

질문

1. 당신은 늦었군요. 나는 당신이 여기에 안 올 거로 생각했어요. 당신도 내가 안 올 것으로 생각했나요?
→ 그럼요. 나도 당신이 안 올 것으로 생각했습니다.

2. 당신은 데이트를 할 때마다, 강까지 걸어 내려갑니까?
→ 아니요, 나는 데이트를 갖는다 해도, 강까지 걸어 내려갈 수가 없습니다.
강은 우리 집에서 멉니다.

3. 당신은 집에서 애로를 갖고 있습니까, 아니면 화목을 갖고 있습니까?
→ 나는 화목한 가정을 갖고 있습니다.

4. 당신은 저지에서 직업을 얻고 싶다고 했나요, 아니면 뉴욕에서 직업을 얻고 싶다고 했나요?
→ 나는 직업을 얻고 싶다고 한적이 없습니다.

24. TOPIC: I THOUGHT You'd NEVER GET HERE

사라 제인	프랭키. 늦었네. 나는 네가 여기에 안 나올 줄로 생각했지. 강 아래까지 걸어 내려가. 너에게 얘기하고 싶어.
프랭키	여기서 얘기 할 수 있어.
사라 제인	프랭키. 나 집에 문제가 있어.
프랭키	네 엄마하고?
사라 제인	그래. 너 저지에서 직업을 잡고 싶다고 했지? 우리 도망갈 수 없을까? 너와 같이 있다면 무엇이든지 할 수 있어. 무엇이든지.
프랭키	그건 나쁜 생각이 아니지. 전혀 나쁜 생각이 아니지. 한 가지만 말해봐.
사라 제인	그래.
프랭키	그것이 사실이냐?
사라 제인	무엇이 사실이야?
프랭키	네 엄마 깜둥이지? 말해봐.
사라 제인	그게 무슨 상관이야. 너가 나를 사랑하면.
프랭키	모든 애들이 나를 놀리고 있어. 그것이 사실이야?
사라 제인	아니야.
프랭키	너 깜둥이지?
사라 제인	아니야. 너처럼 백인이야.
프랭키	너 거짓말하는구나.
사라 제인	아니야. 거짓말하지 않아.
프랭키	거짓말 하는 거야.

QUESTIONS

1. You're late. I thought you'd never get here. Did you think I'd never get here?
→ Sure, I thought you'd never get here.

2. Whenever you have a date, do you walk down by the river?
→ No, although I have a date, I can't walk down by the river.
The river is far from my house.

3. Are you having trouble at home or having harmony?
→ I have a harmonious household.

4. Did you say you wanted to take a job in Jersey or New York?
→ I never said I wanted to take a job.

5. 당신은 여자친구 (남자친구)가 원한다면, 당신은 그녀와 도망갈 수 있습니까?
→ 천만의 말씀. 비록 여자친구가 원한다 해도, 나는 그녀와 도망가지 않을 겁니다. 한국에서는 내가 도망을 갈 이유가 없습니다.

6. 그러면, 이번에는, 당신이 사랑하는 여자(남자)와 같이 있기 위하여, 무엇이든지 할 수 있습니까? 예를 들면, 더러운 일, 힘든 일, 또는 위험한 일을?
→ 절대적으로 아니오. 내가 사랑하는 여자(남자)와 같이 있기 위하여, 나는 무엇이든지 할 수 없습니다. 예를 들면, 더러운 일, 힘든 일, 위험한 일.

7. 만일 당신이 여자(남자)와 같이 도망을 간다면, 그것은 어느 경우일까요?
→ 내가 남편(부인)을 갖고있는 여자(남자)를 사귄 경우일 겁니다.

8. 당신이 여자(남자)를 진정으로 사랑한다면, 흑인이건 백인이건 상관없나요?
→ 나는 외국인과 결혼하지 않을 겁니다.

9. 당신은 나처럼 흰둥이인가요, 아니면 전형적인 한국인 인가요?
→ 당신은 흰둥이가 아닙니다. 그리고 우리는 전형적인 한국인 입니다.

10. 모든 애들이 당신은 거짓말쟁이라고 당신 뒤에서 놀립니다. 얼마나 자주 당신은 거짓말을 합니까?
→ 나는 거짓말을 하고 싶지 않습니다. 그러나, 거짓말을 해야 하는 때가 있습니다. 어쨌든 나는 거짓말쟁이는 아닙니다.

5. When your girl(boy) friend wants, can you run away with her?
→ Of course not. Even though my girl(boy) friend wants, I won't run away with her (him). There is no reason for me to run away in Korea.

6. Then, this time, in order to be with a woman(man) that you love, can you do anything? For example; a dirty work, a difficult work or a dangerous work.
→ Absolutely not. So as to be with a woman I love, I can not do anything. For instance; a dirty work, a difficult work or a dangerous work.

7. If you run away with a woman(man), which case could it be?
→ It could be a case that I am making a friend with a woman who has a husband.

8. If you love a woman sincerely, doesn't it make any difference to you whether a black or a white?
→ I won't marry a foreigner.

9. Are you as white as I am or are you a typical Korean?
→ You aren't white. And we are typical Koreans.

10. All the kids are talking behind your back as you are a liar. How often do you tell a lie?
→ I don't want to tell a lie. However, there is a moment which demands telling a lie. Anyway Fm not a liar.

25. 대화 주제: 기분이 아주 좋다.

Lora   Mm! Oh! I felt so good! and I'm glad the guests have gone.
Annie   And I'm glad You're not going to Italy!
Lora   So am I! Felluci wanted me in Rome in one week.
           But I won't miss Susie's graduation- not for anything.
           You know. I can't believe it. Susie and Sara Jane all grown up. You and I have gone through a lot together, haven't we?
Annie   The years are flying. I'm getting old.
Lora   You never sounded so solemn before.
           Don't you feel well, Annie?
Annie   Oh, just a little tired.
Lora   Do you need anything? Any money?
Annie   No, I'm wealthy. Thanks to you.
           I set aside some for Sara Jane and for my funeral.

질문

1. 잔치가 끝나고 손님이 가버리면, 당신은 기분이 좋을까요, 아니면 슬플까요?
→ 손님이 가버리면, 나는 기분이 아주 좋을 것입니다.

2. 내가 당신 옆에 있으니까, 당신은 기쁘나요, 아니면 불안하나요?
→ 당신이 내 옆에 있으니까, 나는 편합니다.

3. 당신 남편과 같이 있으면, 당신은 다정하게 느끼나요, 쓸쓸하게 느끼나요?
→ 나는 남편과 같이 있으면 다정하게 느낍니다.

4. 당신 아들의 졸업식이 내일입니다. 졸업식은 어떤 일이 있어도 놓치지 않을 겁니까, 할 것이 많으므로 당신은 그것을 놓칠 겁니까?
→ 만일 나는 할 일이 많으면 나는 그것을 놓칠 수도 있을 것입니다.

5. 세월은 유수 같습니다. 나는 늙었습니다. 그러나, 당신은 아직도 젊고 이쁩니까?
→ 아니요, 나는 아직도 젊지 않습니다. 세월이 유수 같습니다. 나도 역시 늙었습니다.

6. 당신은 엄숙한 소리를 한다고 가정합시다. 몸이 안좋은가요, 괜찮은 가요?
→ 나는 엄숙한 소리를 잘합니다. 나는 몸이 좋습니다.

7. 당신은 그날그날 많은 돈이 필요합니까, 아니면 어떤 다른 것이 필요합니까?
→ 나는 그날그날 많은 돈이 필요합니다.

25. TOPIC: I FEEL SO GOOD

로라	음, 나는 기분이 아주 좋다. 손님이 가버려서 기쁘고.
애니	나는 당신이 이탈리아에 안 가서 기뻐요.
로라	나도 마찬가지요. 펠루치가 일주일 있다가 로마에 오라고 했지요. 그러나 수지의 졸업식을 놓치고 싶지 않아요. 어떤 일이 있어도. 못 믿겠네. 스지와 제인이 다 컸지. 당신과 나는 많이 같이 지냈지.
애니	세월이 유수 같군요. 나는 늙었어요.
로라	자네가 전에는 이렇게 엄숙한 적이 없는데. 몸이 안 좋아?
애니	조금 피곤할 뿐이에요.
로라	무엇이 필요해? 돈이?
애니	아니요, 나는 부유해요. 덕분에. 사라를 위해서 그리고 장례를 위해서 떼어놓았죠.

QUESTION

1. When the party is over and the guests have gone, will you be glad or sad?
→ When the guests have gone I will be so glad.

2. Now that I am by you, are you pleased or uneasy?
→ Now that you are beside me I am easy.

3. When you are with your husband, do you feel friendly or lonely?
→ When I'm with my husband I feel friendly.

4. Your son's graduation is tomorrow. Won't you miss the graduation -not for anything or will you miss it because of much things to do?
→ If I have a lot of things to do, I might miss it.

5. The years are flying. I'm getting old. But are you still young and beautiful?
→ No, I'm not still young. The years are flying. I'm getting old, too.

6. Suppose you sound so solemn. Don't you feel well or do you feel all right?
→ I sometimes sound solemn. I feel well.

7. Do you need a lot of money each day or do you need any other thing?
→ I need a lot of money each day.

8. 우리는 모두 다 자랐습니다. 당신과 나는 같이 함께 지냈습니다, 그렇지요?
→ 천만의 말씀입니다. 우리는 어른들입니다. 당신과 나는 함께 지내지 않았습니다.

9. 당신은 나 덕분에 부유합니다. 그래서 당신 여생을 위해서 돈을 떼어 놓았습니다. 내 말이 맞습니까?
→ 당신 말은 틀립니다. 나는 당신 덕분에 부유하지 않습니다. 나는 내 여생을 위해서 돈을 떼어 놓지 않았습니다.

10. 당신은 장례식을 위해 따로 돈을 마련하는 것에 대해 생각해 본 적이 있습니까?
→ 아니요, 나는 아직 나의 장례를 생각해 본 적이 없습니다.

8. We are all grown up. You and I have gone through a lot together, haven't we?
→ That's negative. We are grown-ups. You and I have not gone through together.

9. You are wealthy thanks to me. Therefore, you set aside money for the rest of your life. Am I right?
→ You're wrong. I'm not wealthy thanks to you.
I didn't set aside money for the rest of my life.

10. Have you ever given a thought concerning setting aside money for your funeral?
→ No, I've never thought about my funeral as yet.

26. 대화 주제: 나는 죽을 준비가 안 됐다.

두 번째 영화: 벤허 벤허가 노예로 있는 배의 함장 아리우스가 선실에서 낮잠을 자고 있다. 벤허가 옆에 서 있는 것을 보고 깜짝 놀라 일어난다.

Arrius	Why are you here?
Benhur	I was ordered to report to you during my relief.
Arrius	Oh, yes. I'd forgotten. You could have killed me as I lay there. You're a condemned man. Why didn't you?
Benhur	I'm not ready to die.
Arrius	What do you think will save you?
Benhur	The God of my fathers.
Arrius	Mmhm. Your God has forsaken you. He has no more power than the images I pray to. My gods will not help me. Your God will not help you. I might. Does that interest you, forty-one? I see that it does. I'm a fighting man by profession, and in my leisure moments it amuses me to train fighting men. I own some of the best gladiators and charioteers in Rome. Would you like to become one of them?
Benhur	To die as your slave?
Arrius	Better than to live in chains below these decks.
Benhur	I will not be here forever.
Arrius	No? What would you do if you escaped?
Benhur	Two people were condemned with me, my mother and sister, even though they were innocent. I will not rest...
Arrius	Please do not say that you were innocent.
Benhur	Would it do any good to say it again?
Arrius	No, Now, consider my offer carefully. You'll never escape while we're victorious. If we are not, you will sink with this ship, chained to your oar.
Benhur	I cannot believe that God has let me live these three years to die chained to an oar.
Arrius	It's a strange, stubborn faith you keep, to believe an existence has a purpose. A sane man would have learned to lose it, long before this.
Benhur	As you have. What drove it out of you?
Arrius	Go back to your oar, forty-one?
	――해상의 적을 발견하고 전투가 시작된다――
Officer:	Consul, enemy sighted!
Arrius:	Signal the fleet, prepare for battle.
Officer:	All the watch- to battle posts. Stand by to load.
2nd Officer:	Make this ready for fire.
Officer:	Hurry, quick, hurry up with that resin. Get some more ammunition.
Hortator:	Raise oars. Down―oars.
Arrius:	Guard. Unlock forty-one.

26. TOPIC: I'M NOT READY TO DIE

second moive: BENHUR

아리우스	네가 왜 여기에 있지?
벤허:	내 휴식 동안에 보고하라고 명령받았습니다.
아리우스	오, 깜빡 잊었군. 내가 저기 누워 있는 동안, 너는 나를 죽일 수 있었는데. 자네는 사형수다. 왜 안 죽였지?
벤허	나는 죽을 준비가 안 됐습니다.
아리우스	무엇이 너를 구해줄 것이라고 생각하나?
벤허:	하느님 아버지.
아리우스	음, 너의 신은 너를 버렸다. 그는 내가 기도하는 상보다도 힘이 없다. 나의 신은 나를 돕지 않는다. 너의 신도 너를 돕지 않는다. 그게 흥미롭지 않니, 41번? 나는 흥미롭다. 나는 직업으로 싸우는 사람이다. 나의 여가 시간에 싸움꾼을 훈련 시키는 것이 재미있다. 나는 로마에서 가장 좋은 전차와 싸움꾼을 다소 갖고 있다. 너는 나의 싸움꾼 중의 하나가 되고 싶지 않니?
벤허	당신의 노예로 죽기 위해서요?
아리우스	이 선실 밑의 쇠사슬에 묶여 사는 그것보다는 낫지.
벤허	나는 영원히 여기 있지 않을 겁니다.
아리우스	그래, 도망가면 무엇을 할래?
벤허	나와 함께 형벌을 받은 두 사람이 있습니다. 어머니와 동생이죠. 그들이 무죄였음에도 불구하고. 나는 마음을 안정할 수가 없어요.
아리우스	결백하다고 말하지 마라.
벤허	다시 말하면 이득이 될 것이 없나요?
아리우스	없지, 자. 내 제안을 신중히 고려해보게. 우리가 승리하는 한 너는 도망하지 못한다. 승리 못 하면, 너는 '노'와 함께 묶여 침몰한다.
벤허	하느님이 절 사슬에 묶여 죽으라고 3년을 살게 하셨다는 것을 믿을 수가 없습니다.
아리우스	이상하고 고집스러운 믿음이야. 존재에 목적이 있다고 믿다니. 멀쩡한 인간이면 그것을 잊는 것을 배웠을 텐데 오래전에.
벤허	당신처럼요. 무엇이 당신의 신념을 버리게 했죠?
아리우스	41번, 너의 '노'로 돌아가라.
	――전투 시작―
장교	집정관님, 적이 발견됐습니다.
아리우스	함대에 신호를 해라. 전투 준비.
장교	모두 전투준비. 장착 준비
장교 2	발포 준비하라.
장교	빨리, 빨리. 송진을 서둘러라. 폭약을 더 가져오라.
조타수	'노'를 들어 올려라.
아리우스	간수장. 41번을 채우지 말아라.

질문

1. 당신은 가게를 운영합니다. 손님이 물건을 사러옵니다. 그때, "어서오십시오."라고 합니까, 아니면 "왜 당신은 여기에 오셨습니까"라고 합니까?
→ 나의 가게에 손님이 옵니다. 나는 "어서 오십시오."라고 할 겁니다.

2. 당신은 휴식 동안에 나에게 보고하라고 명령받았습니다. 당신은 명령을 무시할 겁니까, 아니면 즉시 나에게 올 겁니까?
→ 당신에게 보고하라고 명령받았다면, 나는 당신에게 즉시 갈 겁니다.

3. 당신은 버려진 사람인가요, 아니면 축복받은 사람인가요?
→ 나는 버려진 사람이 아니고, 축복받은 사람입니다.

4. 당신은 죽을 준비가 안 됐습니다. 그 이유는 당신이 아직 젊기 때문인가요, 아니면 할 것이 많이 있기 때문인가요?
→ 나는 할 것이 많이 있습니다. 그리고 젊기 때문에 아직 죽어서는 안 됩니다.

5. 당신의 신은 당신을 저버렸습니다. 당신은 종교를 바꿀 겁니까?
→ 나의 신이 나를 버렸는지 안 버렸는지 모르겠습니다.

6. 당신의 신은 슈퍼맨보다도 힘이 더 있나요, 아니면 힘이 더 없나요?
→ 나의 신은 슈퍼맨보다도 더 힘이 있고 초능력이 있습니다.

7. 신은 당신이 무엇을 하든지 도와준답니다. 그것이 당신을 흥미롭게 합니까?
→ 글쎄요. 내가 무엇을 하든지 신이 나를 도와준다면 나는 행복할 겁니다. 그러나 현실은 다릅니다.

8. 당신은 벤허가 갑판 밑의 쇠사슬에서 사는 것보다는 죽는 것이 낫다고 생각합니까?
→ 벤허는 죽어서는 안 됩니다. 그렇게 되면, 영화가 흥미진진하지 않습니다.

9. 벤허의 어머니와 누이가 유죄선고를 받았습니다. 비록 그들이 선량한데도. 벤허는 마음을 안정할까요, 마음이 편치 않을까요?
→ 벤허는 마음을 놓을 수가 없습니다. 그가 두 사람을 생각하면.

10. 당신 판단으로 벤허는 선량했습니까, 그는 죄를 지었나요?
→ 내 판단이 아니고. 영화 줄거리에 의하면, 벤허는 선량했습니다. 그러나 그는 그의 무죄를 입증할 수가 없었습니다. 그래서 그는 유죄였습니다.

11. 내가 "당신은 사기꾼입니다."라고 말한다면, 그것이 나에게 어떤 이득이 될까요, 아니면 그것이 나에게 어떤 해가 될까요?
→ 나를 사기꾼이라고 당신이 말하면, 그것은 당신에게 해가 될 겁니다. 보시다시피, 나는 사기꾼이 아니니까요.

12. 내가 당신에게 직업 제공을 하면, 내 제안을 조심스럽게 고려할 겁니까, 아니면 그것을 거절할 겁니까?
→ 당신이 나에게 직업 제공을 하면, 나는 그것을 고려할 겁니다. 그리고 나는 정중히 거절할 겁니다. 나는 새로운 직업이 필요 없으므로.

13. 적이 보입니다. 당신은 전투준비를 해야 합니까, 아니면 도망갈 겁니까?
→ 적이 보이면, 나는 전투준비를 해야 합니다.

QUESTION

1. You run a store. A client comes to buy goods. At the time, will you say "What can I do for you?" or "Why are you here?"

→ A client comes to my store. I'll say "What can I do for you?"

2. You are ordered to report to me during your relief.
Will you ignore the order or will you come to me immediately?

→ If I am ordered to report to you, I'll come to you immediately.

3. Are you a forsaken person or a blessed person?

→ I'm not a forsaken person but a blessed person.

4. You are not ready to die. Is that because you are young or you have a lot of things to do?

→ I've got a lot of things to do. And because Fm young I must not die as yet.

5. Your God has forsaken you. Are you going to change your religion?

→ I have no idea whether my God has forsaken me or not.

6. Does your God have more power or less power than the superman?

→ My God has more power and super ability than the superman.

7. God helps you whatever you do. Does that interest you?

→ Well, whatever I do, if God helps me, I'll be so happy. However, reality is another (different).

8. Do you think Ben-hur had better die than to live in chains below the decks?

→ Ben-hur must not die. If so, the movie isn't exciting.

9. Benhur's mother and sister were condemned. Although they were innocent. Would Ben-hur be easy or wouldn't he rest?

→ Ben-hur wouldn't rest. When he thought about two people.

10. In your judgment, was Ben-hur innocent or did he commit a crime?

→ Not in my Judgment. According to the movie story, Ben-hur was innocent. But he couldn't prove his innocence. So he was guilty.

11. If I say "You are a swindler", would it do any good to me or would it do any harm to me?

→ If you say "I'm a swindler", it would do harm to you. As you see, I'm not a swindler.

12. If I offer you a job, will you consider my offer carefully or will you refuse it?

→ If you offer me a job, I'll consider it and I'll politely refuse it. Because I do not need a new occupation.

13. Enemy sighted! Do you have to prepare for battle or will you escape?

→ When my enemy is sighted, I should prepare for battle.

27. 대화 주제: 떠들지 마라

세 번째 영화: 하이디

Aunt	Come—come on— Do not make any noises with your mouth or scratch yourself or fall over furniture.
Heidi	Yes, Ma'am—
Aunt	Try to be a lady.
Sebastian	Good afternoon.
Aunt	Would you tell Herr Sesserman that Fraulein Hautzel is here and a relative of his?
Sebastian	Well, he isn't home, Madam.
Aunt	I'll wait-
Sebastian	He's in Paris.
Aunt	When do you expect him back?
Sebastian	Perhaps the governess has had some direct word from him. Will you come in? Please have a seat.
Heidi	Let's go Aunt Dete?
Aunt	Be quiet, Heidi.
Heidi	Please don't make me stay here, Aunt Dete.
Aunt	You'll have every advantage here—a tutor, servants, pretty clothes-your own room. You should be grateful for these opportunities.
Heidi	I am.

질문

1. 당신은 이웃에 놀러 가면, 입으로 떠들고, 몸을 긁고 가구에 넘어질 겁니까?
→ 내가 남의 집에 놀러 가도, 떠들지도 않고, 몸을 긁지도 않고, 가구에 넘어지지도 않을 겁니다.

2. 당신은 숙녀가 되려고 합니까, 아니면 말괄량이가 되려고 합니까?
→ 나는 숙녀가 되려고 노력합니다.

3. 김 양에게 내가 여기 왔고, 그리고 그녀의 친척이 왔다고 말해주시겠어요?
→ 그것은 어려운 일이 아닙니다. 김 양에게 당신과 그녀의 친척이 왔다고 말하지요.

4. 당신의 남편과 애들은 현재 학교에 갔습니다. 그들이 언제 돌아올 것으로 예상합니까?
→ 나는 그들이 방과 후에 돌아올 것을 기대합니다.

5. 한 손님이 당신을 방문했습니다. 그때, 당신은 "들어오세요. 앉으십시오."라고 합니까, 아니면 "당신은 아무 말도 안 할겁니까?"
→ 한 손님이 나를 방문하면, 나는 "들어오세요. 앉으십시오."라고 할 겁니다.

6. 당신은 여러 가지 이점이 있습니다. 예쁜 옷, 많은 수입, 자신의 집. 이런 기회를 당신은 감사해야 합니까, 아니면 그것들을 당연한 것으로 여깁니까?
→ 나는 여러 가지 이점이 있습니다. 나는 이런 기회에 감사해야 합니다.

27. TOPIC: DON'T MAKE NOISES

third movie: HEIDI

이모:	입으로 떠들지 말고 긁지 말고, 가구에 넘어지지 마라.
하이디:	예, 이모.
이모:	숙녀가 되려고 노력해야지.
세바스찬:	안녕하세요.
이모:	헤세스만씨에게 헤첼과 친척이 왔다고 말해주시겠어요?
세바스찬:	그는 집에 없습니다.
이모:	기다리죠.
세바스찬:	그는 파리에 갔습니다.
이모:	언제 그가 돌아올까요?
세바찬:	아마도, 가정교사가 전갈을 갖고 있을 겁니다. 들어오세요.
하이디:	가요. 데테 이모.
이모:	하이디. 조용히 해라.
하이디:	나를 여기에 놔두면 안 돼요. 이모.
이모:	너는 많은 이점이 있다. 가정교사, 하인, 이쁜 옷, 자기 방. 이런 기회에 감사해야지.
하이디:	예.

QUESTION

1. When you come over to your neighbor, do you make noises with your mouth, scratch yourself and fall over furniture?

→ When I come over to my neighbor, I won't make noises, scratch myself and fall over furniture.

2. Do you try to become a lady or do you attempt to be a tomboy?

→ I attempt to be a lady.

3. Would you tell Miss Kim that I'm here and a relative of hers?

→ That's not a difficult thing. I'll tell her that you and her relative are here.

4. Presently, your husband and children are in the school. When do you expect them back?

→ I expect them to come back after the school is over.

5. A client visits you. At the moment, will you say "Will you come in? Please have a seat." or "Won't you say any word?"

→ When a client comes, I'll say "Will you come in? Please have a seat! immediately."

6. You have every advantages—pretty clothes, much income, your own house. Should you be grateful for these opportunities or do you take them for granted?

→ I've got every advantages. I should be grateful for these opportunities.

28. 대화 주제: 나는 입장이 아닙니다

Sebastian	Fraulein Hautzel and relative.
Governess	How do you do?
Aunt	This child is Herr Sesserman's niece.
	The offspring of his deceased brother and my deceased sister.
Governess	What's your name?
Heidi	Heidi.
Aunt	Since the death of her parents, Heidi has been my responsibility and now other arrangements will have to be made.
Governess	Other arrangements?
Aunt	I can no longer take care of Heidi.
	The time has come for her Uncle to take her in.
Governess	I do wish Herr Sesserman were here. I'm not in a position to say yes or no.
	He may not be back for several months. Can he get in touch with you?
Aunt	Several months will be too late.
	He leaves me no other choice but to take her to Dorfl and to leave her with her Grandfather.
Governess	I'm sorry, will you leave your address?
	I'll tell Herr Sesserman as soon as he returns.
Clara	Fraulein Rosenmeyer, I need you.
Governess	Forgive me—
Aunt	Come along, Heidi.

질문

1. 당신은 죽은 형이 있다고 가정합시다. 그는 한 자녀를 남겼습니다. 그것은 당신의 책임입니까, 아니면 그것은 당신이 알 바가 아닙니까?
→ 만일 나의 형이 죽고 자식을 남긴다면, 그 애는 나의 책임입니다.

2. 당신은 더 이상 자녀를 돌볼 수 없나요, 아니면 영원히 그들을 돌볼 겁니까?
→ 나는 자식들이 대학을 졸업할 때까지만 돌볼 겁니다.

3. 당신이 점심을 살 시간이 됐습니다. 당신은 나를 어디로 데려갈 겁니까?
→ 시간이 됐군요. 나는 당신을 근처 식당으로 데려갈 겁니다.

4. 당신이 여자(남자)를 받아들일 시간이 왔습니다. 어떤 여자를 신부로 맞이할 건가요?
→ 나는 여자를 받아들일 시간이 오지 않았습니다. 나는 준비가 안 됐습니다.

28. TOPIC: I'M NOT IN A POSITION

세베챤	헤첼과 친척이랍니다.
가정교사	처음 뵙겠습니다.
이모	이 애는 해세스만의 조카입니다.
	그의 죽은 동생의 자식이며 나의 죽은 언니의 자식입니다.
가정교사	너의 이름이 뭐니?
하이디	하이디입니다.
이모	그 애 부모가 죽은 뒤, 하이디는 나의 책임이었으나 이제는 다른 조정을 해야겠어요.
가정교사	다른 조정이요?
이모	나는 더 이상 하이디를 돌볼 수가 없어요.
	삼촌이 데려갈 시간이 왔습니다.
가정교사	헤세만이 여기 있었어야 하는 건데. 나는 예스, 노를 할 입장이 아닙니다.
	그는 수개월간 돌아오지 않을 겁니다. 그가 당신에게 연락할 수 있을까요?
이모	수개월이면 너무 늦어요. 그는 하이디를 그녀 할아버지에게 데려다주는 것밖에 다른 방도를 남겨주지 않았군요.
가정교사	미안합니다. 주소를 남겨 놓겠어요? 그가 돌아오는 대로 말하지요.
클라라	로즈메이어, 당신이 필요해요.
가정교사	죄송합니다.
이모	가자, 하이디야.

QUESTION

1. Suppose you have a deceased brother, he leaves a child. Is it your responsibility or is it none of your business?

→ If my brother deceases and leaves a child, it is my responsibility.

2. Can you no longer take care of your children or will you take care of them for ever?

→ I'll take care of my children until they graduate from university.

3. The time has come for you to buy lunch. Where will you take me?

→ The time has come. I'll take you to a nearby restaurant.

4. The time has come for you to take a woman(man). What type of woman are you going to take for your bride?

→ The time hasn't come for me to take a woman. I'm not ready.

5. 오늘이 일요일이면 좋겠어요. 당신도 그렇게 생각합니까?
→ 예, 나도 그렇게 생각합니다. 오늘이 꼭 일요일이었으면 좋겠는데.

6. 수업이 끝났어야 하는 건데, 그렇지요?
→ 예, 수업이 끝났으면 좋겠는데.

7. 나는 당신 회사에 들어가고 싶습니다. 당신은 가부를 말할 수 있는 입장입니까?
→ 아니요, 나는 가부를 말할 수 있는 입장이 아닙니다.

8. 당신은 가난한 자를 돌볼 수 있는 입장입니까, 아니면 입장이 아닙니까?
→ 어떤 면에서는, 나는 가난한 자를 돌볼 수 있는 입장입니다.

9. 수업 후, 당신은 집에 가는 것 외에 다른 방도가 없습니까, 아니면 많은 대안이 있습니까?
→ 나는 수업 후 집에 가는 것 외에 다른 방도가 없습니다.

10. 당신은 이 장소를 떠날 때, 여기에 책을 놓아둘 겁니까, 가지고 갈 겁니까?
→ 나는 책을 여기에 놓아둘 겁니다. 가지고 가는 것이 귀찮아요.

5. I wish today were Sunday. Do you think so?

→ Yes, I think so. I do wish today were Sunday.

6. I wish class were over. Do you?

→ Yes, I wish class were over.

7. I'd like to get in your firm. Are you in a position to say yes or no?

→ No, I'm not in a position to say yes or no.

8. Are you in a position to aid the needy or are you not in a position?

→ In some ways, I'm in a position to assist the needy.

9. After the class, do you have no other choice but to go home or do you have a lot of alternatives?

→ I have no other choice but to go home after the class.

10. When you leave this site, are you going to leave the book here or are you going to take it with you?

→ I'm going to leave the book here. Taking it along is a nuisance.

29. 대화 주제: 그는 무엇하는 사람이냐?

훈련횟수 ☐ ☐ ☐

Priest	So Dete, you have found a husband. Why not hold the wedding here in Dorfi?
Aunt	Thank you, Father. But my gentleman has made other arrangements.
Priest	What's he like? This gentleman?
Aunt	A good man— a man of strong convictions.
	He wants to have a family. He's not prepared to accept the child which is not his own.
Priest	That makes a problem for Heidi.
Aunt	I've no choice but to leave her with my Father.
Priest	Dete, as the years have gone by, your father has become a complete recluse.
	He lives alone up on a mountain they call The Alm.
	He sees no one— needs no one.
Aunt	But it's time he did his duty. He and I were never close. I don't want to see him.
	It is my hope that— you might take her to him.
Priest	So be it.
Aunt	Don't think harshly of me, Heidi.

질문

1. 당신은 남편감(신부감)을 찾았습니다. 당신은 어디서 결혼식을 올릴 겁니까?
→ 내가 남편감을 찾으면, 나는 교회에서 결혼식을 올릴 겁니다.

2. 당신은 강한 신념의 사람입니까, 아니면 약한 신념의 사람입니까?
→ 나는 비교적 신념이 강한 사람입니다.

3. 당신은 자신의 아이가 아닌 아이를 받아들일 준비가 되어 있습니까?
→ 불가능합니다. 나는 제 아이가 아닌 아이를 받아들일 수 없습니다.

4. 당신은 자기가 낳지 않은 자식을 받아서 기를 수 있습니까?
→ 아니요, 나는 내가 낳지 않은 자식은 기를 수 없습니다.

5. 12시 점심시간에, 당신은 밖으로 나가는 것 외에 다른 방도가 없나요?
→ 없습니다. 12시 정오에, 밖으로 나가는 것 외에 다른 방도가 없습니다.

6. 세월이 가면서, 당신은 완전히 격리되어 혼자 살고 싶나요, 아니면 다른 사람들과 어울리고 싶나요?
→ 세월이 가도, 나는 격리되어 혼자 살고 싶지 않습니다.

7. 당신과 아버지는 가까이하지 않았습니다. 당신은 아버지가 보고 싶으세요?
→ 아니요, 나와 아버지는 오랫동안 가까이하지 않았습니다. 나는 그가 보고 싶지 않습니다.

8. 당신은 나를 가혹하게 생각합니까, 아니면 비참하게 생각합니까?
→ 나는 당신을 좋게 생각합니다. 가혹하거나 비참하게 생각하지 않습니다.

29. TOPIC: WHAT'S HE LIKE?

신부	데테구만. 남편을 찾았다고. 여기 도르피에서 결혼을 하지 그래?
이모	고마워요, 신부님. 제 신사분은 다른 준비를 해 놓으셨습니다.
신부	그는 무엇하는 사람이냐? 그 신사분?
이모	좋은 남자예요. 강한 신념이 있는. 그는 가정을 갖기를 원해요. 그는 자신의 아이가 아닌 아이를 받아들일 준비가 되어 있지 않습니다.
신부	그건 하이디에게 문제가 되겠군.
이모	그 애를 아빠에게 맡길 수밖에 다른 방도가 없어요.
신부	데테. 세월이 가면서, 너의 아버지는 완전히 속세를 떠났다. 아름이라고 부르는 산꼭대기에서 혼자 살고 있다. 아무도 안 보고, 아무도 필요로 안한다.
이모	그러나, 이제 그가 자신의 의무를 다할 때입니다. 아버지와 나는 결코 가까이 하지 않았어요. 제 희망이지만, 신부님께서 이 애를 아버지에게 데려다주세요.
신부	그러지.
이모	하이디야. 나를 가혹하게 생각하지 말아라.

QUESTION

1. You have found a husband. Where will you hold your wedding?
→ When I find my husband to be. I'll hold my wedding in the church.

2. Are you a man of strong convictions or are you a man of weak convictions?
→ Comparatively I'm a man of strong convictions.

3. Are you prepared to accept the child that is not your own?
→ Impossible. I'm not able to accept the child that is not my own.

4. Can you adopt and raise the child that you didn't bear?
→ Of course not. I'm not able to raise the child I didn't bear.

5. At 12 lunch hour, do you have no other choice but to go out?
→ No, I have no other choice but to go out for lunch at 12 noon.

6. As the years have gone by, do you want to become a complete recluse and live alone or do you want to mix with other people?
→ As the years have gone by, I don't want to become recluse and live alone.

7. You and your father were never close. Do you want to see your father?
→ No, I and my father were not close a long time. I don't want to see him.

8. Do you think harshly of me or miserably of me?
→ I think nicely of you. I don't think harshly and miserably of you.

유창한 영어회화를 꼭 원하는 분2

초판 1쇄 발행 2023년 8월 30일

지은이   강성구
펴낸이   아델북스 편집팀
편집   앨리, 최경
기획   앨리
펴낸곳   아델북스
출판등록 제 353-2022-000021호

블로그   blog.naver.com/adelbooks
인스타그램 instagram.com/adelbooks24
contact   adelbooks@naver.com

ⓒ강성구, 2023

ISBN 979-11-93132-33-3(03740)

이 책은 많은 곳에서 영어회화 교재로 사용되고 있습니다.
대량 주문을 원하시는 곳은 출판사(adelbooks@naver.com)로 문의해 주시기 바랍니다.

- 이 책 내용의 전부 또는 일부를 이용하려면 반드시 저작권자와 아델북스의 서면 동의를 받아야 합니다.
- 잘못 만들어진 책은 구입하신 곳에서 교환해드립니다.
- 책값은 뒤표지에 있습니다.

※ 본 저작물은 저작권법 제50조에 따라 이용 승인을얻은 저작물임(법정허락-2023. 4. 27.)